物価変動の未来

――人口と社会の先を見晴らす――

はじめに

２０２０年代に至って、インフレが世界的な課題となっている。わが国でも、４０年ぶりにスーパーでの食品や生活必需品の価格上昇が気になるようになった。海外ならばともかく、日本で物価上昇の痛みを味わうなんて、思ってもみなかったはず。油断していただけに、インフレの衝撃は大きい。食品価格にとどまらず、天然ガスや原油の価格上昇も、電気料金やガソリン代の上昇となって、生活者の財布を直撃した。

果たして、この動きは今後も続くのだろうか？日本に暮らす生活者も、何らかの対応が必要なのか？多くの人々が、このような疑問を抱えているはず。この声に答えるのが本書の主題である。その特徴は、今年、来年の話ではなく、数十年先、数百年先の未来像を描きながら、現在の物価変動の先を見晴らしていくという点にある。小高い丘に登って遠い先の街を眺望するように、ゆったりと、そして大胆にイメージを膨らませていきたい▽1。

本書を始めるにあたり、結論を先に見晴らすならば、次のようになる。

数十年単位の目線からは、国際社会の分断化による物価上昇圧力が強まるが、数百年単位の目線では、脱産業化や人口停滞による物価抑制圧力が高まる。そのため、足元ではインフレに対応せざるを得ないが、それを乗り越えると、「20世紀後半の高インフレこそが異常」と思える物価安定が見晴らせよう。

これは、足元と、その後という時間軸に分けて考えていくことで、複雑な要因をシンプルに捉えて長期の見通しを描いたものである。今年、来年の予想は、エコノミストや経済専門家に任せておけばよい。経済モデルを作り、精緻な予測が求められるからである。しかし、数年単位の予測ならば経済モデルで対応可能だが、数十年単位、数百年単位の変化に対しては、前提となる条件が大きく変化するため、困難を極める。長期的に物価変動の先を見晴らすためには、精緻さよりも大胆さが求められるのである。

そこで、本書では、経済モデルを構築するのではなく、歴史上のパターンを基に、先を見晴らす長期シナリオを作成している。このシナリオは、正確な将来を予想するものではないことは、あらかじめ記

してお く。**予測が長期にわたる場合の鉄則は、その見通しにこだわるのではなく、基準線もしくは目安にしていくことだ。長期シナリオは正確性を問うものではなく、むしろこれから起こる出来事との違いを確認するためにある。**次から次へと巻き起こる新しい現実に右往左往するのではなく、かつて描いた基準線と比較することで、落ち着いて現在の位置取りを定めていくのだ。

ところで、世界経済の動向を左右するとされる米国のＦＲＢ（連邦準備制度理事会）でさえ、物価の見通しを間違えてしまった。２０２０年から２０２１年にかけての物価上昇を過小評価していたのである。２０２０年末の米インフレ率１．４％から２０２１年末には７．０％まで急上昇している▽2。そのため、２０２２年に慌てて政策金利を４．２５％も引き上げざるを得なくなった。１年間に４．２５％も引き上げるというのは異例中の異例。かなり追い込まれての利上げだったと言えよう。金利を引き上げれば、経済活動にブレーキがかかるため、財やサービスの需要が減って、物価上昇を抑え込めると考えたのである。実際に、米国の中央銀行にあたるＦＲＢは、２０２２年には史上類を見ないスピードで政策金利を引き上げた。ＦＲＢでさえ、物価見通しを間違えるのだから、１年先、２年先のインフレ率を予測するというのは至難の業と言えよう。

しかし、物価の変動については、われわれの生活を直撃するだけに、一定程度の見通しは持っておく必要はあるはず。日々の生活だけでなく、将来のライフプランにとっても、企業における中長期計画の策定にとって欠かせないのが物価の見通しだからである。**わが国の場合には、1990年代から30年間にわたって、インフレ率が大きく変動しなかったが、これからも安定し続けるとは限らない。今後、物価は大きく変わらないものだという感覚を少し変えてみる必要はありそうだ。**そのためにも、本書では数十年単位、もしくは数百年単位での物価の動向について、イメージしていきたい。

以下、第1章ではインフレとは何かをという点を整理した上で、物価を左右する社会要因、人口要因、国際関係要因を概観している。第2章、第3章では、社会要因を前提に、それぞれ人口要因、国際関係要因について詳細に検討し、長期シナリオを提示する。第4章では、その長期シナリオに基づく物価の見取り図を明らかにし、2020年代初頭に発生した物価変動の先を見晴らすイメージを示すことにする。

尚、本書における内容は、筆者の所属する組織の意見を表明したものではなく、個人的見解である。また、筆者と出版社は、本書内の予測の正確性を保証するものではない。そのため、本書の内容の使用等により、直接的・間接的に生じる結果に対して、筆者と出版社は一切の責任を負わない。

▽1

本来「見晴らす」という言葉は、広く遠くまで見通すという空間軸を対象に用いるが、本書では、遠い将来を見通すという時間軸で用いている。変化に富み、右肩上がりの将来が期待できた20世紀に対して、変化が減じ、横這いが続く21世紀は、現在の延長に過ぎないと考えているからである。2020年代の大変動に対して、21世紀通期では変化に乏しい「一幅の絵画」に集約されるのであれば、見晴らすという言葉がしっくりくるのではないか。

▽2

消費者物価指数（総合指数）の前年同月上昇率。2022年6月には9．1%まで上昇したが、2023年8月には3・7%まで低下している。

目次

第1章

数百年単位の変化と数十年単位の変化

1.1 物価変動の基礎知識

まずは、本書で取り扱う物価について、インフレとは何かについて整理しておきたい。

第一に、インフレーションもしくはインフレは、世の中の財やサービスなどの物価が継続して上昇する状態を指す。逆に物価が継続して下落する状態をデフレーションもしくはデフレと呼ぶ。現在の経済状態が、インフレなのかデフレなのかを判断する場合、財やサービスは様々な種類があるため、どの物価を見たらよいのか迷うはず。そのため、物価の全体的な動きを把握するために、一定のルールで指数化した物価指数を用いて、現状を把握している。特にスーパーや商店で消費者が買い物するときの価格を含め、日々の生活で記録している家計簿の項目を中心に指数化したものが消費者物価指数である。また、企業どうしで取引される財やサービスの価格を指数化したものが企業物価指数である。

一般には、この物価指数が１年前と比較した場合に何パーセント上昇もしくは下落しているかという年率をインフレ率と呼んで物価動向を把握している。第二次世界大戦以降は、物価下落よりも物価上昇の頻度が高いため、物価下落率もしくはデフレ率とは呼ばずに、物価上昇率もしくはインフレ率と呼んでいる。しかしわが国の場合は、先進地域の中でも特殊であり、１９９０年代後半から２０１０年代初頭にかけて、インフレ率がゼロを挟んでマイナスになる時期とプラスになる時期を行ったり来たりしている。それだけに、インフレ率と表現するのに違和感を抱くかもしれない。だが、他の国や地域では、第二次世界大戦以降、物価が継続的に下落するデフレに陥るケースが少なかったため、一般にインフレ率と呼んでいると考えてよいだろう。

第二次世界大戦以降は、インフレ率がプラスを保つ年が多かったが、１９７０年代にはこのプラス幅が大きくなったため経済が不安定になった。わが国でもインフレ率の高さから不安に駆られた消費者が、トイレットペーパーを買いだめするなどの混乱も見られた。一方、１９２９年のニューヨーク株式市場の大暴落をきっかけに発生した世界大恐慌では、物価が急落し、インフレ率も大幅なマイナスに落ち込んだ。世界的な混乱の中で、世の中の経済規模が縮小したため、将来に対する人々の期待感が失われた時期である。むしろ不安感が高まり、将来に対する希望が見えない時代であったとも言えよう。このような経験もあり、デフレ＝悪というイメージが多くの人々により共有されている。**インフレ率の上昇も低下も急に大きく変動するのは嫌われる。経済にとっては、この物価上昇のペースを示すインフ**

レ率が安定していれば、将来の予想が立てやすいからだ。急激なインフレ率の上昇や下落は、多くの人々の予想を裏切ることになり、経済を不安定にするため好ましくないのである。

第二に、それでは、このインフレやデフレはなぜ発生するのだろうか?原理的には、インフレは、財・サービスに対する需要が供給を上回る時に発生し、デフレは、需要が供給を下回る時に発生する。需要と供給とのアンバランスがインフレやデフレの原因といってよいだろう。このインフレにも、**「ディマンドプル・インフレ」**と**「コストプッシュ・インフレ」**がある点を覚えておくとよい。健全な経済成長に伴い需要が拡大し、財・サービスの需要が供給を上回ることで、物価上昇のペースが緩やかに上昇するのが「ディマンドプル・インフレ」である。経済成長により期待感も高まり、社会全体がポジティブな印象で満たされるため、明るいインフレと言い換えてもよい。一方、エネルギーや原材料の供給が制約されることや、生産性の悪化により財・サービスの供給が需要を下回ることで物価上昇のペースが加速するのが、「コストプッシュ・インフレ」である。国際関係の悪化により石油や天然ガスの供給が減少するなどの不安感が高まり、社会全体にネガティブな空気が漂うため、暗いインフレと言い換えてもよいだろう。つまり、「ディマンドプル・インフレ」と「コストプッシュ・インフレ」といった区分は、社会に与える影響という観点からは、明るいインフレと暗いインフレと表現すると理解しやすい。

ところで、注意したいのは、インフレ率が下がっても、マイナスにならなければ物価は上昇しているという点だ。物価は単なる水準を示し、インフレ率はその変化を示すというのが第三のポイントである。これは、自動車の運転にたとえてみると分かりやすい。われわれが自動車に乗り、ギアを入れてアクセルを踏むと、前方にゆっくりと動き始めるだろう。スピードは徐々に速くなるが、これを物価に置き換えてみると、元のいた場所から、どのくらい離れたのかという距離を、物価と捉えることができる。元の位置から前方に進んだのであれば、物価は高くなってきていると考えられる。このときのスピードは、インフレ率に相当する。どのくらいペースで、元の位置から離れていくかというモノサシがスピード(速度)だとすれば、どのくらいのペースで、物価が上昇していくのかという基準がインフレ率になるわけだ。

このとき、アクセルを踏み込んでスピードを速めていくと、より早期に元の位置から遠くに離れていくことになる。この状態は、インフレ率が上昇している局面であり、物価はより高くなる。たとえばインフレ率が２％から３％に上昇している状況を示している。つぎに、アクセルを緩めると加速がなくなり、スピードは徐々に低下する。しかし、前に進んでいることは間違いないので、元いた位置から離れていることは確かである。スピードに相当するインフレ率が低下したとしても、プラスである限りは、緩やかに物価そのものは、上昇しているわけだ。インフレ率が３％から２％に低下しても、物価が上昇していることには変わりがない。一方、デフレは、バックギアに入れてアクセルを踏み込む状態である。前に進むのではなく、元いた位置から逆方向に離れてしまうので、物価に即して考えれば、低下すると捉えられる。たとえば、インフレ率がマイナス１％に陥った状態を指す。インフレ率が３％から２％に低下しているのにとどまらず、マイナスになるということは、物価の下落を意味するわけである。

以上三点にわたり、インフレの言葉の意味を整理したが、どれも重要な基本事項である。これまで、物価について考える機会が多くなかっただけに、これらの基本事項をおさえた上で、次に本書のテーマである将来シナリオの描き方について検討してみたい。果たして、どのように物価変動の将来を見晴らしていったらよいのだろうか？

1.2 30年にわたる物価安定の不思議

このインフレ率の将来予想は、従来から難易度が高いと言われてきた。様々な要因が絡んで、物価の水準が決定されるからである。短期的には、多数ある物価変動要因の中で、影響力の大きい要因がAからB、BからCという具合に変化していくことが多く、捉えどころが無いという特性もある。しかし、時間軸を延ばして長期目線で見ていくと事情は異なる。19世紀以降、長期で見ていくとインフレ率は周期（サイクル）を描きながら、約50～60年ごとにピークをつけた後にボトムアウトするパターンを描いているのが確認できるからである。この物価の長期循環については、発見した経済学者の名前をとって、コンドラチェフサイクルと呼ぶことが多い。確かに、インフレ率は、短期ではランダムに変動するため、法則性を見出しにくいが、長期で見みると、サイクルが鮮明に浮かび上がってくるのである。図1-1は、この長期サイクルを把握するために、1年前と現在の物価水準を比較したインフレ

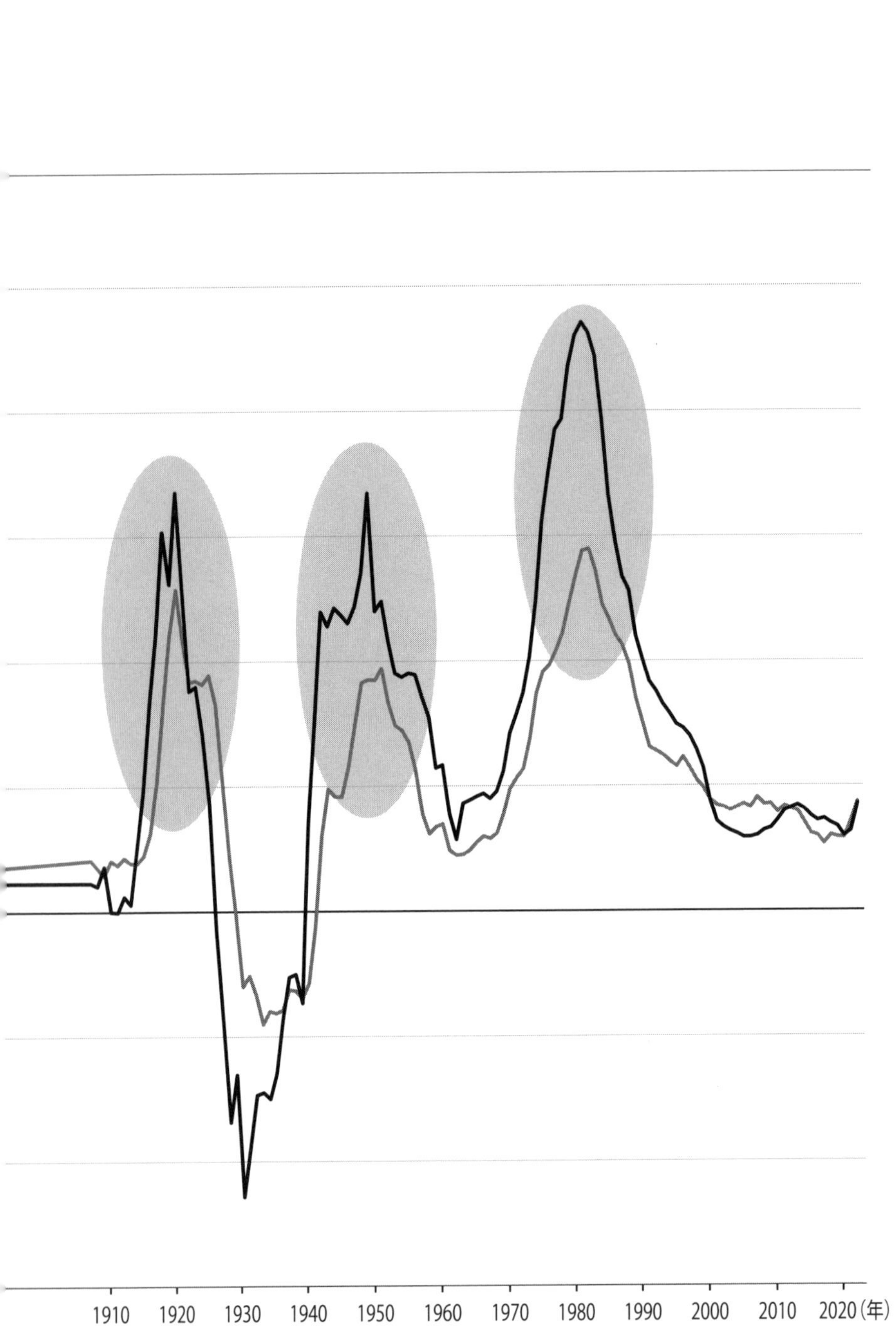
1910
1920
1930
1940
1950
1960
1970
1980
1990
2000
2010
2020（年）

●1-1　英米のインフレ率の推移（10年移動平均）

出所：『アメリカ歴史統計』（1969年まで）および『イギリス歴史統計』（1969年まで）
OECD（1970年から2022年まで）のデータをもとに作成

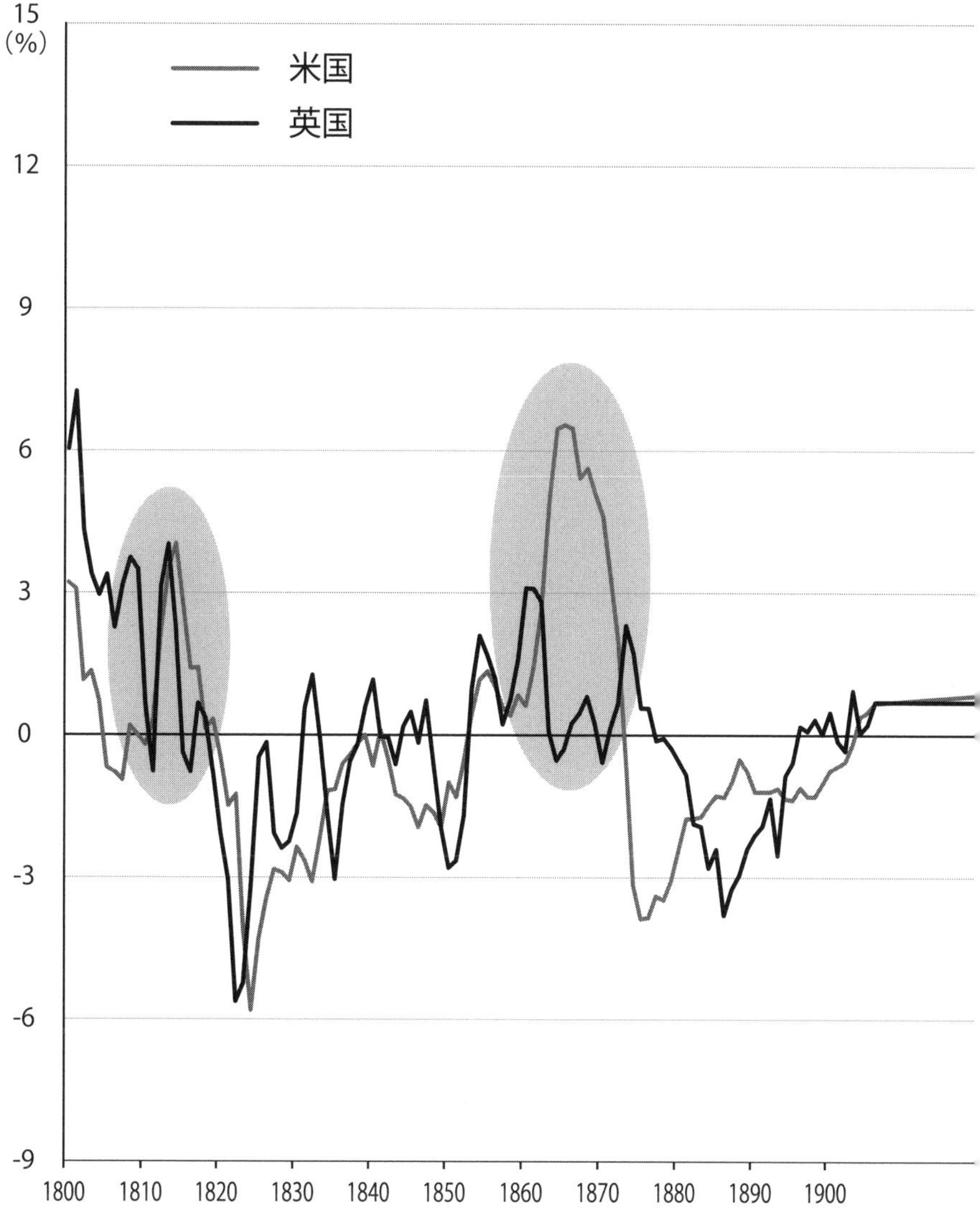

率ではなく、10年前と現在の物価水準を比較したインフレ率を年率換算して作成したものである。

過去200年間の物価の動きを確認するならば、米国のインフレ率のピーク（年率ベース）は、おおむね、1813年、1864年、1917年、1947年、1979年に記録している。インフレ率のピークから次のピークまでの期間は、51年、53年、30年、32年という具合に、長期的な周期を描いているわけだ。確かに、第二次世界大戦の復興需要期である1947年前後をカウントすると、20世紀は30年程度の周期性が確認されるようになっているが、仮に1947年をカウントしなければ、インフレ率のピークは、1917年前後から1979年前後の62年間となる。コンドラチェフサイクルとして指摘されている50～60年の周期性と、実際の米国の長期循環のリズムが符合してくる。また、20世紀には、時代のスピードが速まり、この周期が、30年前後に短縮していたと解釈することも可能かもしれない。

この図1－1が示すように、インフレ率は、1979年に山の頂上にたどり登り着き、その後緩やかな坂道を滑り降りてきている。しかも、40年超もの長きにわたり、坂道を降りてきているため、そろそろ足もがくがくになっているはず。山の頂に立ち、そして次の山の頂上に登りつめるまでの期間が、50～60年だとしても、坂道を下りてきてから、すでに40年以上も経過している。本来であれば、すでに次の山を登っていてもよい頃である。仮に、２０世紀後半のコンドラチェフサイクルのパターンが、３０年前後の周期に変化していたとすれば、明らかにパターンが通用しなくなっていると言えそうだ。不思議なことに、２１世紀の初頭からインフレ率が横ばいになっており、２０年超にわたりインフレ率が安定するという状況にあったのである。後に触れるが、インフレ率は上昇期、低下期、安定期を繰り返す傾向がある。しかし、これほど長期にわたってインフレ率の変動が抑えられ、安定推移しているというのは珍しい。

なぜ、これほどまで長期にわたりインフレ率が安定していたのか？
将来、物価変動はどうなるのか？

この疑問に対する答えは、現代を生きる我々の最大の関心事の一つと言えよう。繰り返しになるが、本書の主目的は、この疑問に対する回答を、一つのイメージとして提供することである。以下では、**物価変動の先を見晴らすために、数百年単位の変化と数十年単位の変化という二つの視座を組み合わせて整理している。**数百年単位の変化として注目するのは、社会構造が産業社会（産業革命による工業化が進展した社会）から情報社会に本格的に移行しているという社会要因と、１９世紀当初から始まった人口面での拡大局面の退潮が明らかになるという人口要因である。いずれも、財やサービスに対する需要増加ペースが緩慢になり、物価抑制圧力として物価の基調を支配することになるのではないかと考えている。20世紀に繰り返し発生してきたディマンドプル・インフレの様相が希薄化していくわけである。この二つの要因から得られるベースシナリオは、**20世紀半ばに人類が経験した高インフレ局面の再来の可能性は低く、むしろ21世紀は19世紀化して、インフレ率の低位安定が持続する**というものである。一方、数十年単位の変化としては、サステナビリティの潮流が台頭しているという社会要因、四つの人口動態の変化がもたらす人口要因、そして「対立の時代」が煮詰まりつつあるという国際関係要因が挙げられる。特に近年では、国際関係要因が、ヒト、モノ、カネ、データの四つの壁を高め、物価上昇圧力となって影響度を増している点を強調したい。2020年代初頭の急速なインフレ率の上昇は、国際関係要因によるコストプッシュ・インフレの特性が強かった。つまり、本書では、**数百年単位の変化と、数十年単位の変化から見ると、数百年単位の変化が21世紀初頭のインフレ率の安定を促したものの、数十年単位の変化が2020年初頭のインフレ率上昇を発生させている**と捉えている。

しかし、数年先か、十数年先になるかは予断を許さないが、このインフレ率の上昇圧力は減退するのではないか。国際関係は振り子のように対立と協調の振幅を繰り返してきた歴史のパターンから推察すると、いずれ協調の時代に転換すれば、コストプッシュ・インフレの特性が後退すると考えるからである。このように物価変動の先を見晴らす際に、その基底を支配する社会構造の変化を見逃すべきではない。結論を急いだが、以下ではじっくりと内容について吟味していきたい。まずは次の疑問から始めよう。産業社会から情報社会への転換とは、どういったものなのであろうか？

1.3

数百年単位の変化
（世界の三層化と脱エネルギー循環）

この社会構造の変化は、現在の物価を考えるだけでなく、あらゆる分野の先を見晴らす上で重要になってくるため、見過ごしてはならない。だが、われわれは、日々の株価や外国為替レートの変化に目を奪われ、経済指標の上下動に心を動かされるため、数百年単位での変化に注意を払う時間はない。そのため、知らず知らずのうちに大きな枠組みが変化していた事実を見逃しているのである。多くの識者が指摘してきた情報化の浸透は、当たり前すぎるだけでなく、ゆっくりと進行してきたため、経済社会に与える影響をぼやかせてきた。大きな構造転換は、眼前にはっきりと表れる事件とは異なり、多くの人々が気づかぬうちにそろりそろりと着実に歩みを進めていたのである。この変化は、モノ（財・サービス）を大量に消費してきた産業社会からの離脱を促すものであり、世界全体の仕組みを抜本的に変えていくだけに注目しなければいけない。現在の位置づけを探るためには、短期的な目線だけではなく、長期的な視点から再度見つめなおす必要があるわけだ。この大きな変化とは、社会構造の変化であり、文明の盛衰と言ってもよい。

この文明の盛衰は、農耕社会↓産業社会↓知識を基盤とする社会（情報社会）という段階を踏み発展してきた。人類の歴史をさかのぼると、農業や漁業等を中心とした社会から、工場における大規模生産体制を軸とした産業社会への転換が２０世紀にかけて進んだ。この産業化も２０世紀末には後退し、ソフトウエアやデータを活用する情報化の進展が著しい。一足遅れて産業社会に参入した中国をはじめとするアジア諸国の成長も一段落している。大量に石油や天然ガスといったエネルギーを使って、原材料を製品に加工していく産業は、減退しているのである。１９世紀から２０世紀にかけて急進展した産業化の流れは、２１世紀にかけては情報化の波に転換しつつあると言えよう。

そこで、現在の位置づけの再確認と、先を見晴らすために、これまでの資本主義の歴史をザックリと確認した上で、現在と今後の社会の方向性を見ていこう。この方向性については、いち早く産業社会を超えた脱産業化を想定し、情報社会の到来を指摘したアルビン・トフラーの考えも含め、社会構造の変化について示してみたい。

違いを求めて拡大してきた資本主義の歴史

農耕社会から産業社会への移行は、一気にチェンジしたというよりも、いくつかのステップを踏んで変化してきたと考えると理解しやすい。このステップは、数百年間にわたる資本主義の歴史でもあり、経済学者の岩井克人氏が指摘するように、「どの違いに注目しているのか？」という点から整理すると、社会が緩やかに大きく変わっていく様子を知ることができる。資本主義は、「違い」を生かして利益を獲得していくプロセスであり、特に物価が安定している時期に、この違いに着目した資本主義が拡大するケースが多い。では、この違いとは何か？この違いは、三つのステップで整理すると分かりやすい。

第一に、物価が安定した１７世紀から１８世紀にかけての英国・欧州地域は、遠隔地から得られる利益により国内社会基盤を整備するなど、植民地などの遠隔地の経済的な影響が大きくなった時代であった。この利益の源泉は、国内での経済活動よりも、遠隔地を絡ますことで価格差を利用して得られたと言われている。つまり、「地域による価格の違い」を生かして利益を確保していくタイプの資本主義である。これは、資本主義のビジネスモデルの典型である**「地理的差異を埋めることによる利得の獲得」**であり、**商業資本主義**の本質とされてきた。国内でのモノ（財・サービス）の価格が、国内の需要と供給の関係で決まっているのに対して、地理的に離れた遠隔地では、異なる独自の需給関係が成立していたはず。

たとえば国内での需要が供給よりも増加している一方、遠隔地で供給がだぶついているのであれば、価格は、国内で高く、遠隔地で安いはず。この場合は、この財やサービスの輸入を促進すれば、安く買って高く売ることが可能になる。逆に国内価格が相対的に安いものがあれば、それを遠隔地に輸出すれば、価格差による利益が得られる。遠隔地でのこの価格差を利用した商いこそが交易の利益になる。植民地など遠隔地との価格差を活用した交易は、この地理的な差異を埋めて価値を生じさせる「商い」の本質であったのである。この段階は、産業化が本格化する以前の社会であったため、農耕社会をベースとしつつ、商業資本主義が拡大した時代と言ってよいだろう。

第二に、同じく物価が安定していた１９世紀や、第一次世界大戦や第二次世界大戦が終戦を迎え、国際関係が安定した時期には、産業化の進展に応じて、農村と都会との賃金格差に注目するようになる。都市部より賃金が安い農村部の人々を労働者として製造業が吸収し、より安い賃金での生産を推進して利益率を高めていったのである。これは、同じ差異に着目しているものの、労働者（雇用）の需要と供給のミスマッチを活用した**「賃金差を埋めることによる利得の獲得」**であり、**産業資本主義**の本質と言われている。農村部でだぶつく労働者を都会の工場に誘導して、賃金差を利用したモノづくりが産業社会の利益の源泉になるわけである。

さらに、グローバリゼーションが加速した20世紀末には、工場などの生産拠点を海外に移転して、海外の低賃金労働者を活用する海外生産が加速した。人件費の国際的な格差を利用するように、国内の労働者だけでなく、アジアをはじめとした海外の労働者も対象にするようになったのである。これは、国境をまたいだ賃金差に着目した産業資本主義の拡張版と言ってもよいだろう。賃金格差の活用は、製品を製造する過程での労働コストの削減のみに着目すれば、物価抑制圧力となった。

わが国だけでなく先進国に拠点を置く多国籍企業が、中国をはじめとするアジア地域に生産拠点を移転させ安い労働力を活用していた事例は記憶に新しい。中国の経済発展により、中国の賃金が上昇すると、賃金の安い東南アジア諸国に工場を移転させる動きも活発化したが、グローバリゼーションが進展する時代には、大きな支障になるものは無かった。これらの動きは、国際関係が良好であればこその賜物と言えよう。また、工場を海外に移転するだけではなく、低賃金労働者を移民として受け入れ、工場を国内に温存したまま、労働者に移住してもらうケースもあり、従来の農村部から都市部へ国内労働者を移転させた動きの海外バージョンも加速したのである。

第三に、この21世紀初頭は、情報化の進展で情報の差異に着目するようになった。これは、**「情報格差を埋めることによる利得の獲得」**であり、**脱産業資本主義・情報資本主義**の本質と言ってよいだろう。後産業資本主義での差異性だけではなく、新たな情報の差異に着目する動きが加速しているのである。

に詳しく説明するが、情報の活用は、効率化を推し進めるために、様々なコストの削減に貢献する。それだけ、製品の製造過程で必要とされるコストが減少するため、製品価格の上昇を抑える物価抑制圧力としてはたらくわけである。

１７世紀後半の物価安定期には、商業資本主義が、遠隔地との価格差（差異）を埋めるという付加価値追求を促し、１９世紀や２０世紀の物価安定期には、産業資本主義が、農村と都市、先進地域と新興地域の賃金差（差異）を埋めた。▽３そして情報資本主義は、**「質の高い情報へ辿りつくまでの時間差（差異）」**もしくは**「一次情報を高度な価値あるコンセプトに再構成する知の時間差（差異）」**を埋めるようになっていると整理することが可能だろう。特に、この動きは、数百年単位の情報化の流れとして、２１世紀に入ってから、特に顕著になっている。現在は、国際関係の悪化により数十年単位での物価上昇圧力が一時的に高まっているとしても、国際関係の改善と共に、数百年単位での情報産業化が、物価抑制圧力の奔流となって迫ってくるのではないか。

▽３　詳しくは、岩井（２０００）、参照。

世界の三層化と不安定化

「第三の波」などの著作で有名なアルビン・トフラーは、今から２０年前に、社会で起きつつある変化について、「世界の三層化」、「非マス化（特別注文に応じる能力の高度化）」、「深い連合」がキーワードになると説いている▽４。トフラーの指摘するキーワードは、長期的に物価変動の先を見晴らす上で含蓄深い。この３つのキーワードの中では、世界の三層化は、産業構造の変化と人口動態の変化を通した物価への影響と関連しており、深い連合は、国際関係の変化を通した物価への影響と関連付けることができる。

トフラーの唱える文明観としての「世界の三層化」は、文明が超長期の時間を経て徐々に発展していくという枠組みを基にしたものである。現代は情報社会化が始まっているが、トフラーは、現代社会の仕組み・構造は、完全に情報社会に移行したと捉えていない。トフラーのユニークさは、３段階が三層をなして併存しているとした点である。一つの社会が次の社会に転換するというのは先進地域のみを捉えた一面的なものであり、むしろ、複数の社会が綱引きを演じながら存在しているわけである。しかも、この三層は互いに変化の経過途中にあるため、極めて不安定性が高い社会であると説いている。具体的には、ＯＥＣＤ諸国等の先進地域のグループ①は産業社会から情報社会への移行期、中国を含むアジア諸地域等の新興地域のグループ②は産業社会の深化と部分的な情報社会化の進行期に相当しているが、一部には産業化を批判し農耕社会に回帰しようとする勢力（グループ③）も存在しているとしているのである▽５。

▽４
詳しくは、アルビン・トフラー（２０００）を参照。ここで言う「深い連合」とは、１６４８年ウェストファリア条約以降の国民国家を基本単位・アクターとする国際関係から、１７世紀以前の欧州システム即ち乱立する政治組織の連合社会へと回帰することを意味している。

▽５
トフラーは、先進地域については「ＯＥＣＤ諸国」と表現している。

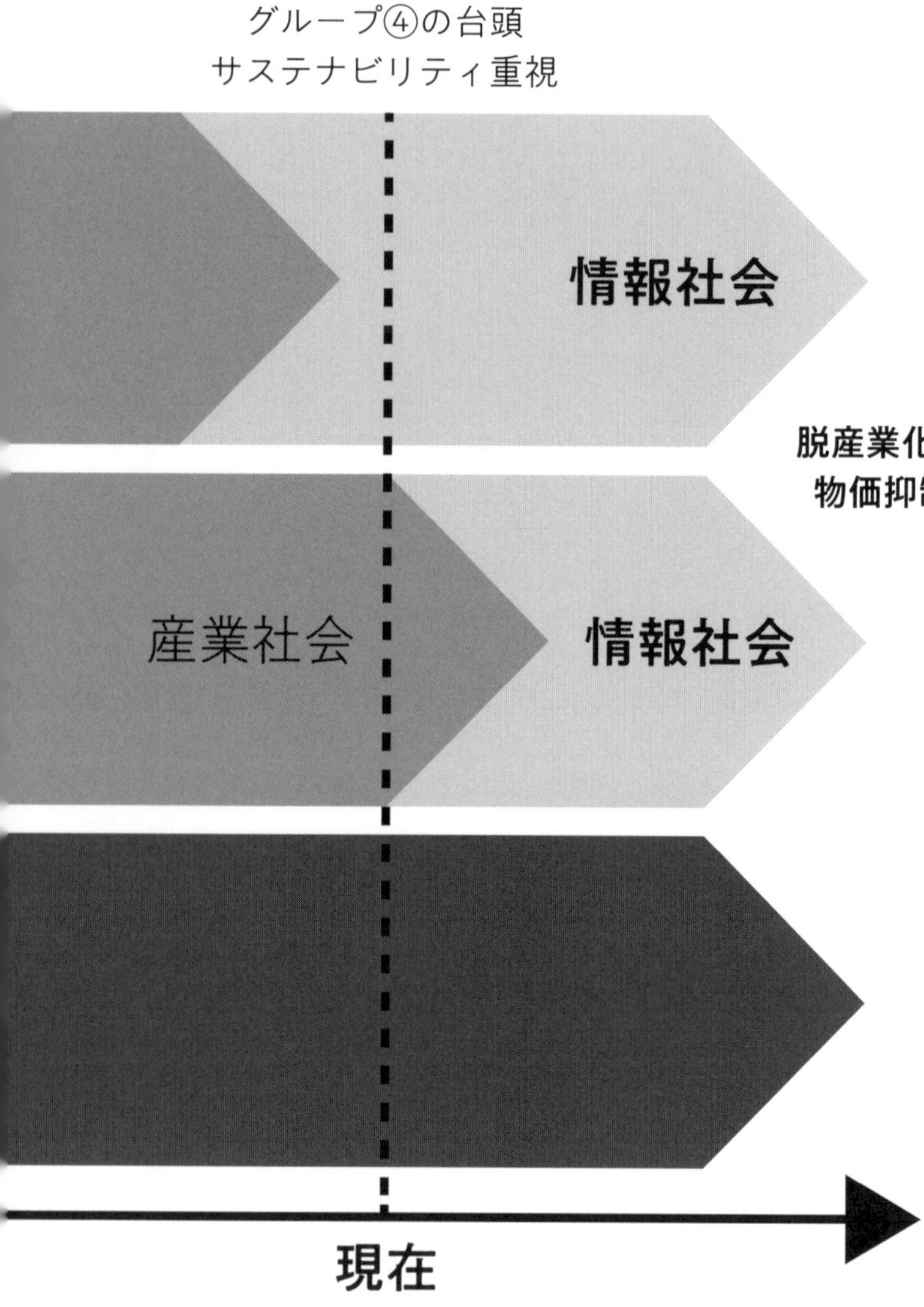
グループ④の台頭
サステナビリティ重視
情報社会
脱産業化による
物価抑制圧力
産業社会
情報社会
現在

●図 1-2　世界の三層化のイメージ

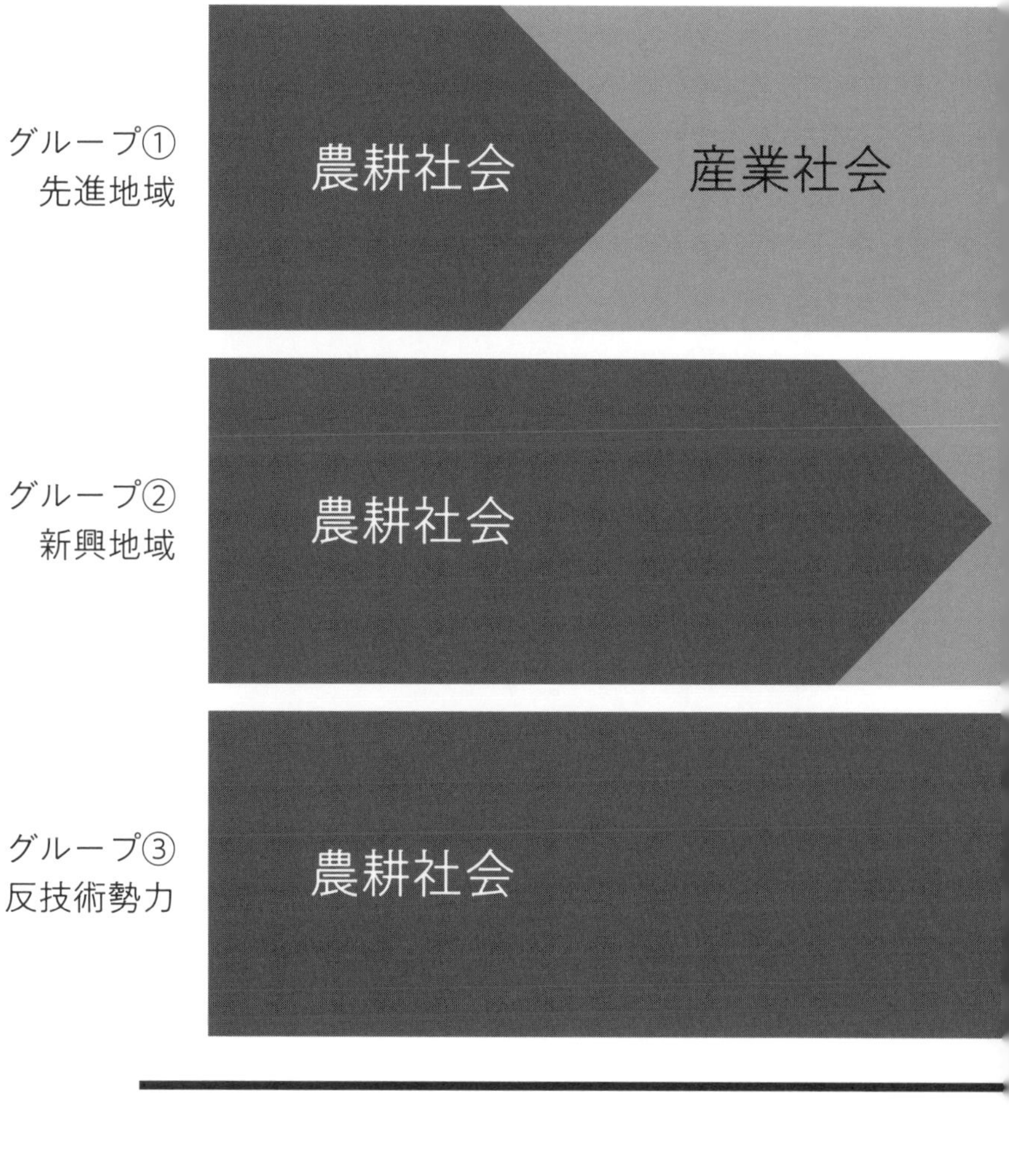

この世界の三層化は、トフラーが指摘した20年後の2020年代の現在にあっても成立しており、その慧眼に感服せざるを得ない。特に産業社会から情報社会への移行は加速度を増し、元に戻ることは不可能であろう。さらに、近年の特徴をこの社会観に敢えて付け加えるならば、サステナビリティを重視するグループ④が、国境線や地域の枠組みを超えて台頭してきている点ではないだろうか。産業化を否定して農耕社会に回帰しようとするグループ③とは一線を画すものの、効率的な経済社会を追求するのではなく、社会の安定性を重視する点では、産業化からの離脱を模索する動きと言える。このサステナビリティ重視の潮流は、近年のSDG'sやESG投資の動きと歩調を揃えつつ、無視できない動きに格上げされている。現段階での物価に対する影響を判断するのは難しいものの、今後は物価上昇要因としても、物価抑制要因としても、状況次第で影響するため触れないわけにはいかないだろう。

社会要因としてのサステナビリティ重視の流れは、脱産業化および情報化と方向性は同じである。たとえば、サステナビリティ重視の動きは、地球環境の維持可能性を重視し、石炭や石油等の需要削減に寄与するため、脱産業化と歩調を揃える。二酸化炭素排出削減などを目指し、具体的な数値目標も設定しており、多くの団体や企業がその目標を達成するため、世界中で注目されるまでになっている。これはエネルギー需要の減少を通して、物価上昇圧力を緩和し、物価抑制要因にもなるため脱産業化もしくは情報化と同じ効果をもたらすと想定される。しかし、企業経営における従業員重視姿勢の強化も目指すことから、賃金等の底上げにはたらきかける効果も無視できない。SDG'sを達成していくためには、より多くのコストがかかるために、数十年単位での物価に対する影響という点では、物価上昇要因にもなりうるのである。そのため物価に対するサステナビリティ重視の影響は、区々であるという点を認識するとともに、現段階ではどちらの要因が影響するか判別し難いため、今後の検討が求められる領域と言えよう。

情報化を推進するグループ①とサステナビリティを重視するグループ④の与える影響が大きくなるものの、**４つのグループが併存しつつ綱引きを演じている状況は、社会環境の変化に応じてグループ間のバランスが揺らぐという不安定さを示している**と言えよう。このイメージを前提とするならば、不安定な世界の三（四）層化は本書のテーマである物価にどのような影響を与えるだろうか？

脱産業化と総人口増加率の低下が超長期的な物価上昇圧力を抑制

１９世紀以降の物価の長期循環として認識されてきた５０～６０年のインフレ率の波は、その時代に適した主要エネルギーである木炭・石炭・石油の需給変化に応じて生じてきたとされる。しかし、脱産業化の流れは勢いを増しており、構造的にエネルギー需要の増加ペースが低下してきている。確かに、新興地域では産業化の動きは残っているものの、徐々に緩慢化してきている。グローバル社会でのエネルギー依存は、往年と比較して低下傾向で推移しているのである。それだけに、今後もエネルギーの需給変化が物価循環に影響する度合いは、低下していくものと想定される。１９８０年初頭にピークアウトした世界のインフレ率が、数十年にわたり低下傾向で推移し、２０１０年代まで約４０年間にわたり上昇期を迎えることが無かったのも、長期的な脱産業化によるものと考えることは可能であろう。エネルギー需要の増加ペースは、緩慢になっているからである。５０～６０年周期の物価の長期循環にあっても、４０年にわたり低下・安定期が継続するというのは、このような構造的な変化が影響していたと考えざるを得ない。特に２０００年代と２０１０年代は、情報社会化の成果が広範囲に浸透し始めたこともあり、一時的なエネルギー価格の上昇はあったものの、消費者にとってのインフレ率は低い水準で安定していた。２０世紀半ばに発生した産業社会化によるインフレ率の不安定性は、消失していたと言ってよいだろう。

さらに、大量にエネルギーや素材を使用する産業化が緩慢になる脱産業化だけにとどまらず、情報通信（ＩＴＣ）革命は、世の中の無駄を無くし、効率化を促すため物価抑制にも貢献する点を忘れてはならない。ソフトウエアやデータを有効に活用できれば、モノ（財・サービス）が生産者から消費者の手に届くまでの込み入った流れをシンプル化できるようになる。消費者のニーズに沿った生産が可能になるため、つくり置きや在庫の無駄を排することができるだろう。たとえば、小売店レジでのＰＯＳ（販売時点情報管理）システムの導入が、商品棚の過不足を無くし、品切れや食品ロスの頻度を抑え込んでいる事例が挙げられる。情報管理に即した売上予測精度の上昇が、無駄な生産を削減して効率化を進めるため、原材料コストを抑え、結果的に物価の抑制を促すわけである。情報化による無駄の削減の積み重ねは、経済全体で集約した際に、物価上昇の圧力を減退させる効果があると言える。この**情報化によるコスト削減の動きは、足元数十年に革命的に浸透したため、先進地域などでの産業社会から情報社会化への移行は、超長期的な物価安定に貢献し始めている**のである。

超長期的な物価上昇圧力を低下させているのは、脱産業化・情報化という社会要因だけではない。世界の総人口増加率の低下も大きな影響を与えているはず。１９６０年代に２％を超えていた世界の総人口増加率は、現在１％を下回り、２０５０年には０・５％を割れると推定されている。特に２１世紀初頭に世界の需要拡大の牽引役であった中国の人口が、２０２２年に減少に転じており、需要拡大を通した物価上昇圧力は低減していくのが見通せる。そのため、供給懸念によるエネルギーや資源価格の上昇局面はあっても、脱産業化の加速と総人口増加率の低下基調を理由として趨勢的な需要増加が期待しえないのである。それだけ、産業化や総人口増加率の上昇によるディマンドブル・インフレが２０世紀型の高インフレ期に至る状況は生じにくいと言えよう。仮に二桁を超えるインフレ率が発生しても長期にわたりその水準が続く可能性は低いのではないか。これは、物価をめぐる数百年単位のベースシナリオの一つである。

以上のベースシナリオに対して、２０２０年年代になって顕著になっている物価上昇圧力の高まりを、われわれは、どのように捉えたらよいだろうか。この足元の変化について以下では、数十年単位での人口動態の変化と国際関係の変化という点から概観しておきたい。人口動態については第２章で、国際関係の変化については第３章で詳しく説明するが、ここでは、全体像をイメージするためにポイントのみ記すことにする。

1.4 数十年単位の変化（４つの人口動態と国際関係）

四つの人口動態が与える物価インパクト

人口を見る場合に、物価水準への影響は、総人口増加率が１９６０年代をピークに低下基調で推移しており、今後は１９世紀半ばの総人口増加率水準であった０.５％を目指すことから物価上昇圧力は生じにくいというのがベースシナリオである。脱産業化が進む上、人口増加の減速でエネルギー・資源などの需要急増による物価上昇圧力は生じにくいからである。

この総人口の変化に加え人口動態を見る際には、２つの指標で確認するとよい。一つは特定層の人口の増加率であり、毎年どの程度のペースで増加・減少しているかを示す変化率である。もう一つはそれが総人口に占める比率であり、人口全体にどのような割合で影響しているかを示す占有率である。前者は、過去から未来への変化を示す時間軸、後者は現状がどのようになっているのかを示す空間軸と言ってもよいだろう。たとえば、65歳以上の年金世代人口（世界）は、2023年現在、年率3.2％のペースで増加しており、総人口の10.0％のシェアを占めるという具合に、高齢者層の実態を把握するわけだ。本書では、前者を年金世代人口増加率、後者を年金世代人口比率と呼び、それぞれ区別している。人口動態については、所得の観点から所得層人口、世代の観点から多消費世代人口、年金世代人口、生産年齢人口という切り口で、それぞれ人口増加率、人口比率という具合に区別して整理しているのである。

次に、総人口増加率によるベースシナリオに加え、四つの人口動態要因について概観しよう（詳細な検討については、第2章で記す）。

第一に、世界中の**中間（所得）層増加率**が減速し、物価を抑制する圧力となっている。20世紀半ばに先進地域のグループ①において中間層の増加が顕著になったが、現在は低調に転じている。さらに、新興地域のグループ②でも、中国などを中心に21世紀初頭に中間層が拡大したが、その動きは落ち着いてきている。かつての中間層増加は、耐久消費財等の大量生産・大量消費社会をつくりだし、エネルギー・資源需要の急増をもたらした。この需要拡大のペースアップは、ディマンドプル・インフレとして、物価上昇圧力となって経済実態に影響した。

しかし現在は、その勢いが止まるだけでなく、先進地域では富の二極化が進み、健全な中間層による大量消費にブレーキがかかりつつある。中間層の地盤沈下が顕著になり、格差拡大により富の大衆化の逆回転が始まっていると言えよう。消費性向が低く、耐久消費財の大量消費が期待できない富裕層に、社会全体の富が偏れば、宝飾品や高級品といった特殊な需要を除けば、需要増加ペースを減速させるだろう。そのため、需要底上げによるディマンドプル・インフレが発生しにくくなるはず。中間層の拡大が期待されたアフリカ地域などでは、残念ながら、今のところ、中間層人口比率が上昇する兆候は見られない。現段階で進展が止まらない所得階層の二極化は、物価抑制圧力となっていると言えよう。

第二に、住宅購入層に相当する**多消費世代人口（３５歳～５４歳）**も増加ペースが減速している。この世代は、住宅ローンを始めとする借入を拡大して、可処分所得を上回る購買活動を行うため、他の世代に比べて一人当たりの消費額が多いという特徴がある。手元の資本や所得に加えて、さらに外部から資金を調達して消費すると、それだけ需要がするだけでなく、ディマンドプル・インフレの要因となるはず。確かに、世界全体の多消費世代の占める人口比率は、２０３３年まで上昇していくため、総人口増加率低下による影響を緩和する効果があると言える。

しかし、より詳しく見ていくならば、耐久消費財や住宅の購入を主導する高所得国▽6の多消費世代人口比率は、グローバル金融危機が発生する直前の2006年に28.7%でピークアウトしているのである。この高所得国の多消費世代人口は、人口比率の低下だけでなく、絶対数ベースでも2018年をピークに、2022年を除くと減少している。さらに21世紀初頭に世界消費の主役を演じてきた中国の多消費世代人口（絶対数ベース）も2018年をピークに、一部の年を除き減少しており、今後も低下基調で推移すると推定されている。つまり、住宅購入を含む消費を先導してきた地域で、多消費世代人口が減少に転じており、耐久消費財を始めとした大型消費のドライバーが失われつつある。可処分所得を上回る消費をする人々が減退するだけに、耐久消費財やその原材料などの物価上昇圧力は低減すると言えよう。

第三に、**年金世代人口（65歳以上）**の増加率上昇は、中間層人口や多消費世代人口とはコインの裏表の関係にもなるが、収入額の低下や過剰な消費の減少により需要が減退し、その分だけ物価抑制圧力となりやすい。世界の総人口増加率が1%を下回る中で、年金世代人口増加率は3%程度と高止まりしている。特に2020年代後半には、後期高齢者とされる75歳以上人口の増加率は、4.5%を上回るため、世界の高齢化が進んでいる現実を注意深く見る必要がある。さらに、今後は、日本だけではなく、中国も含めたアジア地域でも多くの人々が年金世代になるため、借金による耐久消費財の購入から、限られた年金による生活必需品の購入へと、消費の内実も変化していくことも想定しておくべきである。そのため、スーパー・医薬小売店などでの物価抑制圧力は、はたらきにくいものの、その他の領域での物価抑制圧力が高まることが想定されよう。

しかし、第四に同じ人口動態でも労働力という側面から人口増加率を捉えていくと、異なる情景が見えてくる。２０１２年まで、経済成長の起爆剤となってきた**生産年齢人口（１５歳～６４歳）**の増加ペースは、総人口増加率よりも高い水準を維持してきた。そのため、生産現場に多くの労働力が投入され、賃金上昇圧力も落ち着いていた。企業にとってみれば、潤沢な労働力が供給されることにより、低コストでの生産が可能であったわけである。これは、経済全体でみれば、一人当たり経済成長率の底上げにも貢献してきたと言ってもよい。ただし、今後は、世界の生産年齢人口増加率が総人口増加率並みの水準になるのが推計され、全人口に占める生産年齢人口比率が頭打ちになっているのが、大きな課題になるだろう。

これまで、グローバリゼーションを背景にして、世界中で活躍する大手企業は、主に低賃金地域の労働力を活用してきたが、今後は賃金上昇圧力として世界経済に影響を与えるようになるはず。もちろん情報化の進展により、従来ほど多くの労働者を必要としなくなるのであればこの限りではないが、むしろ格差の拡大による人材能力開発・育成に支障が生じ、知識集約型人材が不足することもシナリオの一つとして考えうる。さらに脱産業化の加速により、製造業からサービス産業への労働力転換が求められるが、この移行が円滑に進むとは限らない。特にグループ②の新興地域で、サービス関連の労働集約型産業で増加する企業側のニーズが、労働者側のニーズと合わなければ、世界中で労働力のミスマッチが生じるからだ。これは、同じ人口動態でも賃金への影響という側面からみると、2030年代以降、物価上昇圧力となることを意味する。

人口動態について、数百年単位でみると、世界全体でみる限り、総人口増加率の低下は、物価抑制圧力としてははたらきやすく、数十年単位では、中間所得層人口、多消費生産年齢人口、年金世代人口も、物価抑制圧力となる可能性が指摘できよう。中間所得層人口、多消費生産年齢人口の増加率は、総人口増加率を下回り、年金世代人口の増加率はそれを上回るからである。逆に**生産年齢人口の増加率は、2030年代には総人口増加率を下回り、賃金を通した物価上昇圧力になりうる**わけだ。さらに、物価上昇圧力については、この賃金要因だけでなく、近年特に国際関係要因によるコストプッシュ・インフレが懸念されるようになっている。

▽６
一人当たり国民総所得（ＧＮＩ；Ｇｒｏｓｓ Ｎａｔｉｏｎａｌ Ｉｎｃｏｍｅ）を基準に世界銀行が区分。

国際関係の悪化が与えるコストプッシュ・インフレ

今後の賃金上昇の可能性については、人口動態の世代変遷から無視しえないが、2020年代に表面化している国際関係の悪化も、多く分野での企業経営のコスト要因となっている。アルビン・トフラーの示唆する「深い連合」は、国家だけでなくあらゆる組織が連合を組む際に、状況に応じて組み合わせが変化していくことも示している。逆を言えば、A対Bという構図ではなく、様々な組織や国家が連合相手を変えていくという不安定な状況を意味している。現在、われわれが直面する国際関係も、米国とソビエト連邦が対立した冷戦時代の国家対国家という分かりやすい対立ではなくなっている。むしろ国家間での対立構造があるものの(現在の中国対米国の構図)、国内政治の二分化での対立を深めつつ(米国における共和党と民主党の対立など)、情報化により国家の枠組みを超えたつながりが深まるといった具合に、複雑な連合・非連合が繰り返されていると言えよう。つまり「深い連合」という特徴を持った国際関係は、一言で割り切れない混沌とした対立の構図を意味しており、一種のカオスと呼んでも良いかもしれない。

この単純な連合か、もしくは複雑な連合かは別にして、国際関係動向を歴史的に確認していくと、数十年単位で「対立の時代」と「協調の時代」を繰り返しているのが確認できる。トフラーが示している「深い連合」を言い換えるならば、現在は「混沌とした対立の時代」と言えるのではないか。この対立と協調の繰り返しは、第3章で詳しく説明するが、次のように整理すると分かりやすい（この時代区分は、以下の本書の記述でも多く触れられる）。

対立の時代①；1910年代（第一次世界大戦）
協調の時代②；1920年代（戦間期）
対立の時代③；1930年代～40年代前半（第二次世界大戦）
協調の時代④；1940年代後半～60年代（戦後復興期から経済成長期）
対立の時代⑤；1970～80年代（第四次中東戦争、米ソ冷戦）
協調の時代⑥；1990年代～2000年代（グローバリゼーション）
対立の時代⑦；2010年代以降（米中対立、ウクライナへのロシア侵攻）

この国際関係の変化は、一方向に急速に悪化するというものではなく、悪化と改善を繰り返すことが想定されるため、数十年単位の「対立」の影響も、揺らぎつつ進行していく可能性が高い点は注意が必要かもしれない。この数十年単位で循環する国際関係は、「振り子」の振幅にたとえて説明すると分かりやすい。２０世紀以降の国際関係を整理すると、対立の時代と協調の時代が繰り返され、現在は対立の時代⑦の局面に相当していると考えている。そして、物価と関係づけるならば、おおまかに言えば、「対立」が物価上昇要因もしくは物価変動要因となり、「協調」が物価抑制要因もしくは物価安定要因と捉えられる。

対立の時代には、対立地域へのヒトの移動が抑制され、対立地域への工場移転も回避される。そのため、移民や工場海外移転が滞り、安い賃金を活用した製造現場での効率化の動きにブレーキがかかり、賃金上昇につながる。限られた地域や国内での生産を余儀なくされるため、労働者の募集範囲も狭く、それだけ企業が雇いたいと考える人材を獲得しにくくなる。また、保護貿易が一般化し、自由な「モノ（財・サービス）」の動きが滞るだけでなく、カネ、データにも分断の波が押し寄せ、物価上昇圧力が勝るようになるだろう。たとえば輸出入先が限定されて原材料価格が上昇し、国際資金移動が規制されて企業の調達金利や資本コストも上昇する。さらに、価値あるデータの囲い込みとサイバー攻撃増加による情報コスト（セキュリティ・コスト）も上昇するはず。

深まる国際関係の悪化は、人の壁、モノの壁、カネの壁、データの壁という「４つの壁」が地域・国家間で高く立ちはだかるのである。企業活動にあっては、逆グローバル化による分断は、あらゆるコスト上昇圧力となる。この分断は、全体的に企業業績を圧迫するため、経済成長にとってはマイナスの影響を与えるはず。企業経営者にとっては、賃金上昇等のコスト上昇が利益率の低下を招くリスクを再認識すべきであろう。一方、投資家・株主にとっても、企業業績や資本利益率（ＲＯＥ）に下方圧力がはたらくことを覚悟しなければならない。つまり、数十年単位で人口動態や国際関係の変化を見ていくと、生産年齢人口比率の低下による賃金上昇圧力の将来的な上昇に加えて、コストプッシュ・インフレがはたらいている姿が浮かび上がってくるのである。

以上のように、過去３０年間も続いた物価安定期の背景は、次のように要約されよう。

（１）２０世紀に見られた５０～６０年周期（もしくは３０年周期）でのエネルギー価格上昇のパターンは、数百年単位での変化（脱産業化・情報化や、総人口増加率の低下）に基づく物価抑制圧力の高まりにより、再現されにくくなっている。

（２）数百年単位での変化により、２０世紀型のディマンドプル・インフレが生じにくくなり、過去３０年間にもわたる物価安定期が続いた。

（３）しかし、近年では、数十年単位での変化（人口動態や国際関係の悪化）に基づ

く物価上昇圧力が、数百年単位での物価抑制圧力を上回り、時限的なコストプッシュ・インフレの様相を強めている。

2020年代初頭は、数十年単位の変化が数百年単位の変化よりも強く物価にはたらきかけ、物価上昇圧力が高まっている。以下では、この先を見晴らすためにも、第1章で示した社会構造の変化を前提に、より詳細に人口動態と国際関係について検討し、長期シナリオを提示する。第2章では、数百年単位の変化も含んだ数十年単位の人口動態の変化を、第3章では国際関係についての数十年単位の変化について取り扱いたい。

第2章

ピークアウトする総人口増加率と人口動態

2.1

数百年単位の変化を読み解く▽7

1820年の大分岐

数百年単位での変化を読み解くためには、まず人口動態の変化と物価上昇圧力の関係について、確認していく必要があるだろう。数百年単位では、世界の総人口増加率と経済状況を関連付けて考えうるはず。十年単位で、特定の国の歴史的歩みを見た場合には、総人口増加率と経済成長率やインフレ率との関係は、必ずしも鮮明に認められないケースが多いが、対象期間をより長期にすると同時に、世界全体に対象範囲も広げると、概ね比例関係にあるのが浮かび上がってくる。

総人口の変化率と経済の関係については、仕組みがシンプルで非常にわかりやすい。人口増加は、モノ（財やサービス）需要の増加につながる。そのため、供給が限られているにもかかわらず、人口が増加するならば、物価に上昇圧力がはたらく。さらに、多くの人々がそのことに気づき始めると、早めにモノを手当てするために物価上昇がさらに上昇を生むような加速スパイラルが生じ、インフレ率そのものも上昇する。インフレ率が上昇する際には、食料や生活必需品を手に入れることが難しくなる人びとが増える事態が頻発したのである。この際には、死亡率が上昇するため、人口そのものが減らざるを得なかった。実際に人口が減少し始めると、食品などのモノに対する需要が減少するはず。モノが余り始めるならば、逆にインフレ率は抑え込まれ、低下することになる。人口が増加し過ぎると、食料などの供給が行き届かないという制約にぶつかり、自動的に人口が抑制されるという仕組みがはたらいていたわけだ。

時として、人口減少によりモノの価格である物価自体が下落すると、デフレの世界に突入することも視野に入る。人口が大きく減少した時期は、世界を眺めてみるとそれほど多くない。欧州では、１４世紀が人口減少時代であったと言われている。このとき、人類は、人口減少に歩調を合わせるように、物価が下落しつづける時代を経験した。１４世紀に、疫病であるペスト（黒死病）が流行し、総人口が大幅に減少したことは、よく知られている。

逆にインフレ率が低下する時代は、必ず人口が減少したかというと、そういうわけではなかった。インフレ率の下落基調が見られた１９世紀は、１４世紀のように世界的な人口減少期ではなく、むしろ人口は増加傾向で推移していたからである。

図2-1は、半世紀毎の総人口増加率とインフレ率の推移を示している。長期データの取得に制約があるが、総人口はイングランド、消費者物価指数は英国のデータになっている。14世紀前半及び後半の総人口増加率は、それぞれマイナス0.8%、マイナス0.9%であり、ペストによる人口減少の大きさを物語る。14世紀後半のインフレ率は0.1%になるが、14世紀前半および15世紀前半はマイナス0.1%、マイナス0.2%となっており、その前後の世紀と比較しても、インフレ率が落ち込んでいるのが確認できよう。また、17世紀後半の総人口増加率は、僅かにマイナスになり、イングランドは人口減少社会に突入していたが、18世紀前半にかけてインフレ率はマイナス0.4%と落ち込んでいる。一方、50年単位でのインフレ率では、19世紀前半の英国はマイナス0.9%と、最低水準を記録しているが、イングランドの総人口増加率は1.3%を超えている。これは、総人口増加率がマイナスになっているときには物価抑制圧力がはたらくものの、デフレに陥っていても総人口が減少していたわけではないという事例の一つである。

▽７
本章の内容は、平山（２０１４）にも詳しいため、参照されたい。なお、記述のベースになっている国際連合中位推計は、２０２２年改訂版の際に大幅に見直されており、本章では、適宜、最新のデータに基づく見通しに修正している。

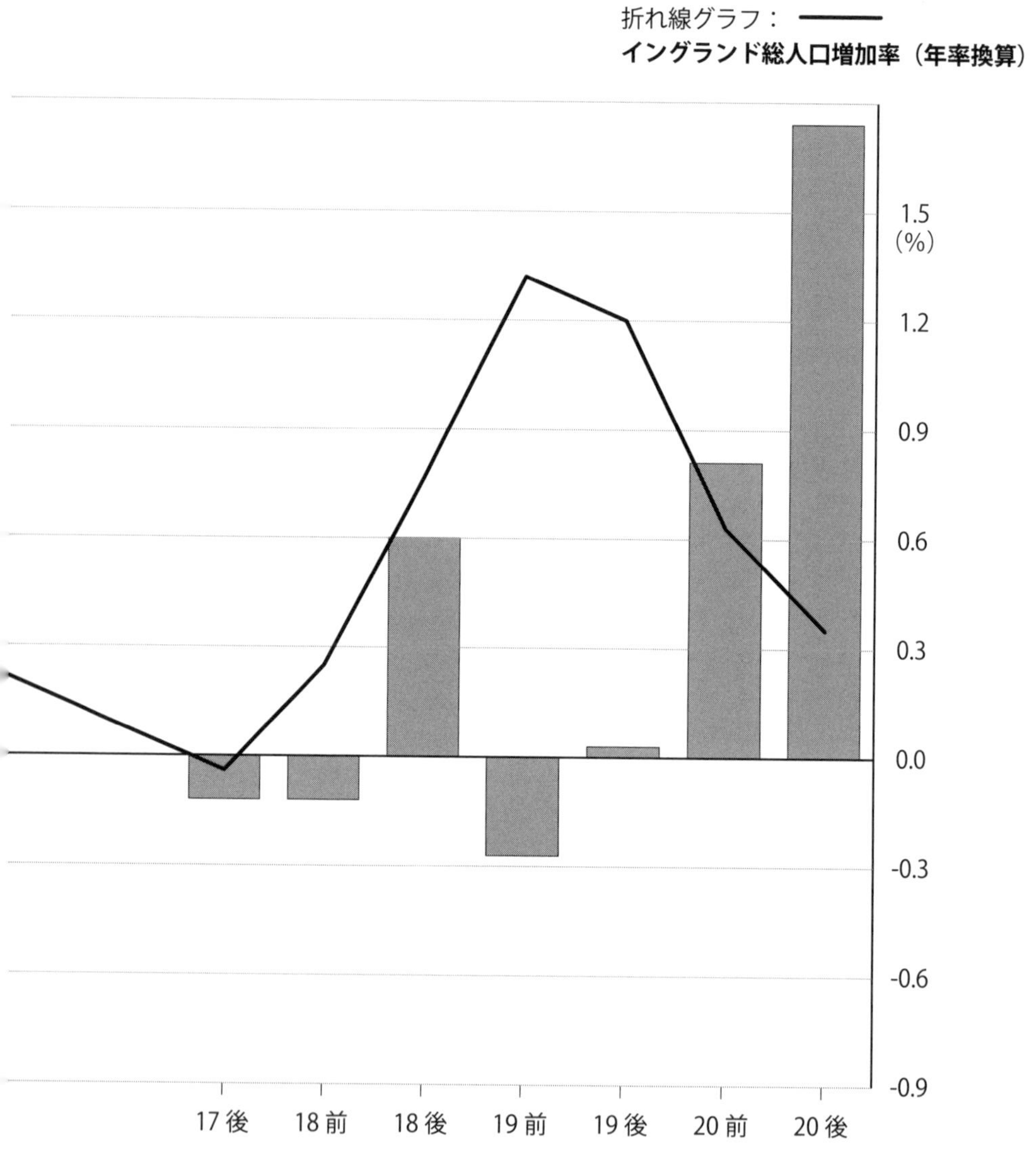
折れ線グラフ：
イングランド総人口増加率（年率換算）
1.5
(%)
1.2
0.9
0.6
0.3
0.0
-0.3
-0.6
-0.9
17後
18前
18後
19前
19後
20前
20後

●図 2-1　半世紀毎の総人口増加率とインフレ率

出所：A millennium of macroeconomic data for the UK のデータを基に作成

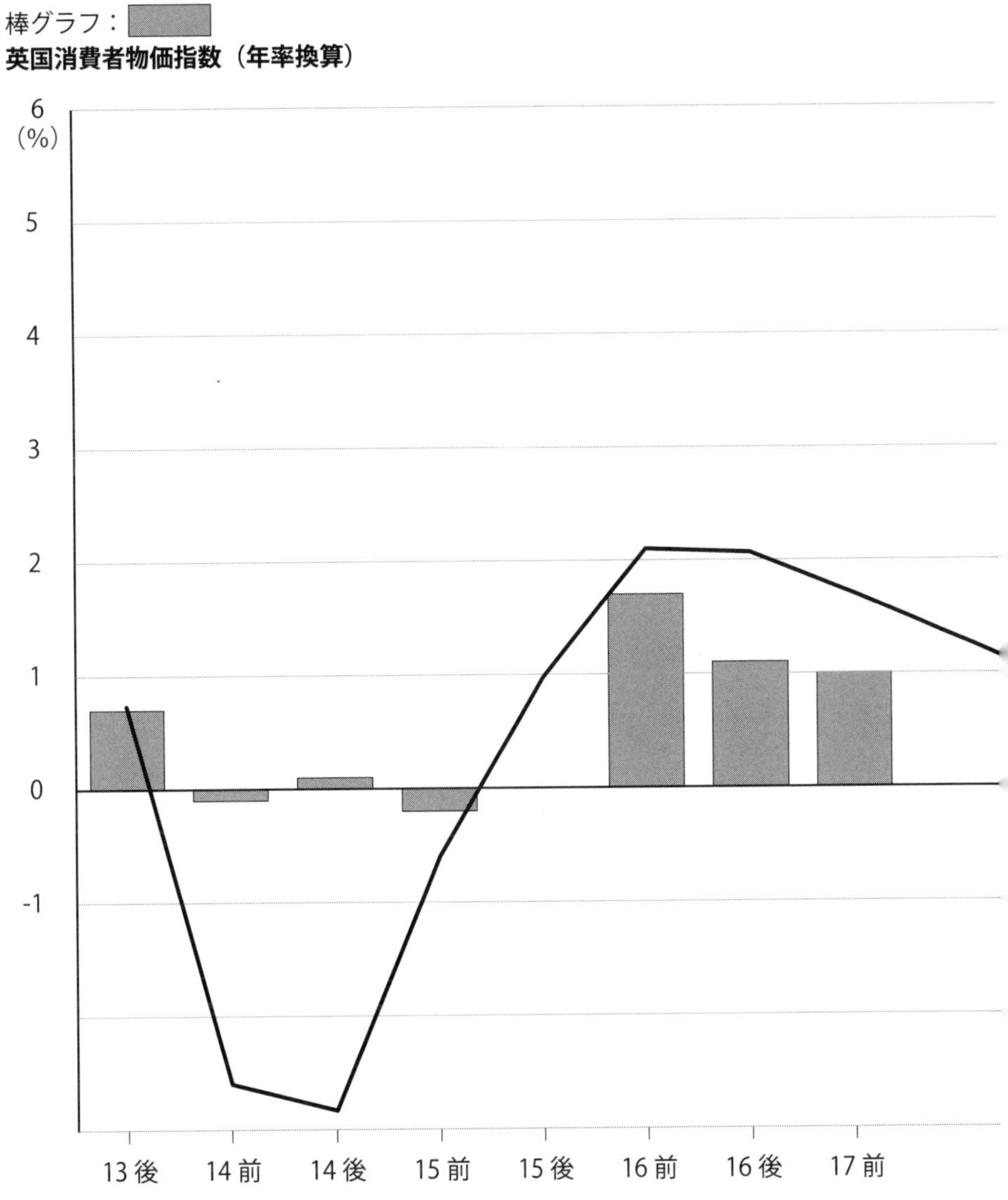

人口減少は、インフレ率低下の要因にはなっても、インフレ率の低下期は、必ずしも人口が減少していたわけではない。むしろ、19世紀の特徴として、人の移動が活発化し、農村から都会へ、そして米大陸への移民が増加したことが、インフレ率の低下に貢献したとの主張もある。農村から都会への人口移動によって、都会の工場では、より安い労働賃金での生産が可能になり、製品価格の上昇を抑制できるからだ。また、米国をはじめとする新大陸を目指して英国や欧州の人々が移住することで、豊富な食料や資源が開発され、恵まれた環境を享受できたと考えうる。そうすれば、英国や欧州内では、移住により人口が緩やかに減った分だけ、食料やエネルギーといったモノが余り、物価の上昇圧力が弱まったはずだ。19世紀の場合には、世界の人口が減少したわけではないが、人びとの移住も需給ひっ迫を緩和させ、限られた地域内での需要拡大を抑制したわけである。つまり**14世紀、17世紀後半のイングランドは、人口減少の影響を受け、19世紀は、人口移動による影響から、モノの需要が爆発的に拡大しなかったため物価は安定したが、この時代をはさんだ時期、すなわち13世紀、16世紀、18世紀、20世紀には、物価上昇圧力が高まっていた**と整理できよう。

この超長期にわたる総人口増加率の変化は、経済成長率とも密接な関係にあった。この関係は、たいへんシンプルであり、概ね総人口増加率が高まれば、それに応じて経済成長率も高まるという比例関係が続いてきたと捉えてよい。人口が増えればそれだけ、経済活動も比例して増え、逆に人口が減少すれば、経済規模も縮小するはず。約２０００年の人類の歴史でも、この関係が保たれてきたのである。総人口増加率が高ければ、それだけ多くの消費需要や設備投資需要が生じるため、経済の拡大ペースは速まったと言えよう。

図2-2は、著名な経済史研究者であるアンガス・マディソン氏の研究を引き継ぐグループが公開しているデータベース等に基づき世界規模での総人口増加率と経済成長率の関係をプロットしたものである▽8。横軸が総人口増加率、縦軸は経済成長率であり、おおむね右肩上がりの比例関係にあることから、総人口増加率が高まる中で、経済成長率も高まってきたという関係が確認される。具体的には、紀元１年（西暦元年）から２０世紀にかけて、総人口増加率が０.０２％から２％弱まで増加する中で、経済成長率は０.０１％から５％弱まで上昇している。総人口増加率は、意外と低いものの、物価上昇などの影響を除いた実質的な経済成長率は、総人口増加率を大幅に上回っているのである。

▽8
Maddison Project Database, version2018. Bolt, Jutta, Robert Inklaar, Herman de Jong and Jan Luiten van Zanden (2018), Rebasing 'Maddison': new income comparisons and the shape of long-run economic development" Maddison Project Working Paper, nr. 10, available for download at www.ggdc.net/maddison.

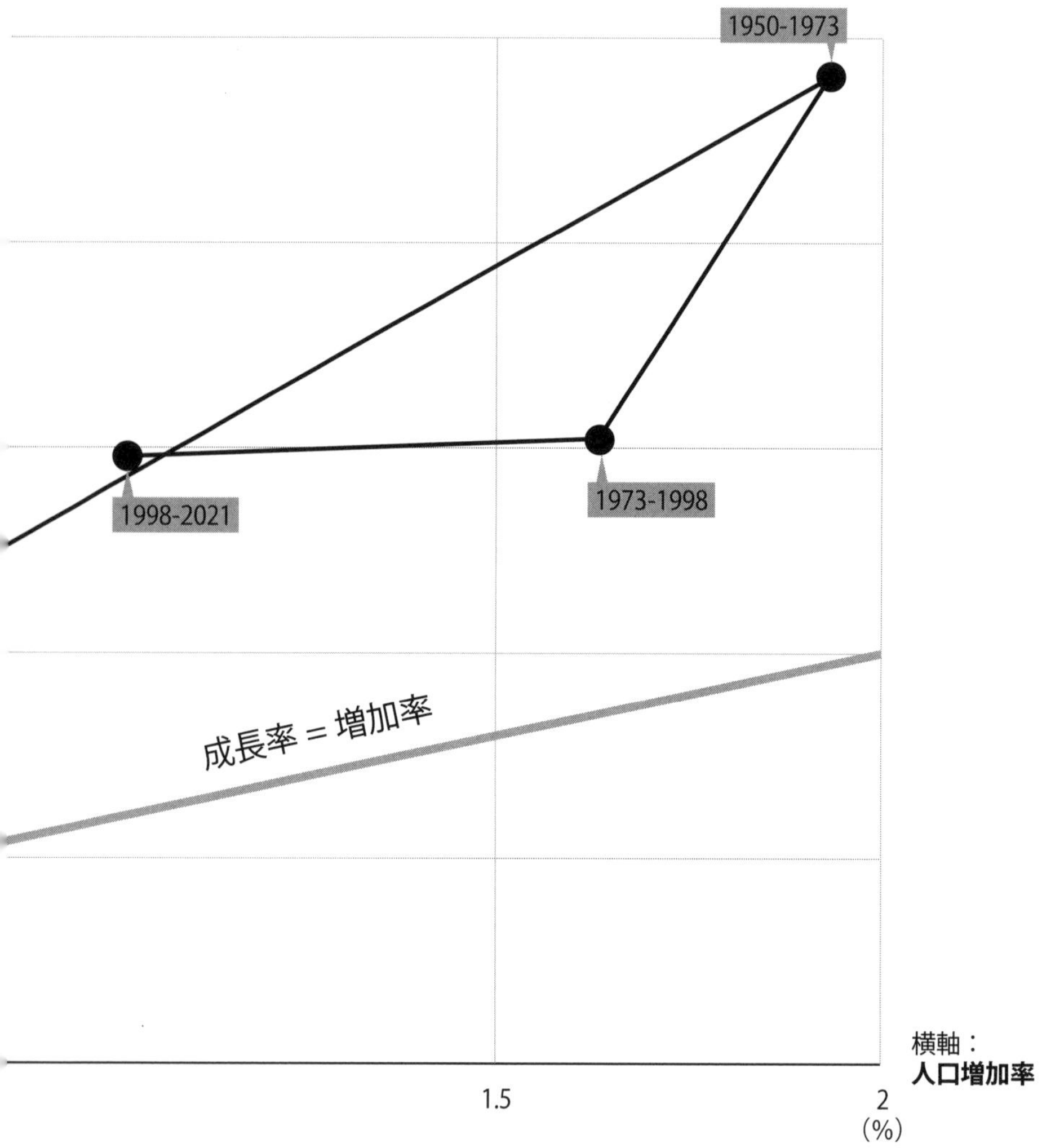
1950-1973
1973-1998
1998-2021
成長率 = 増加率
横軸：
人口増加率
1.5
2
（%）

●図 2-2　世界経済成長率と総人口増加率

出所：OECD、世界銀行のデータを基に作成

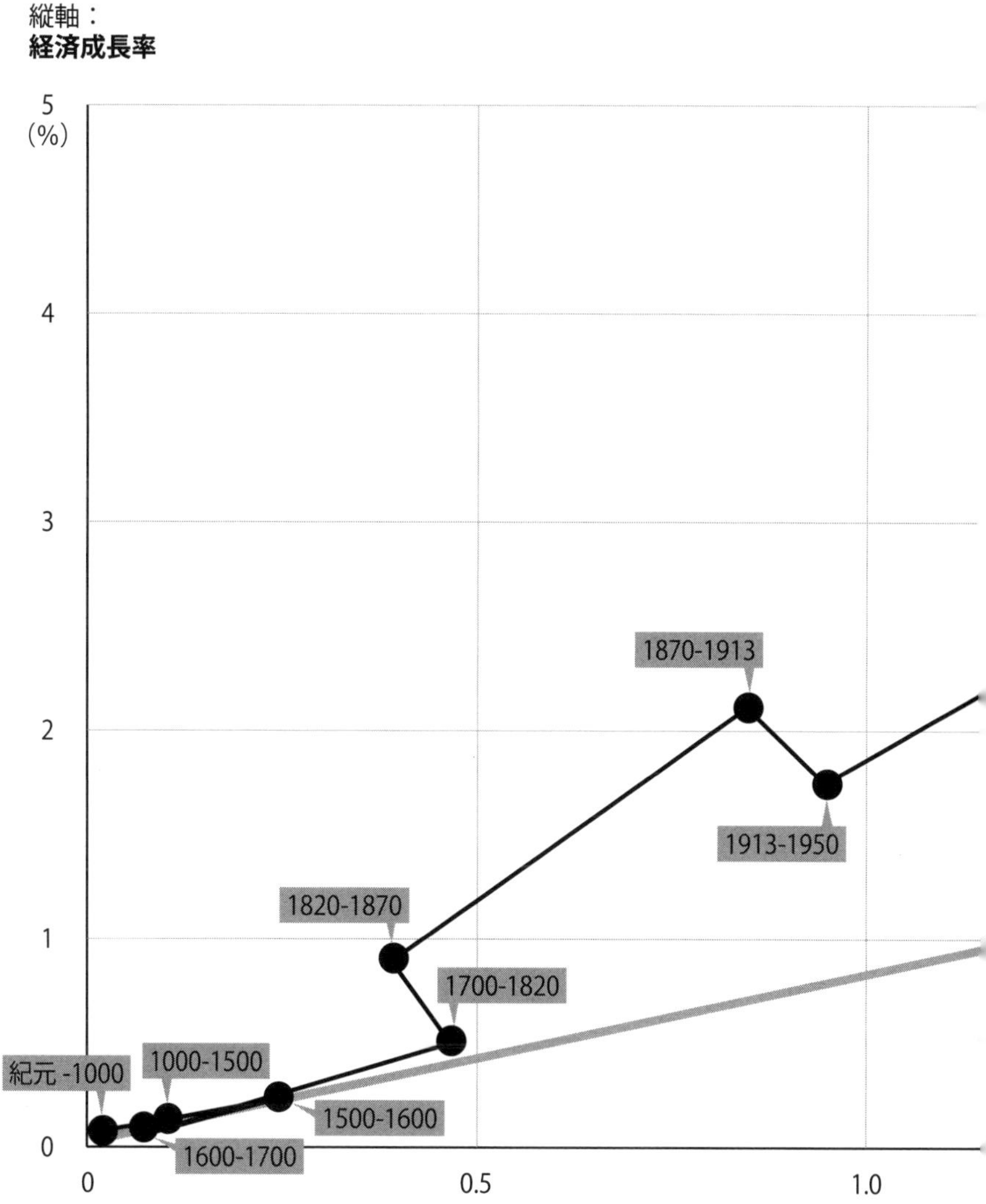

総人口増加率のピークが2％程度にとどまっているのに対して、経済成長率は5％程度まで上昇している違いは、過去200年の社会構造の変化を考える上で重要だ。経済成長率が総人口増加率を明らかに上回るようになったのは1820年以降であり、それまでの紀元1年から1820年までは、両者がほぼ同じ水準で推移していたためである。図2-2で確認すると、19世紀初頭の1820年までは、総人口増加率と経済成長率が等しくなるように引いた直線上で概ね推移しているものの、1820年から1870年の期間には、総人口増加率が0.5％弱に対して、経済成長率は1％弱まで大幅に上昇しているのが確認されよう。

また、1820年以降の経済成長率は、総人口増加率の2倍程度まで跳ね上がって推移するようになっている（1820年から1870年までの期間は2.3倍、1998年から2021年までは世界銀行のデータを基にすると同様に2.4倍）。人口と経済の関係が、1820年を境に大きく異なる時代に突入したと言え、人口と経済の関係の分岐点になったと考えられよう。現在の大変動を超長期の視点から再確認する際には、この1820年の大分岐をどのように位置づけるかが非常に重要である。200年後の2020年代が、この大分岐に匹敵するのか否かという視点で仮説を立て得るからである。19世紀の大分岐は、石炭から石油・天然ガスなどの化石燃料を活用する産業社会が浸透していく時期と重なる。産業革命の効果として、生産性の上昇が、社会全体に行き渡った影響が大きい。

生産性上昇が大きく経済成長率にプラスにはたらき始めたのが１９世紀初頭と捉えられるわけである。その結果として、人口の増加ペースよりも経済成長テンポが速くなり、一人あたりの経済規模も加速的に拡大したのである。一人当たりの経済成長率の上昇により、少なからず経済的成果が広く多くの人々に拡散し、１８世紀までの社会とは大きく異なる産業社会が花開いたと言えよう。もちろん、このような経済成長の加速は、地球環境に負荷をかけ、持続可能性に対する課題を人類に投げかけたことも事実である。

１９６０年代からの減速

１８７０年以降に総人口増加率は０.５％を越え、その後、さらに高い水準である２％を目指すようになった。有史以来、世界の人口は、緩やかなペースでの拡大にとどまっており、一時的に黒死病の影響で人口減少が発生することはあっても、増加ペースが０.５％を上回るケースはほとんどなかった。しかし、１９世紀から２０世紀にかけては、この水準を突破しさらに総人口増加率が上昇したのである。産業化が進んだ地域では、特に、生活面での衛生状態の向上や医学の発展が貢献し、幼児死亡率が低下したため、総人口増加率の上昇に大きな影響を与えた。幼児死亡率の低下が、平均寿命を延ばし、総人口増加率を上昇させたのである。

さらに第二次世界大戦後には、灌概農業・農業機械の浸透、品種改良の発展、そして化学肥料が、広く多くの農場で使用されるようになり、農業生産の効率化が進んだ。農業生産量の飛躍的な増加は、食料不足による人口増加の制約を先進地域では取払い、総人口増加率が大きく上昇したのである。少人数の農業従事者であっても効率的に大量の農産物を生産できるようになったため、人口が加速的に増加した際に、食料枯渇により人口が抑制されるというボトルネックが解消されたのである。**従来、人類は、食料生産の限界に直面して、人口増加が抑制されてきたものの、この手枷、足枷が取り除かれた事実は、20世紀の経済成長にも大きな影響を与えた**と言えよう。

従来、農地面積が制約となって収穫拡大が難しかったものの、農業技術の革新は、単位面積当たりの収穫量を加速的に高め、農産物供給を急拡大することに貢献した。この農産物供給の変化が、総人口増加率の2％水準までの上昇を支え、総人口増加率の加速を促したと考えうる。よく指摘される「幾何級数的に増加する人口と算術級数的に増加する食料の差により人口過剰、すなわち貧困が発生する。これは必然であり、社会制度の改良では回避され得ない」とするマルサスの罠を乗り越えて、人口増加が可能になったわけである。この限界が産業革命を起爆剤とする農業技術の発展により取り除かれたことで、総人口増加率が歴史上発生しなかったペースで急激に上昇したのが20世紀に至る道のりであった。

しかし、経済成長率と深い関係にある総人口増加率は、図２−２を確認する限り、１９５０年から１９７３年にかけてピークアウトしていた。これは意外と知られていない事実である。年単位にブレークダウンすると、総人口増加率は、１９６４年の２．２％をピークとして低下しているのである。２０２３年は新型コロナ・ショックの影響もあり約０．９％にまで低下すると予想される。この総人口増加率のピークアウトと並んで、世界の経済成長率は、１９６４年に７％前後まで高まったものの、２０２０年代には１％台にまで低下している（２０２０〜２０２１年、世界銀行）。将来的には、世界の総人口増加率は、２０３０年は０．８％台、そして２０４０年には０．７％を割れると推定されており▽9、この推移に沿うならば、世界の経済成長率は１％台が定着してもおかしくない。今後も総人口増加率の低下傾向が続くことから、世界経済成長の下押し圧力は否定しがたいと言えよう。われわれは、１９６４年に経済成長率がピークアウトして以降、半世紀超の期間が経過していることを再認識すべきかもしれない。少なくとも、２０２０年代を生きるわれわれが次の時代を考える際には、１８２０年だけではなく１９６０年代をどのように解釈していくかは非常に重要なポイントになるはずである。

そこで、この１９６０年代の高成長を支えた技術革新の成果、すなわち生産性の向上についても触れておきたい。というのも、生産性の向上は、成長率に大きな影響を与えるからである。１９６０年代にかけて開花した技術革新は、多くの人々の雇用を創出しつつ経済社会全体の生産性向上にも貢献した。だが、近年の情報技術革新は、２０世紀半ばに加速した雇用増効果を生む技術革新とは、そのインパクトの大きさが収縮している可能性が高い。現在の情報技術革新は、部分的な生産性向上に限られるとの見方も強いのである▽10。確かに、近年の情報技術革新の経済的恩恵は、一部の限られた人々にのみ配分され、所得や富の格差が開き始めている。１９７０年代以降開き始めた格差は、特に１９９０年代以降にさらに拡がり、多くの人々にまで行き渡らなくなっている。

この点については、２０世紀後半に焦点をあてて、より詳細に人口と経済について確認するとより鮮明になってくる。１９世紀以降、総人口増加率と経済成長率は、急上昇してきたが、アンガス・マディソン等のデータによれば、１９５３年から７３年にかけての期間をピークに低下基調に転じている。図２-２では、傾斜は維持しながらも、反転して坂を転がってきているように描かれている。われわれは、新興地域の成長に目を奪われ、人口が増加し、経済は成長しているとイメージしやすいが、実際は総人口増加率も経済成長率も、１９６０年代をピークに低下している。繰り返しになるが、世界の経済成長率は、１９６４年に年率６.６％でピークアウトしており、総人口増加率も２.２％の最高値を記録しているため、ほぼ両者のピークは一致しているのである。

▽9
人口将来推計は、国際連合中位推計(2022年改訂、World Population Prospects 2022)による。(2022年7月11日発表)

▽10
詳しくは、Cowen(2011)参照。また、産業構造が二次産業に移行する過程の生産性の拡大と金融技術の発展によるレバレッジ(小さな力で大きなものを動かす「梃子の原理」のことであり、少額の資金で、その何倍もの取引による成果を上げる仕組み)の活用が、これまでの高成長の背景にあったが、一部の地域を除いてこれらの要因が剥落してきているとの見解もある。

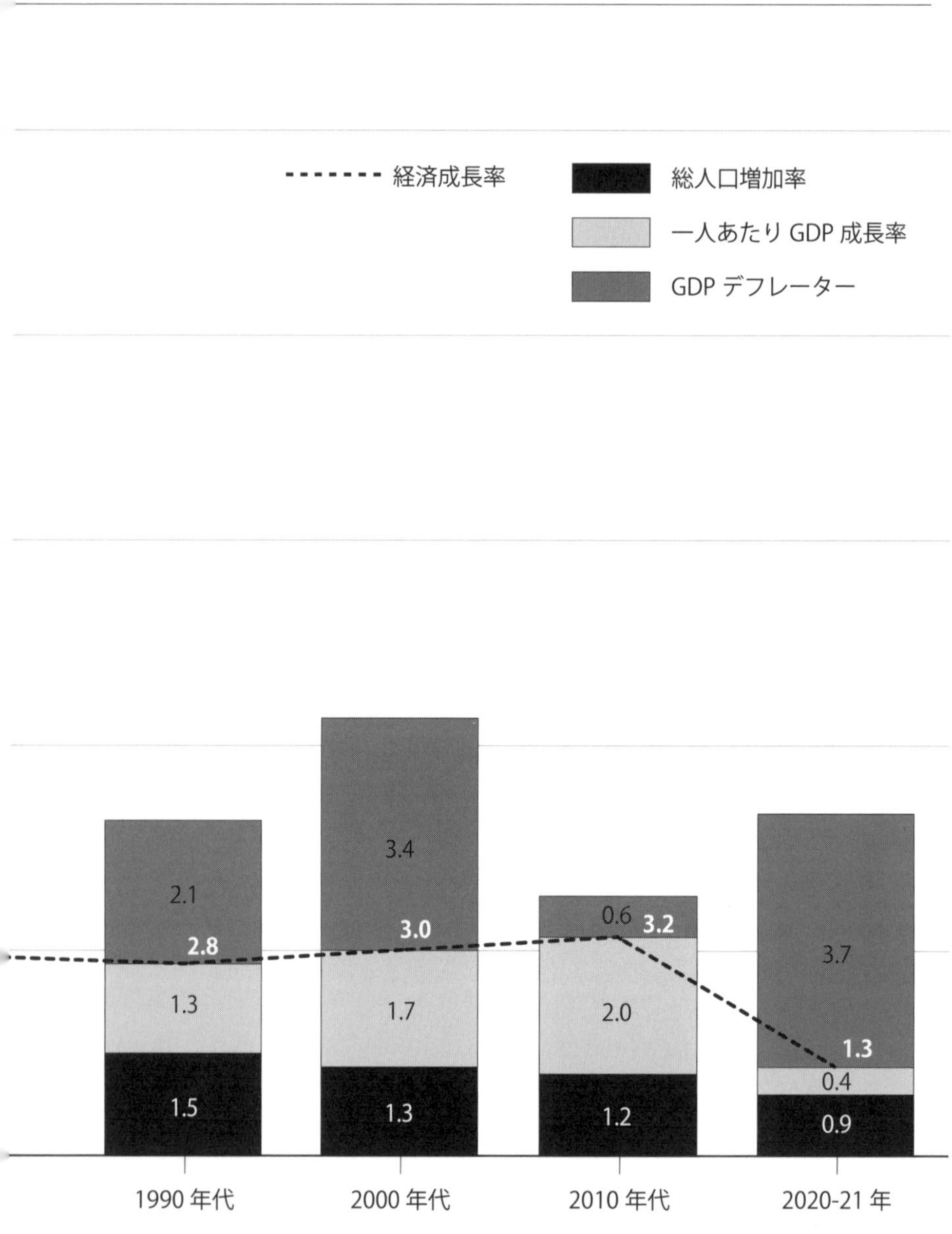
経済成長率
総人口増加率
一人あたり GDP 成長率
GDP デフレーター
2.1
2.8
1.3
1.5
3.4
3.0
1.7
1.3
0.6
3.2
2.0
1.2
3.7
1.3
0.4
0.9
1990 年代
2000 年代
2010 年代
2020-21 年

●図 2-3　10 年ごとの総人口増加率と経済成長率

出所：世界銀行のデータを基に作成、1960 年代は 1961 年から 1969 年まで

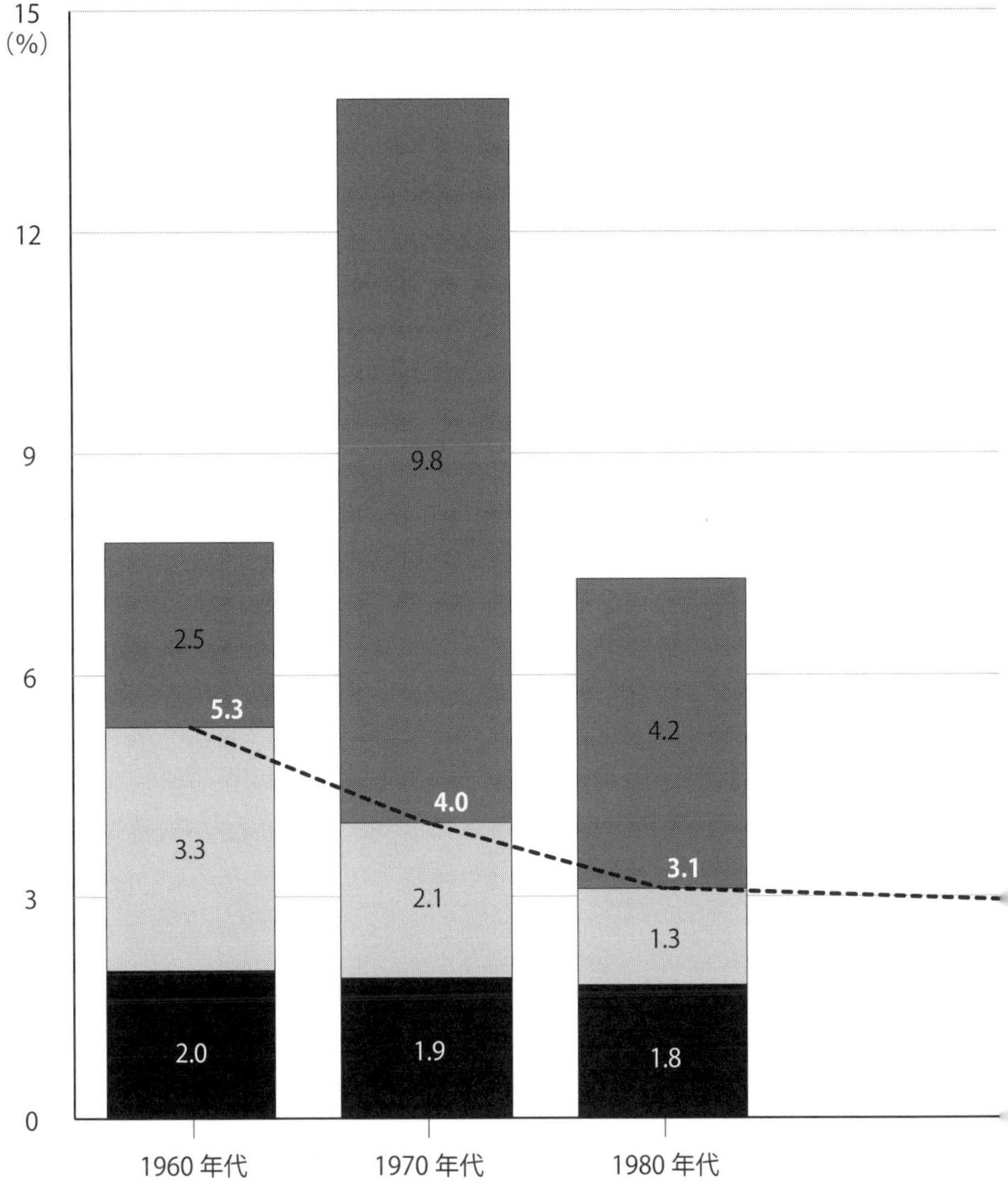

図2-3は、その１９６０年代以降の１０年ごとの世界経済成長率と総人口増加率の推移だが、経済成長率は、緩やかな低下トレンドになっている。経済成長率（折れ線）は、１９６０年の５．３％をピークに、１９７０年代の４．０％まで低下し、１９８０年代から２０１０年代にかけては３％前後で横ばいになっている。そして、近年の新型コロナ・ショックとその反動を経験した２０２０年と２１年の平均値は、１．３％まで低下しているのが確認できよう。この歩みと歩調をそろえるように、総人口増加率（棒グラフ・黒色）は、１９６０年代の２．０％が、１．９％↓１．８％↓１．５％↓１．３％↓１．２％↓０．９％という具合に、年を重ねるごとに減速してきている。経済成長の「追い風」となっていた総人口増加率の上昇は、そのピークアウトにより１９７０年代以降に、成長にとっての「向かい風」に転じていると考えてもよさそうだ。向かい風と言っても経済が成長しなくなったというわけではなく、経済の成長のテンポが減速し始めたということであり、**われわれは、総人口増加率のピークアウトと共に、経済成長が徐々に安定化していく局面を生きていることになる。**

果たして、総人口増加率が低下し始めた１９７０年代以降も、それほど経済成長が衰えずに済んでいたのはなぜだろうか。この疑問を解くカギは、「一人当たり経済成長率の底上げ」と「インフレ率上昇による経済成長率の嵩上げ効果」である。次に、この二つのカギについて考えてみよう。

総人口増加率１％未満・経済成長率１％台での物価抑制圧力

まず、「一人当たり経済成長率の底上げ」について確認しておきたい。経済成長率は、１９７０年代以降、低下基調で推移しているが、この要因を２つに分解して考えるとわかりやすい。

「経済成長率」≒「総人口増加率」＋「一人当たり経済成長率」

従来、一人で生み出す経済成果には限界があったが、農場での灌漑設備や工場での機械設備などを活用すれば、その成果は飛躍的に大きくなる。これは、一人当たりの生産性が高まったことを意味する。一人の人間が生み出す成果が増進し、さらにその人数が増えれば、経済全体の成長率は高まるはず。一人当たりの経済成長率が高まった上に、その人数も加速的に増えれば、全体の経済成長率も伸びることになる。つまり１９６０年代までは、世界全体で考えると、一人当たり経済成長率も総人口増加率も上昇していたため、経済成長率が底上げされてきたと言える。しかし、１９７０年代以降からは事情が変化し始めている。

図２‐３では、折れ線（経済成長率）と棒グラフ・黒色の差にあたる棒グラフの灰色部分が一人当た

り経済成長率である。1960年代の一人当たり経済成長率は3.3％であり、経済成長率を底上げした大きな推進力になっていたのが明らかであろう。総人口増加率の水準は大きく変化しないため、経済成長率の上下動を左右するのは一人当たり経済成長率になる。そのため、産業化による生産性の上昇が、世界の経済成長のドライバーであったと言える。この一人当たり経済成長率は、1980年代、1990年代に1.3％まで低下したため、緩やかに低下する人口増加率と合わせれば、ダブルで経済成長率の足を引っ張ったことになる。実際に、経済成長率は1960年代の5.3％から1990年代の2.8％まで大幅に低下しているのが確認できよう。2000年代以降も総人口増加率は低下基調で推移するが、2010年代にかけて、一人当たり経済成長率は2.0％まで底上げされたため、経済成長率も2010年代には3.2％まで回復している。この一人当たり経済成長率が上昇した背景には、中国をはじめとする新興地域の労働者が産業社会に参入した影響が大きい。この時期には、BRICs経済（ブラジル・ロシア・インド・中国など）の台頭による新興地域経済の発展が期待され、これらの地域への産業化の浸透が人口増加率の低下を一定程度相殺したと言えよう。

しかし、新興地域での生産性上昇に伴う一人当たり経済成長率の上昇が一段落すると、一人当たり経済成長率は、1980年代および1990年代の1.3％程度まで戻ってもおかしくはない。世界の総人口増加率も中位推計（国際連合・2022年改訂版）に沿って、緩やかに低下していくならば、経済成長率の水準も下方シフトしていくことになるだろう。死亡率は低下しているものの、出生率を引き上げるための人為的な政策にも限界があるからだ。その上、世の中は、都市化や価値観の変化により、合計特殊出生率に低下圧力さえはたらいているため、**総人口増加率については、短期間に上昇させることは困難が伴う。総人口増加率の中位推計でも、２０５０年には０．５％を下回るため、一人当たり経済成長率１．３％を加えても、世界の経済成長率は１％台になると推測される。**さらに、同低位推計による２０５０年の世界の人口増加率は０．１％程度であるため、この場合には世界の経済成長率は１％台前半にまで落ち込む。なお、新型コロナ・ショックの影響もあり２０２０年および２０２１年には、一人当たり経済成長率は０．４％まで低下しているが、この水準は経済活動の急停止と急加速というショックの影響を大きく受けているため、極端なものであるとともに一時的なものであると考えたい。以上のように、２０００年代や２０１０年代は新興地域での一人当たり経済成長率の上昇により、世界の経済成長率は、総人口増加率の緩やかな低下にもかかわらず底上げされた。しかし、今後は、低下基調での推移が予想されると言えよう。

次に、「インフレ率上昇による経済成長率の嵩上げ効果」について考えてみよう。経済成長率といった場合には、インフレ率の影響を除いた実質経済成長率を指すのが一般的である。しかし、企業の売上や賃金などは、インフレ率の上昇を含めた名目値で示されるため、われわれが経済活動をしている際には、名目値を基準に判断している。売上や賃金が８％上昇しても、インフレ率が３％であれば、実質的な売上や賃金の上昇は５％である。極端な例では、賃金が８％上昇していても、インフレ率が１０％上昇していれば、実質的な賃金は２％目減りしてしまったことになる。名目賃金が上昇して喜んでも、生活費が１０％上昇していれば、実質賃金は低下して生活は苦しくなっているわけだ。われわれは、名目上の数値に囚われて、実質を蔑ろにする錯覚に陥ることがあるため注意が必要だ。つまり、実質と名目を区別して、実質でみていかなければならない。図２-３の１９６０年代の事例で確認すると、１９６０年代の経済成長率は５.３％であるが、これは物価変化による影響を除いた実質経済成長率である。これに物価上昇による２.５％分を加えれば、７.８％まで底上げされる。この底上げされた成長率が名目経済成長率であり、インフレ調整前の経済成長率を意味する。このインフレ率の底上げ分を、通常は控除して経済成長率を求めており、経済実態の成長度合を示している。この関係は、以下のように単純化して表現することができる。

「名目経済成長率」≒「実質経済成長率」＋「インフレ率（ＧＤＰデフレーター）」

特に１９７０年代のインフレ率は非常に高く、物価上昇が表面上の経済成長を水増ししている。名目経済成長率は、インフレ率の上昇分だけ嵩上げされるため、経済成長率が膨らんで、高い成長が続いているという幻想を与えやすい。数値で確認するならば、１９７０年代の実質経済成長率は４．０％まで低下するものの、インフレ率が９．８％であったため、名目成長率は１３．８％まで底上げされていた。

インフレで底上げされている世界の名目経済成長率の年次推移を見ると、経済成長率のピークは、１９７３年になる。実に１９７３年の名目経済成長率は、２２％という高水準であり、ダントツの戦後１位となっている。だが、実質経済成長率は、６．４％、僅差で１９６４年６．６％の後塵を拝している。これは、インフレ率（ＧＤＰデフレーター）が、１５％程度という破格の高水準を記録したため、経済の実質的な成長は、名目上の成長ほど高くなかったことを意味している。インフレの影響で名目上の成長率は、かなり上積みされていたわけだ。ニクソンショック▽11後の１９７３年には変動為替相場制に移行するが、その過程で、通貨価値の下落見通しが高まったことも、インフレ率の上昇に寄与したと言えよう。

より分かりやすく説明するために、この名目経済成長と実質経済成長の推移を、総人口増加率がピークアウトした１９６４年を起点として、数値で確認してみよう。総人口増加率がピークを迎えた後に、インフレ率がどの程度、名目上の経済成長率に影響したのかが明らかになってくる。われわれがイメージする経済成長率の推移は、実質経済成長率の上昇、下落よりも、物価変動も反映した名目経済成長率の上昇、下落に左右される傾向がある。あくまでも表面上の経済成長から影響を受けるため、名目経済成長率が高ければ、実質経済成長率がそれほど高くなくとも、大いに成長していると感じてしまうわけである。

1964年から2021年にかけて、世界の総人口は、約2.4倍になっている。また物価変動を調整した経済規模（実質経済規模）は、約6.5倍になっている。一方、物価上昇の影響を受け水増しされた経済規模（名目経済規模）は、なんと53倍弱にまで拡大している。経済規模が6.5倍になる間に、人口が2.4倍になっているわけだから、一人当たりの経済規模は2.7倍（=6.5÷2.4）になっているということになる。言葉を換えて表現するならば、人口が2.4倍になり、一人当たり経済成長が2.7倍になったため、実質経済規模は6.5倍になったものの、さらに物価上昇による影響で名目経済規模は53倍弱まで膨張していると言える。

人類の歴史を紐解くと、20世紀後半ほど物価が上昇した時代はないだけに、1964年以降は、インフレによる名目経済規模の底上げが著しい。個別地域の事例になってしまうが、図2-1の英国でも20世紀後半のインフレ率の高さが確認されるだろう。インフレの進行は、実質経済成長率と名目経済成長率の格差を拡げることになる。もちろん、第一次世界大戦後のドイツのように、一部の国で発生するハイパーインフレの経験はあるものの、多くの主要国で同時期に、このような物価上昇が発生し、実質経済規模と比較して名目経済規模が嵩上げされたことはない。

特に、１９７０年代の世界同時インフレは、世界経済の中心であった米国による国際通貨制度の転換の影響が大きいとされる。従来、金や銀を本位通貨とする制度が確立した世界では、金や銀の保有量による制約がかかるため、通貨供給量に歯止めがかかるとされる。この歯止めがきいて、通貨価値が維持され、財やサービスの価格が大幅に上昇する可能性を低下させていた状況に変化が訪れたとされたのである。しかし、むしろ重要なのは、米国の金融機関などが世界中で米ドル建ての貸出を活発化させ、米ドルによる決済が容易になった点である。１９７１年のニクソンショック以降、米ドルでの決済が簡単になった分だけ経済の回転が増殖した世界では、「物価上昇が当たり前」という社会になり、名目経済規模も、物価上昇の影響で大きく水増しされるようになったのである。

今後も、このようなインフレ率の上昇による、一時的な名目経済成長率の底上げの可能性はあるかもしれないが、生産性の頭打ちと総人口増加率の低下推計から実質経済成長率の低迷は続くのではないか。これは、２０世紀半ばの高成長イメージではなく、むしろ１９世紀末から２０世紀初頭のポジション（図２-２の１９１３～１９５０年や１８７０～１９１３年のポジション）である「総人口増加率1％未満・経済成長率1％台」を視野に入れた将来予測を意味する。**インフレ率についても、脱産業化と総人口増加率の低下によるディマンドプル・インフレが想定できないため、物価抑制圧力が超長期的にはたらいていくと想定されよう。**

▽11
1971年7月15日に、米ニクソン大統領による訪中宣言と、1971年8月15日のドル・ショックを指す。ドル・ショックは、従来、米国が固定比率（金1オンス＝35米ドル）による米ドル紙幣とのと金との兌換を一時停止するとの宣言を指し、それまでの国際通貨制度として確立されてきたブレトンウッズ体制の終了を意味した。その後スミソニアン体制を経て、1973年には、外国為替レートの決定が変動相場制に移行する。

2.2 数十年単位の変化を読み解く

中間層人口の地盤沈下

数百年単位での総人口増加率の低下基調が物価抑制圧力として、超長期にわたりはたらき続ける点について前節で記したが、以下では、数十年単位での人口動態の変化が物価に与える影響について記したい。第１章では、中間所得層人口、多消費世代人口、年金世代人口、生産年齢人口について簡単に触れた。この４つのポイントについて順次人口動態が与える物価圧力を見ていくことにする。

まず物価上昇圧力が高まった２０世紀後半は、中間（所得）層の台頭と結び付けて考えることができる。先進国では、最低限度の生活を確保するための社会保障制度が制定され、さらに労働者の権利も広く認められるようになった。特に１９６０年代は、高級品を消費する少数の富裕層人口が増加して、その存在感が増したのではなく、中間層人口が増加した時代である。耐久消費財などを大量消費する中間層人口が増加したことから、その需要にこたえるために均質な製品を大量生産する産業化が急速に進んだと言えよう。中間層の増加は、定型製品の大量消費を拡大させ、エネルギーや資源・原材料の需要を増大させるため、物価上昇圧力要因となった。これは、ディマンドプル・インフレである。

社会階層分布が中流化（中間所得層の増加）すると、大量生産によるコスト削減効果が高まり、製造プロセスの効率化が進む。この効果は、生産性向上による一人当たり経済成長率の上昇となって、経済成長率を高めるだろう。さらに、賃金の上昇による家計所得の底上げが、さらに消費の拡大余地を拡げるという「正の連鎖」を生じさせる。中間層の台頭は、拡大が拡大を呼ぶ経済成長のドライバーとして、先進国の経済浮揚に大きく貢献したのである。また、貧困層・低所得層から中間層へのステップアップにより、教育投資がより広く行き渡り、イノベーションの推進を通した経済成長にも貢献したのである。

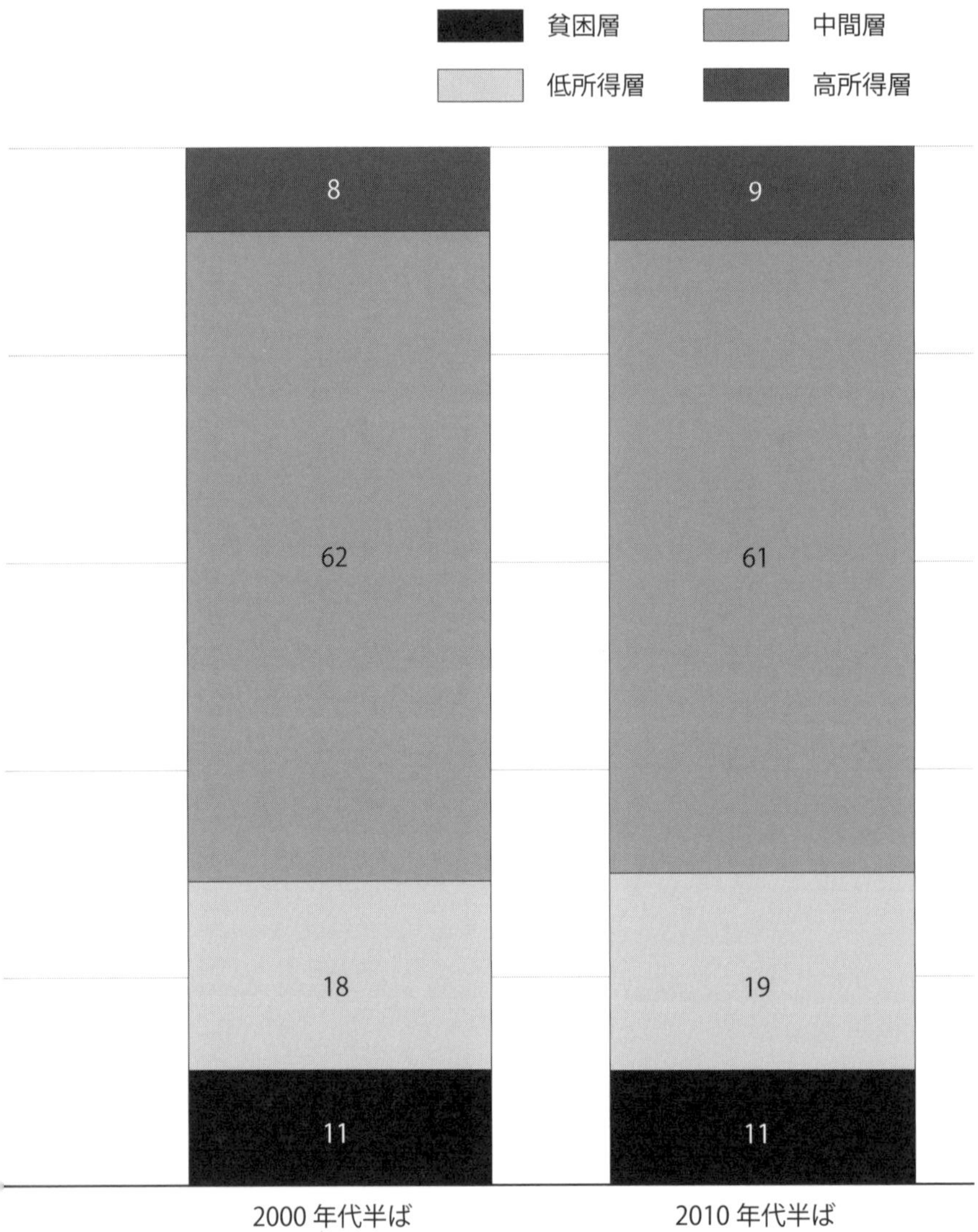
貧困層
中間層
低所得層
高所得層
8
62
18
11
9
61
19
11
2000 年代半ば
2010 年代半ば

●図 2-4　OECD の所得階層別比率

出所：OECD (2019), Under Pressure: The Squeezed Middle Class, OECD Publishing, Paris, http://doi.org/10.1787/689afed1-en. を基に作成

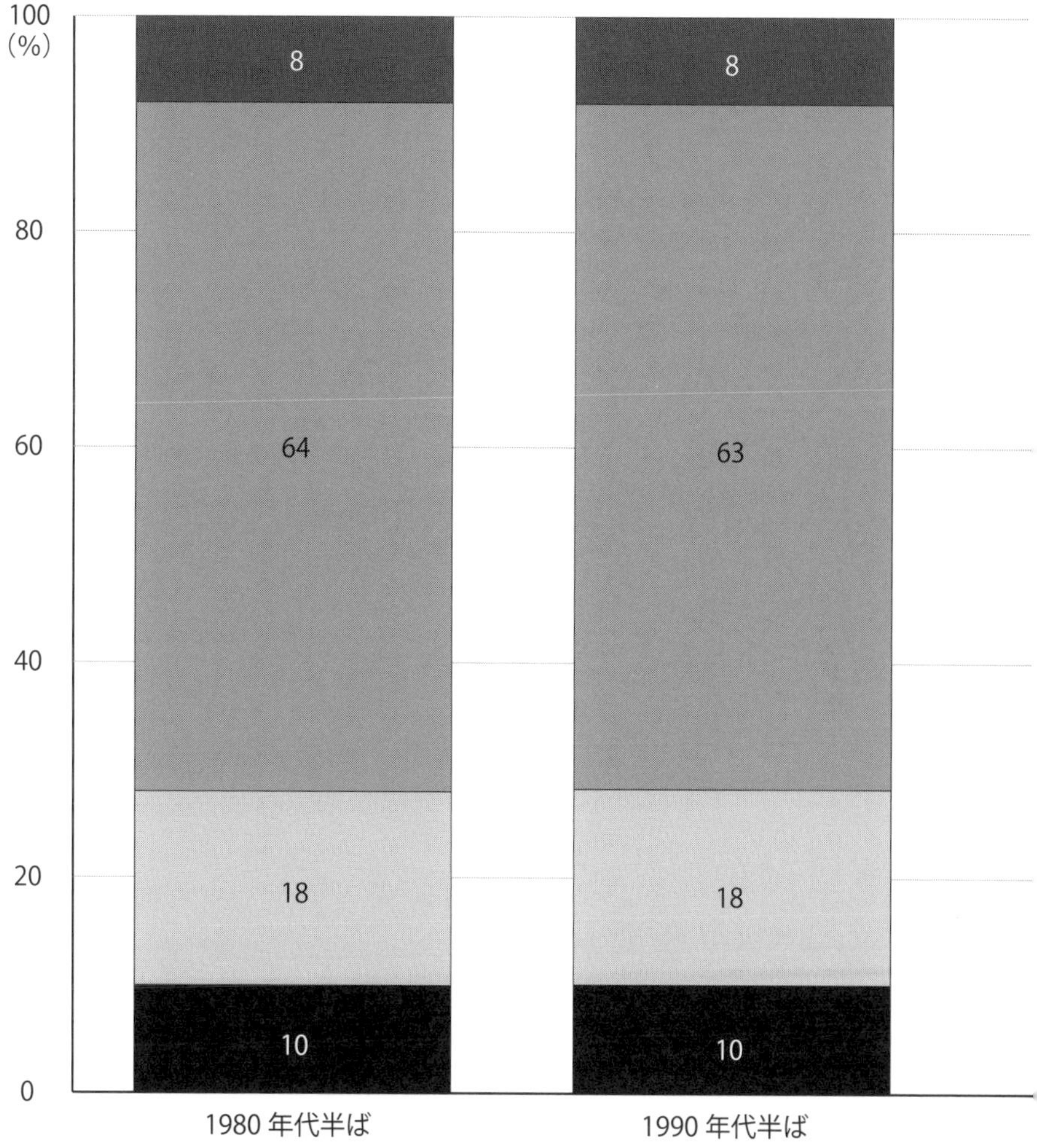

しかし、この正の連鎖も、世界経済を支えてきた先進国での中間層の増加ペースが一段落すると、経済成長やインフレ率にも低下圧力となってはたらくはず。１９８０年半ばから２０１０年代半ばにかけての３０年間で、先進国の中間層人口の割合は、６４％から６１％まで３％低下している▽12（図2-4参照）。高所得層は、この間に１％しか上昇しておらず、貧困層・低所得層が２％上昇している。所得階層の二極化は、下方バイアスを伴って進んでいるため、耐久消費財などの購買行動にマイナスの影響を与え始めていると言えよう。これは、製造部品の需要減を通して物価抑制圧力としてはたらくことになる。新型コロナ感染症の世界的な衝撃後の回復局面では、貧困層や低所得層の増加が目立つようになってきており、今後も中間層比率の低下は、物価抑制圧力として影響することになるだろう。

確かに２１世紀には、中国をはじめとする新興地域で中間層が増加した影響で、一時的にエネルギーや食品価格が上昇したものの、この中間層の台頭も落ち着きを見せ始めており、再びインフレ率上昇への影響は低減していると考えられる。現段階では、アフリカをはじめとする低所得地域での所得水準の底上げが見通せていないため、中間層の増勢は期待できない。むしろ**欧米では、高所得層と低所得層の格差が拡がり、低所得層の人口比率が高まっており、中間層人口の地盤沈下が鮮明になっているため、この中間層人口に基づく物価上昇圧力は後退しているとみなしてもよい**だろう。

多消費世代人口増加が及ぼす経済成長・物価に対する効果

次に、所得階層に基づく人口動態区分だけでなく、年齢・世代に基づく区分について確認したい。というのも、経済と密接な関係があるとされているからだ。各地域により年齢や世代ごとに人口構成比率（人口ピラミッド）は異なるため、統一的な議論はできないものの、世界全体の特徴を捉えた上で、さらに影響度の高い地域の人口構成を確認するのは意味があると言えよう。

第二次世界大戦後の特徴的な現象であるベビーブーマーも、物価上昇圧力に影響している。大きな戦争が終ったことをきっかけに、参戦国では、平和を満喫するかのように出生率が上昇し、ベビーブームが巻き起こった。米国、欧州、日本を始めとして、この時期に誕生した人々はベビーブーマー（日本では団塊の世代）と呼ばれ、その後の人口ピラミッドを見たときに、特に人口の多い世代層（**人口動態のコブ**）を構成するようになる。この世代が、若年層から多消費世代（３０代後半から５０代前半）になると、社会全体の需要が盛り上がる点は重要だ。３０代後半から５０代前半の人びとは、借金をして住宅を購入し、子供を抱えながら消費を加速させる傾向が認められる消費拡大世代だからである（多消費世代）。家計による住宅や耐久消費財を購入する際の借入が可能な地域では、多消費世代は、可処分所得を上回る購買活動を行うため、一人当たりの消費が増加するわけだ。社会にとっては、人口が増加しなくとも経済成長率を引き上げるため、一人当たり経済成長率が底上げされることになる。それだけ、ひとりひとりの経済成長のパイが大きくなることから、生活が豊かになることも意味する。

　この世代は、自分の所得に応じて身の丈に応じた消費をするのではなく、借金をして自分の所得以上の消費をするため、経済成長に大きく貢献するだけでなく、物価上昇圧力となってディマンドプル・インフレの上昇要因となる。この人口動態のコブは経済にプラス効果を及ぼすため、**人口ボーナス**と称されている。中間層増加といった社会階層の変化だけではなく、ベビーブーマーによる多消費世代の増加といった世代構成の変化が、物価動向も左右すると考えてよいだろう。

▽12
OECD（2019）参照。データは、オーストラリア、カナダ、デンマーク、フィンランド、フランス、英国、アイルランド、イタリア、ルクセンブルク、メキシコ、オランダ、ノルウェー、スペイン、スウェーデン、米国の平均。

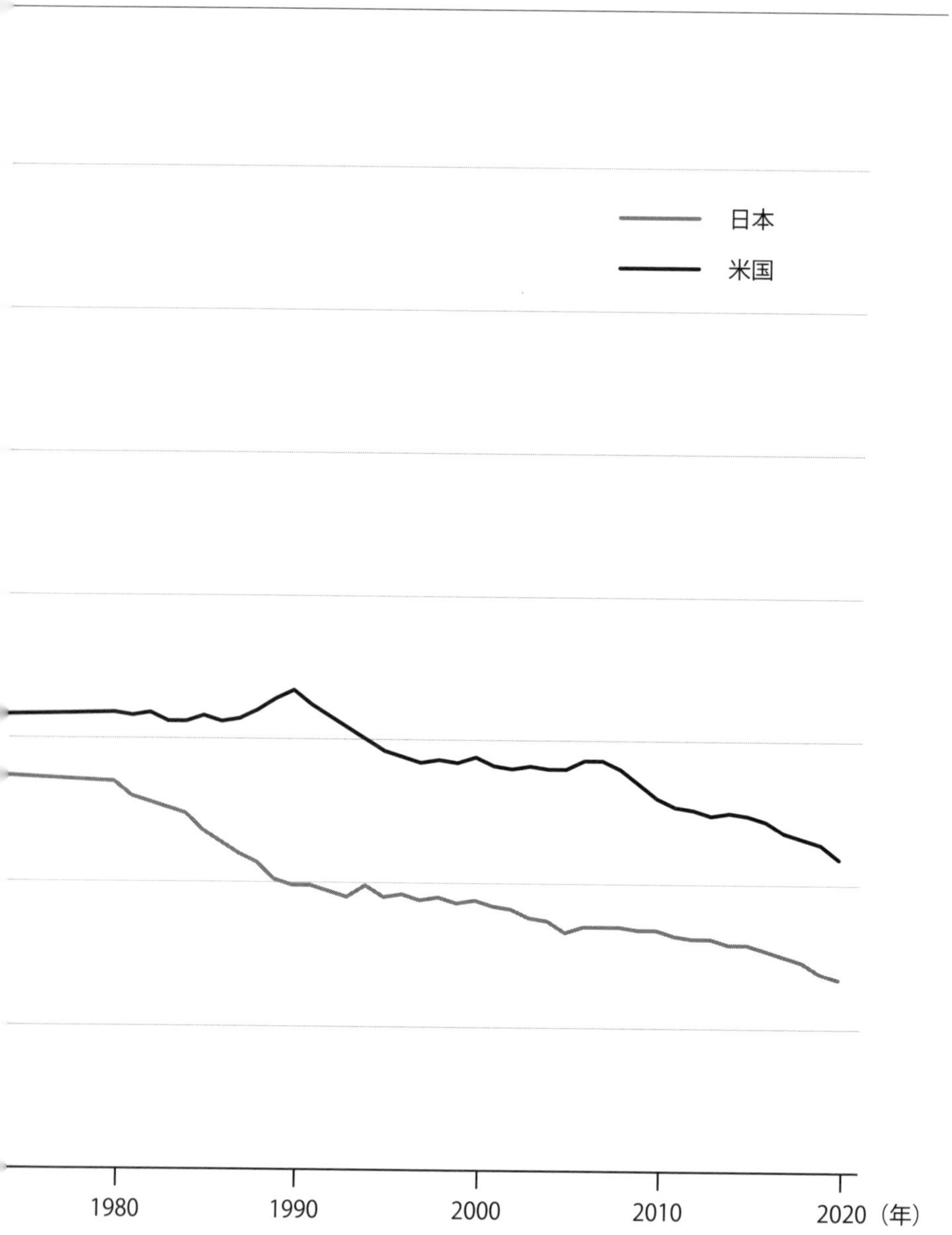
日本
米国
1980
1990
2000
2010
2020（年）

●図 2-5　日米出生率の推移

出所：米国勢調査局、人口問題研究所のデータを基に作成

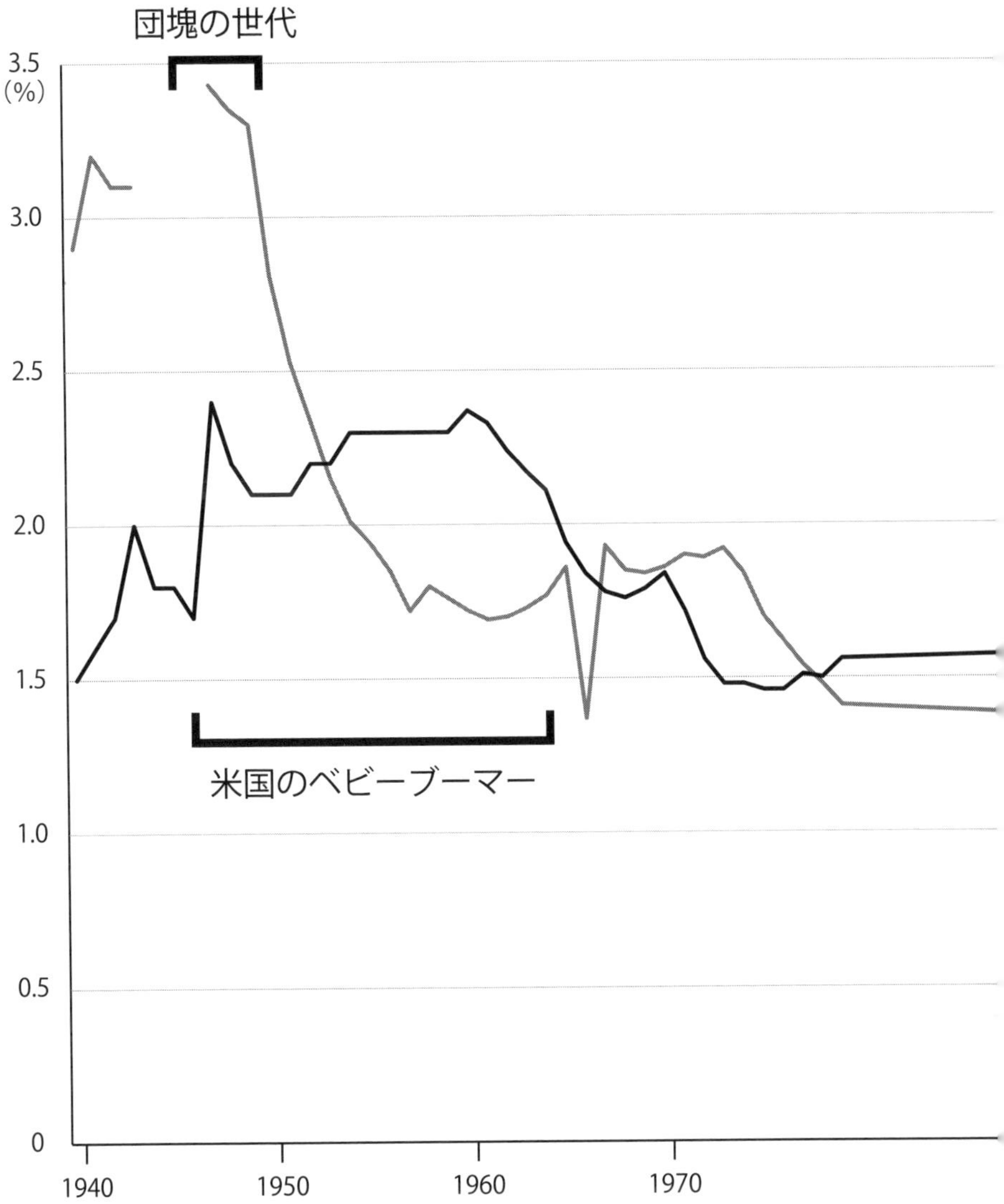

なお、ベビーブームは、日本と米国とでは、時期や期間に違いがある。この違いは、多消費世代だけでなく、年金世代人口、生産年齢人口にも影響する。そのため、日米間で経済成長や物価に対する影響にラグが生じる。日本で高出生率が記録された期間は、第二次世界大戦後の1947年、1948年、1949年の3年間に集中しているのに対して、米国の場合には1946年から1959年まで十年以上の期間にわたって高出生率の期間が続いている（図2-5参照）。米国の期間設定には、諸説あるが、1955年を境に、前期ブーマーと後期ブーマーに分け、ベビーブーム自体は1946年から1964年まで続いたとする見方もある▽13。この時期に生まれた人々は、日本の場合には「団塊の世代」と呼び、米国の場合には「ベビーブーマー」と呼ばれているが、わが国の「団塊の世代」の出生率は、平均して3.4%。それに対して、米国の「ベビーブーマー」は、平均して2.2%となっているため、日本の水準が格段に高い。ただし、日本の高出生率期間は、3年という短期間に集中しているため、わが国の経済に与える影響度は、短期に集約されて大きくなると考えられる。それだけ高出生率の期間で生まれた世代が経済に与える影響は、日本が米国をはじめとした他の先進国よりも、早期に現れ、そして大きく経済成長や物価に反映される。1978年以降、日本の出生率は、米国を下回り続けており、2020年現在、わが国が0.7%であるのに対して、米国は1.1%と大きく差がついている。また、米国であっても、2010年代以降は、出生率の低下が顕著になっている点は頭の片隅に置いておきたい。

後述するが、**日本は、多消費世代人口の増加によるバブルの発生時期のズレや、年金世代人口の増加および生産年齢人口のピークアウトも、他の先進国よりも早期に発生している。**

▽13
詳しくは、長坂（1988）を参照。

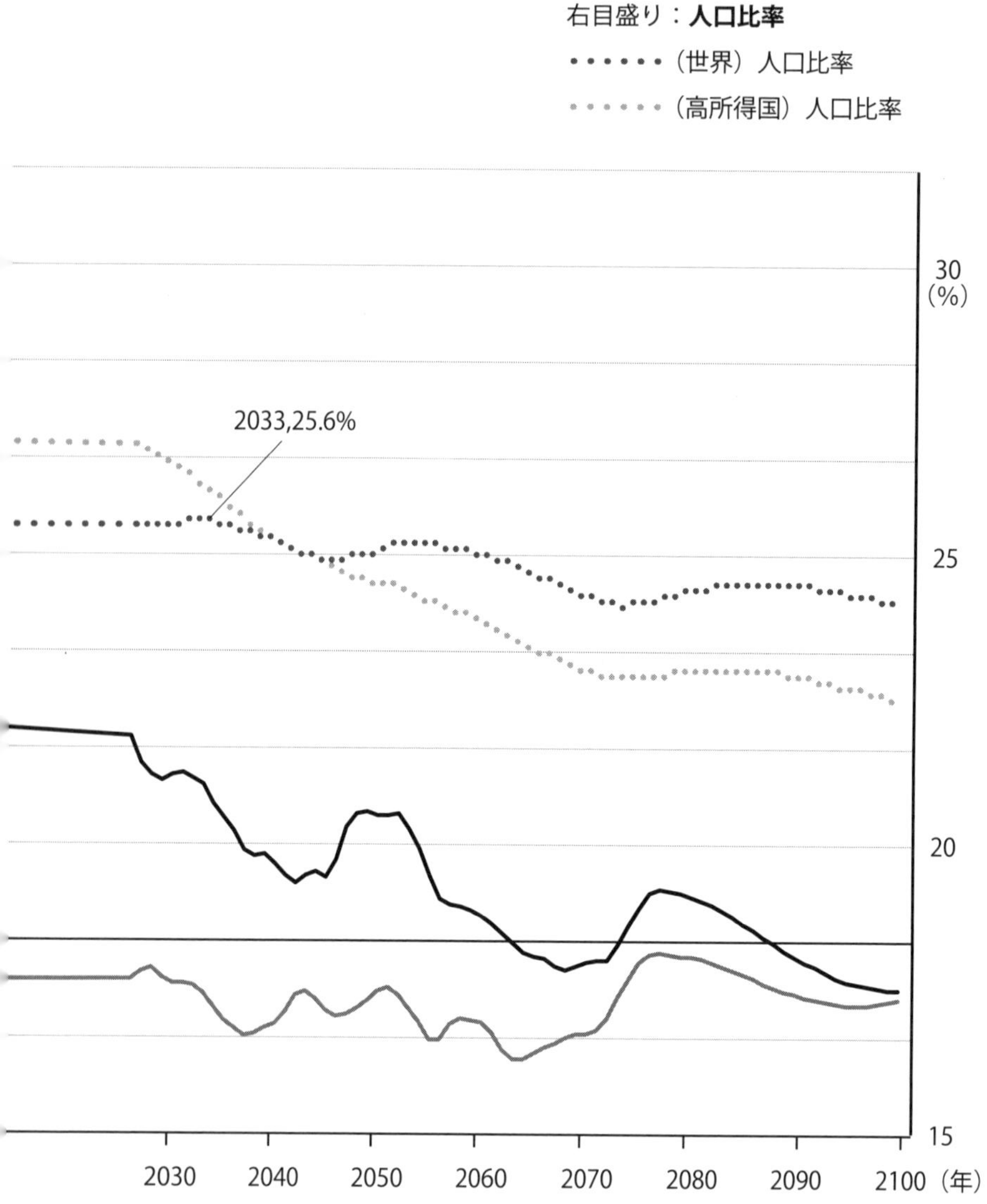
右目盛り：**人口比率**
（世界）人口比率
（高所得国）人口比率
2033,25.6%
30
(%)
25
20
15
2030
2040
2050
2060
2070
2080
2090
2100（年）

●図 2-6　多消費世代人口増加率と人口比率（世界・高所得国）

出所：United Nations, Department of Economic and Social Affairs, Population Division (2022). World Population Prospects 2022, Online Edition. を基に作成

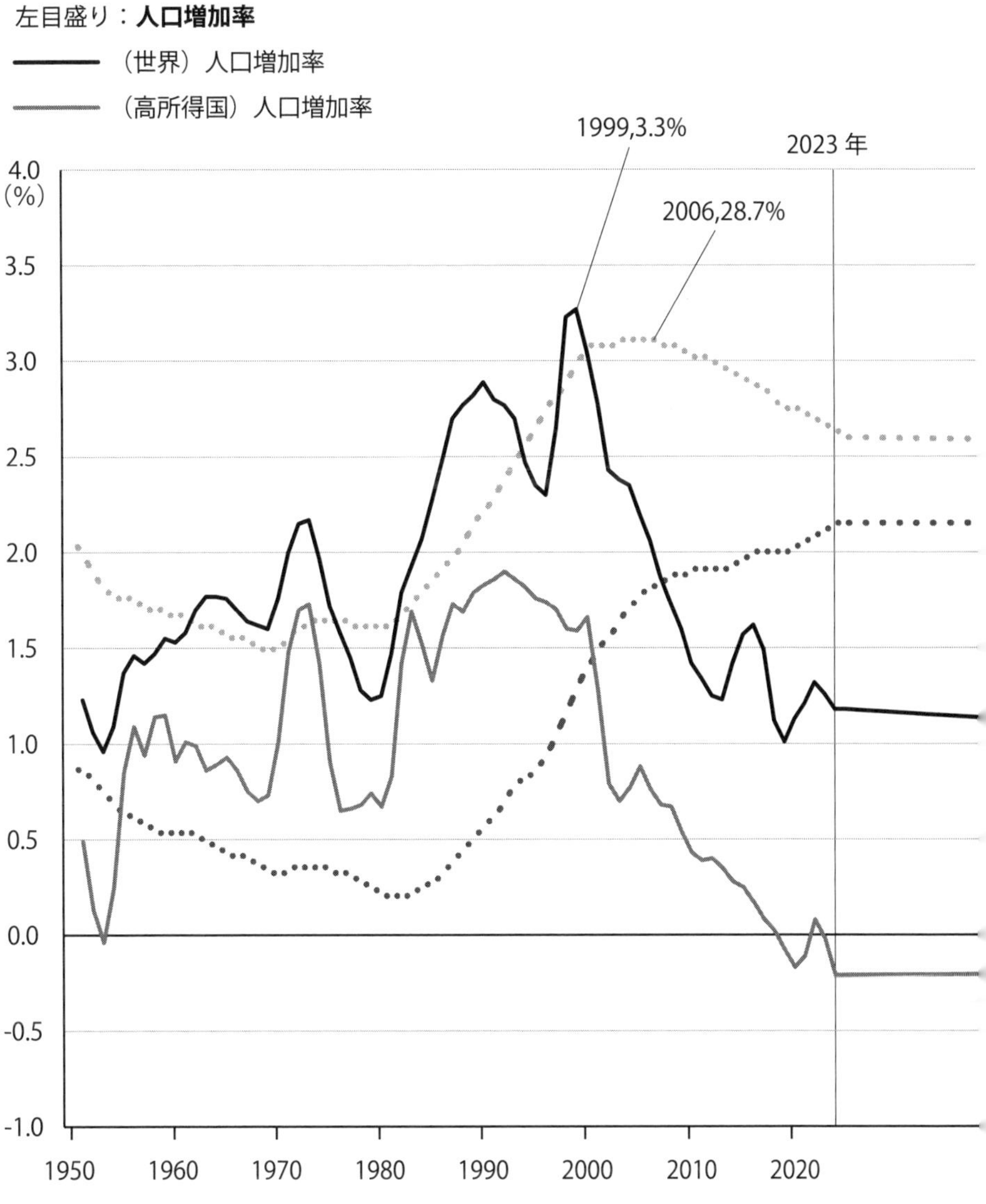

地域ごとの世代別人口構成については次節以降に詳述するが、ここでは世界全体の多消費世代人口を基にした経済への影響について確認してみたい。図2-6によれば、世界の多消費世代人口増加率は、1999年の3.3%という速いペースでの増加をピークにして、その後は一貫して低下基調で推移している。この傾向は今後も続き、2033年には、全人口に占める多消費世代の人口比率もピークアウトすることが推計されている（国際連合人口見通し2022年改訂版・中位推計）。このピークアウトは、経済成長や物価に大きくプラスに働いていた多消費世代人口が、経済に対しては需要の減退というマイナスの影響を及ぼすことになる。

世界の総人口増加率は、1960年代半ば以降、低下基調で推移したが、1980年代、1990年代、2000年代を通して多消費世代人口増加率が総人口増加率を上回り、住宅や耐久消費財の購買拡大で経済を支えた。特に1990年代の多消費世代人口増加率は、総人口増加率を1%も上回っており、経済成長の減速を補い底上げに貢献したと言えよう。その後、**グローバル金融危機にかけて、多消費世代人口増加率が急低下する中で、全人口に占める比率も頭打ちになっており、世界経済を支える役割を果たす効果は低減してきている。**2030年代にかけて、世界の多消費世代人口比率は緩やかに上昇しているものの、2033年には25.6%でピークアウトするため、人口ボーナスからの離脱を意識せざるを得なくなる。

さらに、高所得国に限ると、すでに２００６年には、全人口に対する多消費世代の人口比率が２８．７％でピークアウトしていたのが、図2-6から確認できる。２０２２年７月１日現在の世界銀行による区分では、中国（高中所得国）やインド（低中所得国）は高所得国ではないため注意が必要だが、住宅ローンや自動車ローンが容易に組める地域での多消費世代人口のプラス効果がグローバル金融危機の時点では剥落していたのである。また、現段階で高所得国として区分されている地域の多消費世代人口は、前年対比で減少し始めているため、中所得国の一人当たり経済成長率が加速上昇しなければ、経済成長や物価に対するプラス効果は期待し難いと言えそうだ。

世界に広がる高齢化の影響

人口動態のコブが経済に及ぼす影響は、高消費世代人口によるプラス効果だけではない。ベビーブーマーが多消費世代から年金世代になってくると、借金をしてでも住宅や耐久消費財を購入するという動機が減じるため、物価上昇圧力は低下する。この人口動態のコブが経済成長や物価にマイナス効果を及ぼすことは、人口ボーナスに対して人口オーナス（重荷・負担）と呼ばれる。近年では、先進各国は、ベビーブーマーの年金世代化が進行するだけでなく、中国をはじめとした新興地域でも急速に高齢化が進み始めているだけに注意が必要である。

中国の総人口増加率は、国連統計2019年改訂版中位推計では2032年にマイナスになるとされていたものの、2022年改訂版では2023年にマイナスになるとの推計が発表されたため世界中に衝撃が走った。さらに中国の総人口に占める年金世代人口比率は、2023年の14.3%から急上昇し、2050年には現在の日本と同じ30.1%まで上昇すると推計されている。また、中国の生産年齢人口の年齢幅は狭く、15歳から64歳を基準に算出した人数より少なくなると想定されている▽14。仮に中国の年金世代を、65歳以上ではなく、60歳以上とすれば、現在の年金世代人口比率は19.5%になり、2035年には30%を超えると推計される（国際連合人口見通し2022年改訂版・中位推計）。

先進国におけるベビーブーマーは、65歳を超え年金世代化するにしたがって、働く年齢層から年金を受給する年齢層に移行している。年金世代人口比率は、世界全体で10%程度だが、高所得国では19.6%と高く、日本は30%を超えている。2050年には世界全体で16.5%程度まで上昇するが、高所得国では28%まで上昇するため、現在の日本と同水準に至ることが推計される。この高齢化のトレンドは、世界全体として従属人口（15歳未満および65歳以上）のうち、65歳以上の年金受給者が増加することで、財政問題を一層深刻にさせるだろう。

わが国において頻繁に使われる言葉として、高齢化社会（年金世代人口比率７％超）、高齢社会（同１４％超）、超高齢社会（同２１％超）がある。この高齢化の進行具合を示す言葉に基づけば、２０２３年の世界全体の年金世代人口比率１０.０％は、高齢化社会となる。２０３８年には高齢社会、２０７６年には超高齢社会になることが推計されている（国際連合人口見通し２０２２年改訂版・中位推計）。

▽１４
日本貿易振興機構（２０２１）によれば、中国における定年退職年齢は、「男性が６０歳と一律に定められている」のに対して、「女性については幹部の場合は満５５歳、工人すなわちワーカーの場合は満５０歳で定年退職になる」とされる。

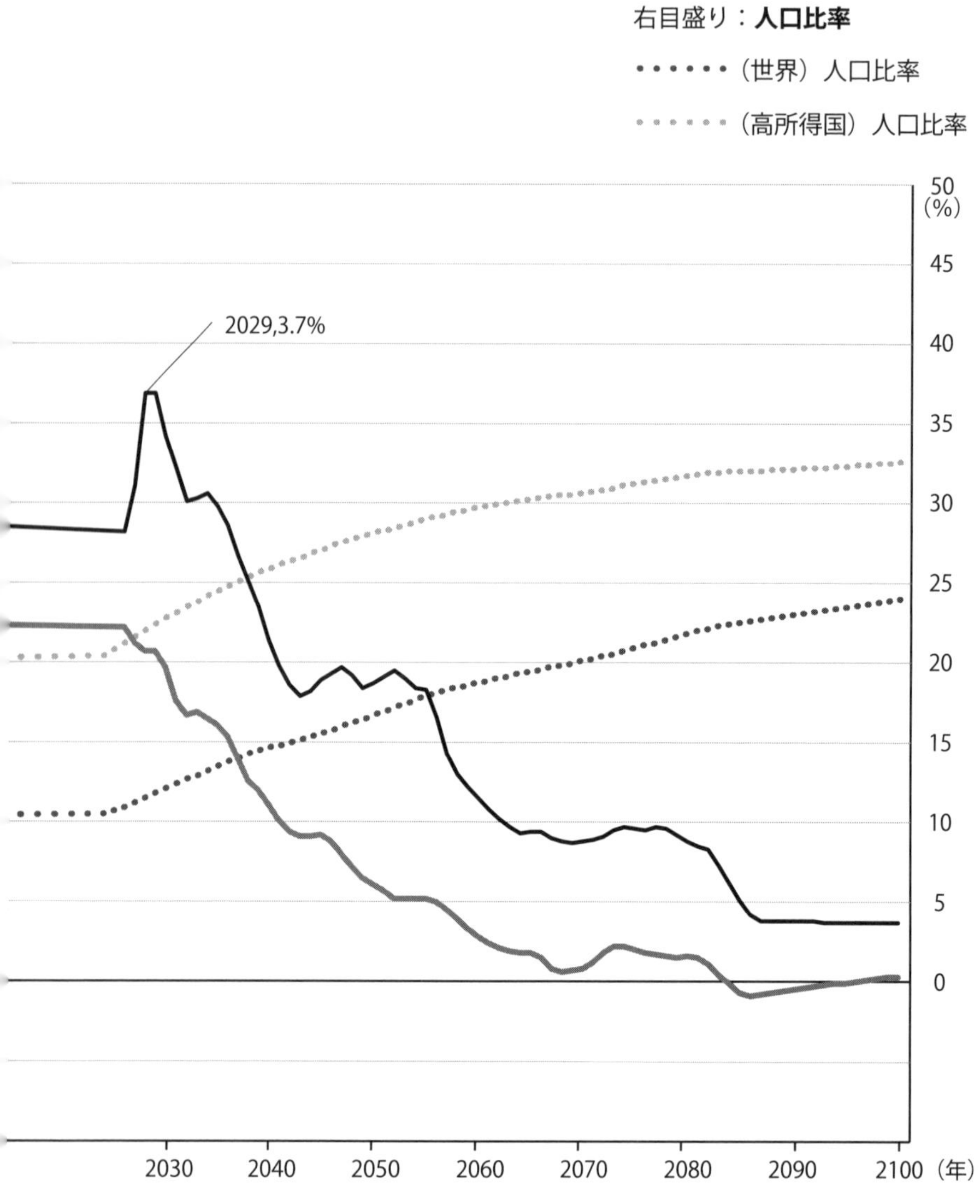
右目盛り：**人口比率**
（世界）人口比率
（高所得国）人口比率
2029,3.7%
50
(%)
45
40
35
30
25
20
15
10
5
0
2030
2040
2050
2060
2070
2080
2090
2100（年）

●図 2-7　年金世代人口増加率と人口比率（世界・高所得国）

出所：United Nations, Department of Economic and Social Affairs, Population Division (2022). World Population Prospects 2022, Online Edition. を基に作成

左目盛り：**人口増加率**

（世界）人口増加率

（高所得国）人口増加率

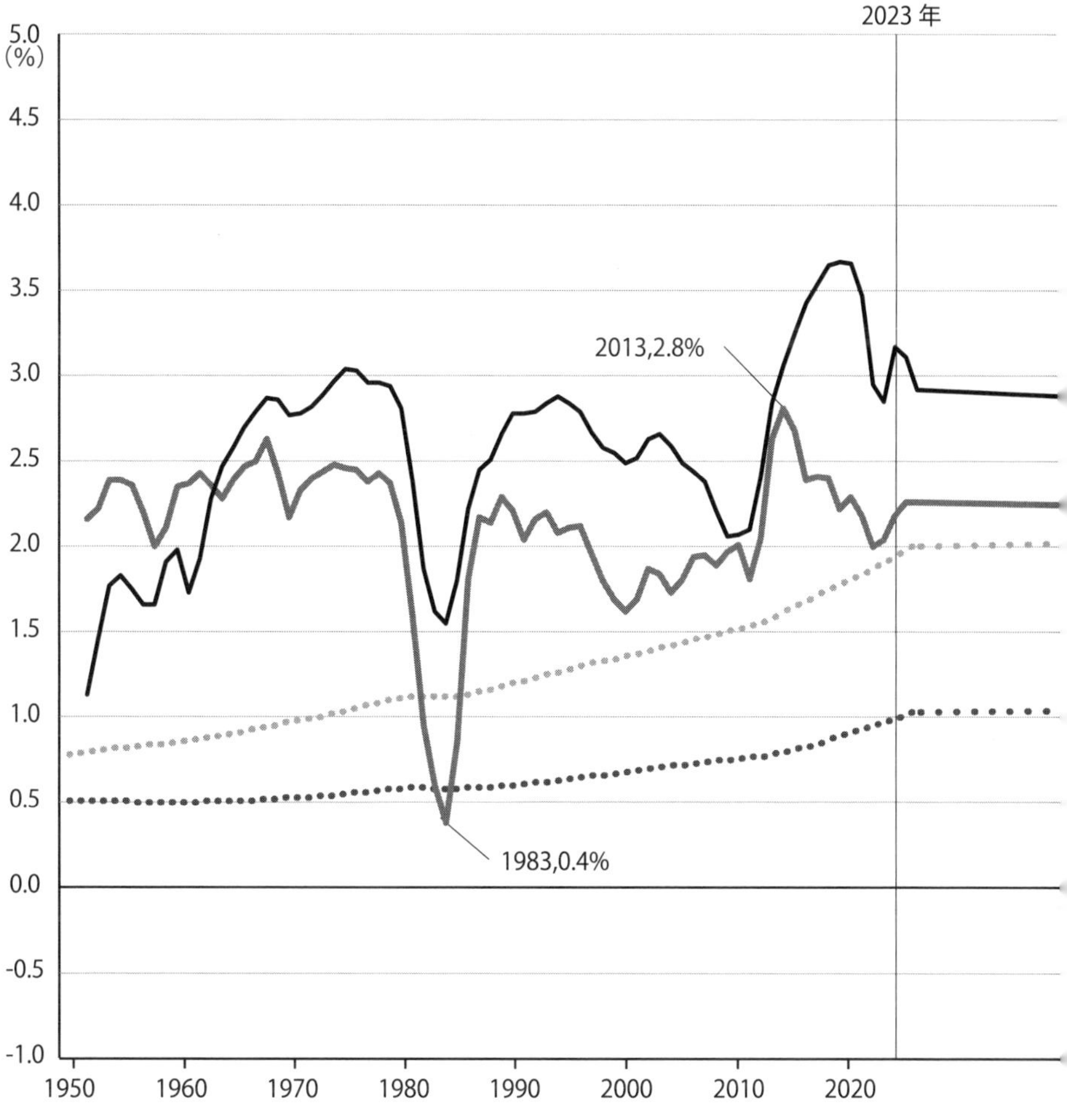

図2-7の年金世代人口増加率は、多消費世代人口よりも変化が大きくなっている。例えば1983年前後には、高所得国を中心に65歳を超える年金世代の増加率が急低下している。1983年に年金世代入りする人は、1918年生まれであり、第一次世界大戦の影響に加え、スペイン風邪の猛威により欧州などの人口が減少した影響で出生率も低下したと考えられる。また、この世代は第二次世界大戦期に従軍する世代でもあり、人口が少ない世代と言えよう。**人口動態の窪み**と称しても良いかもしれない。また、世界全体の年金世代人口増加率は、2020年から2022年にかけて低下している。これは、特に新型コロナ感染症による死亡率の上昇が年金世代に影響しているとの指摘もある。さらに2024年から2027年にかけての落ち込みは、人口数の多い中国の大躍進世代の影響であろう。1959年から1962年にかけての中国での大躍進運動では多くの餓死者が発生しており、出生率が低下したためと考えられる。

このように増減率が激しい年金世代だが、当面は、2％台後半から3％台のハイペースでの増加が見込まれ、人々の消費行動の変化などを含め、世界的には高齢化による社会の変質が大きなテーマになるだろう。年金世代人口の影響力が高まると、消費行動の軸足も、耐久消費財から生活必需品・食品・電気ガス水道に変質していくことになる。そのため、**住宅投資から波及する耐久消費財といった高額商品に対しては物価抑制圧力が強くはたらくものの、食料・エネルギー価格への物価抑制圧力は緩やかに**

はたらくであろう。

すでに日本と欧州の年金世代人口比率は、高齢社会入りの基準である１４％を１９９４年から１９９６年にかけての時期に突破している。さらに、２０１４年には、米国でさえ高齢社会に至る。年金制度の拡充を目指さなければならない中国は、２０２３年に高齢社会入りすることから、この動きは緩やかながらも着実に進むと言えよう。

生産年齢人口比率低下の影響

６５歳以上の人口比率の増加に伴い、１５歳から６４歳までの生産年齢人口が総人口に占める割合は、今後低下していくことになる。世界の生産年齢人口比率は、１９６６年の５６．８％から２０１２年の６５．３％まで増加している。この生産年齢人口比率の上昇は、同時期に低下基調で推移してきた総人口増加率による経済成長率へのマイナス効果を補ってきたと言えよう。生産年齢人口比率の上昇は、一人当たり経済成長率の底上げに生産面から貢献するからである。総人口増加率の低下による経済成長率の下押し圧力は、生産年齢人口比率の上昇による一人当たり経済成長率の底上げにより、支えられてきたのである▽１５。

生産活動に従事する人々の割合が高くなれば、それだけ多くの商品やサービスを生み出すことが可能なはず。世界総人口の増加率が減速傾向にあっても、生産年齢人口の占める割合が増加するならば、たとえ一人の生産者が生み出す生産物が変化しなくとも、全体でならしてみたときの一人当たりの生産物は底上げされることになる。

▽15
前述したように、消費面からは、生産年齢人口に含まれる多消費世代人口の増減による影響が特に強かったと言えよう。

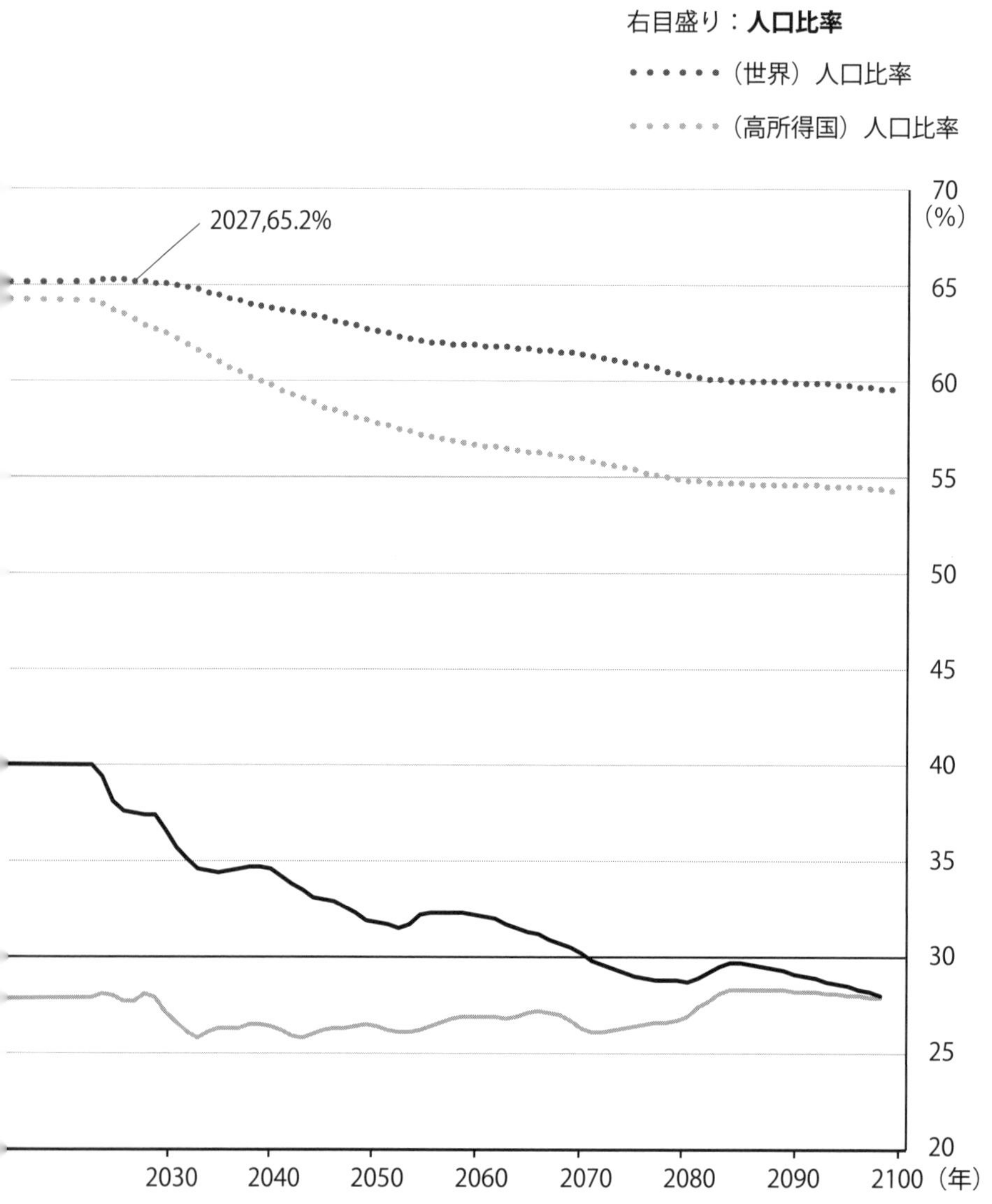

右目盛り：**人口比率**
（世界）人口比率
（高所得国）人口比率
2027,65.2%
70
(%)
65
60
55
50
45
40
35
30
25
20
2030
2040
2050
2060
2070
2080
2090
2100（年）

●図 2-8　生産年齢人口増加率と人口比率（世界・高所得国）

出所：United Nations, Department of Economic and Social Affairs, Population Division (2022). World Population Prospects 2022, Online Edition. を基に作成

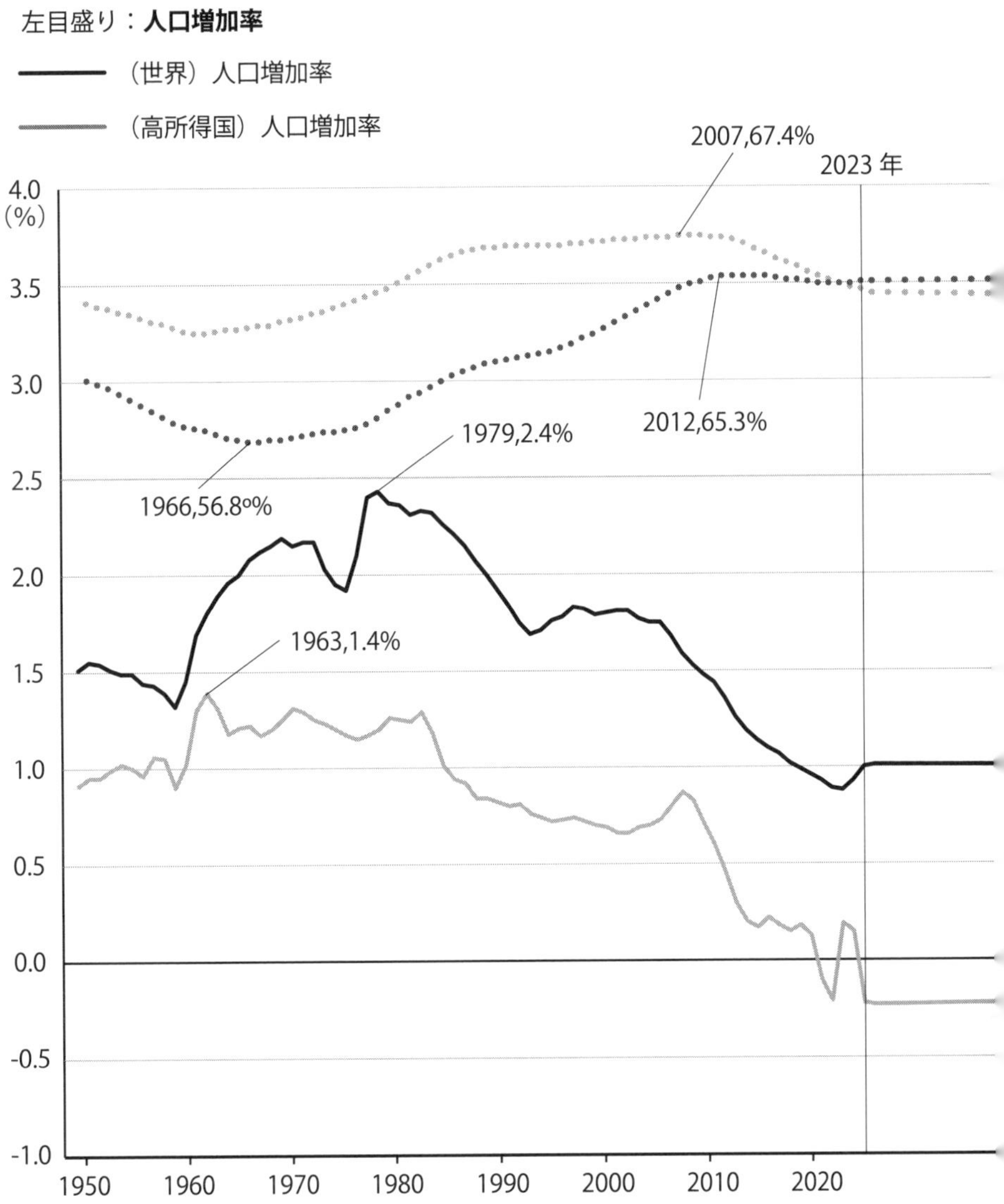

分かりやすくたとえると、次のようになる。

総人口100人の村での働き手が57人だったものが(生産年齢人口比率57%)、総人口200人・働き手130人まで増加したとしよう(生産年齢人口比率65%＝130人÷200人)。このとき、人口増加が2倍(＝200人÷100人)であるのに対して、生産年齢人口は2.3倍(≒130人÷57人)になっている。そのため、一人の非労働者を支える労働者の人数が増え、一人当たりの取り分は平均的に増加することになる。労働者が2.3倍になったものの、総人口は2倍に過ぎないため、一人当たりの取り分は1.15倍になっている。これは、生産年齢人口が全員働き手として活躍すると仮定すれば、生産年齢人口が全人口に占める割合が上昇するときに、一人当たりの経済成果は増加することを意味している。

このたとえは、まさに過去半世紀で、世界で発生した状況に符合している。逆に生産年齢人口比率が低下すると、マイナス効果になると言えよう。生産年齢人口比率の推移を図2-8で詳しく見てみると、一度2012年に65.3%でピークアウトしたものの、再上昇して2027年の65.2%でダブルトップ(ふたご山)を形成し、その後は低下基調で推移することが推計される(国際連合人口見通し2022年改訂版・中位推計)。2010年代から2020年代にかけては高止まりしていた生産年齢人口比率も、2020年代末から、本格的な低下が始まり、人口オーナス(負荷)現象が顕著になる。

また、高所得国の生産年齢人口比率で見ると、グローバル金融危機直前の２００７年に６７．４％でピークアウトしており、２０２０年代に入ってからは、生産年齢人口増加率がマイナスになり、絶対数ベースでも減少に転じている。高所得国における労働力供給は減少に転じており、退職年齢の引き上げによる生産年齢人口の底上げに加え、生産性を高めるイノベーションの加速を急がなければ、経済成長にとってもマイナスの影響を与えることが想定される。

また、生産年齢人口が人口オーナスとなって影響する社会では、労働者不足が懸念されるようになる。２０００年代に、世界の工場として潤沢な労働者を提供した中国でも、生産年齢人口比率は、２００９年に７２．９％でピークアウトしており、現在は６９％を下回っている。また、２０５０年にはさらに１０％程度低下して５９％を下回るため、世界経済に深刻な労働者不足をもたらす可能性がある（後述するが、中国の場合は、若年失業率の高まりにより、当面は雇用のミスマッチが大きな課題になっている）。労働者不足は、賃金の上昇をもたらすため、物価上昇要因となるはず。あらゆる財やサービスを供給する際に関与する人々の賃金や給与が上昇すれば、それに応じて財やサービスの価格も引き上げざるを得ないからだ。次節以降で再検討するが、**生産年齢人口比率の低下は、一人当たり経済成長率にマイナスの影響を与えるだけでなく、労働賃金上昇に基づく物価上昇要因にもなり得るのである。**このように、生産年齢人口比率の低下は、経済成長率にマイナスの効果を与えるディマンドプル・

インフレの減退だけでなく、労働コスト上昇を介したコストプッシュ・インフレの側面も含まれるのである。

以上のように、世界全体の四つの人口動態の変化を確認したが、以下では地域ごとにブレイクダウンして分析したい。

2.3 地域別・国別の人口動態の影響

地域別の世代増減推移

地域別の世代人口増減（世代を10歳ごとに８区分）がどのように推移したのかを、10年刻みで確認してみよう。国際連合の人口統計では、欧州、北米、中南米、オセアニア、アジア、アフリカの６地域になっているものの、中国とインドの影響が大きいため、アジアを中国、インド、中国・インド除くアジア（以下アジア地域と呼ぶ）に分割して計８地域として見ていく。表2-1は、1980年代、1990年代、2000年代、2010年代、2020年代の地域別人口増減を示している。たとえば、中国は、1980年代（1979年から1989年までの10年間）に、10代の人口は18.1百万人減少したが、20代、30代の人口は、それぞれ58.2百万人、57.8百万人に増加していたことを示している。

2010年代	10代未満	10代	20代	30代	40代	50代	60代	70代超	合計
アフリカ	75.4	67.4	41.8	46.5	31.6	22.0	13.6	7.3	**305.4**
中国	5.8	-18.4	-47.7	13.6	-14.7	56.0	51.6	30.5	**76.7**
インド	-18.7	6.3	24.4	39.0	31.8	27.0	29.6	16.4	**155.8**
アジア（中国・インド除く）	15.3	8.0	11.9	34.8	37.8	42.2	34.9	25.9	**210.6**
欧州	1.7	-2.4	-17.8	0.1	-3.7	2.7	17.2	12.1	**9.9**
中南米	-5.1	-4.0	4.4	12.9	12.7	15.6	14.6	10.2	**61.3**
北米	-0.5	0.8	2.5	5.4	-2.4	1.2	12.3	9.2	**28.7**
オセアニア	0.8	0.7	1.0	1.2	0.5	0.8	0.9	1.1	**6.8**
全世界	74.6	58.5	20.5	153.4	93.7	167.5	174.5	112.6	**855.3**

2020年代	10代未満	10代	20代	30代	40代	50代	60代	70代超	合計
アフリカ	57.2	76.3	68.1	42.7	45.7	29.7	18.6	11.8	**350.0**
中国	-67.0	6.0	-18.3	-47.4	14.1	-13.2	54.7	61.8	**-9.3**
インド	-16.6	-17.6	6.4	24.4	38.4	30.7	24.1	28.7	**118.6**
アジア（中国・インド除く）	-8.8	15.1	12.1	16.9	35.0	36.7	38.3	39.9	**185.2**
欧州	-11.6	0.9	-4.9	-17.7	0.6	-3.0	4.0	22.0	**-9.7**
中南米	-9.1	-4.4	-2.7	5.2	13.0	12.5	14.4	16.7	**45.7**
北米	-2.0	-3.2	1.2	2.3	4.9	-2.9	0.8	18.2	**19.3**
オセアニア	0.0	0.5	0.2	0.7	1.1	0.5	0.7	1.5	**5.3**
全世界	-57.8	73.7	62.0	27.1	152.9	91.0	155.7	200.7	**705.2**

（注）1980年代は1980年7月1日から1990年7月1日までの増減、1990年代は1990年7月1日から2000年7月1日までの増減、2010年代は2010年7月1日から2020年7月1日までの増減、2020年代は2020年7月1日から2030年7月1日までの増減の推計。

●表 2-1　1980 年代～2020 年代の地域別世代増減

出所：United Nations, Department of Economic and Social Affairs, Population Division (2022). World Population Prospects 2022, Online Edition. を基に作成

1980 年代	10 代未満	10 代	20 代	30 代	40 代	50 代	60 代	70 代超	合計
アフリカ	49.1	37.1	27.8	18.7	10.2	6.2	4.7	2.9	**156.6**
中国	10.9	-18.1	58.2	57.8	20.2	16.4	14.4	11.5	**171.3**
インド	37.9	33.4	29.6	36.1	13.8	10.9	7.2	4.7	**173.6**
アジア(中国・インド除く)	38.3	40.6	46.8	41.9	19.3	19.0	14.6	9.9	**230.4**
欧州	-3.1	-7.2	-0.6	19.3	-2.4	2.6	15.4	4.1	**28.1**
中南米	10.4	13.1	16.7	16.7	9.2	5.7	4.8	3.6	**80.2**
北米	4.3	-4.1	0.0	12.9	8.3	-0.8	2.7	4.8	**28.1**
オセアニア	0.4	0.2	0.7	0.8	0.9	0.1	0.4	0.4	**3.8**
全世界	148.2	94.9	179.1	204.2	79.4	60.1	64.2	42.0	**872.2**

1990 年代	10 代未満	10 代	20 代	30 代	40 代	50 代	60 代	70 代超	合計
アフリカ	42.1	47.7	33.0	24.5	16.2	8.6	4.8	3.9	**180.8**
中国	-50.7	11.4	-17.9	56.7	56.5	20.6	16.2	17.6	**110.4**
インド	21.0	39.3	33.4	29.4	35.2	13.4	9.9	7.5	**189.2**
アジア(中国・インド除く)	11.3	39.6	38.5	44.4	40.4	18.1	17.0	15.8	**225.1**
欧州	-19.2	-1.9	-6.8	-0.3	19.0	-1.8	2.6	13.9	**5.5**
中南米	2.5	11.6	12.6	16.3	16.4	9.1	5.6	5.9	**79.9**
北米	3.6	6.1	-2.0	1.6	13.9	9.0	0.2	5.0	**37.3**
オセアニア	0.6	0.5	0.2	0.7	0.9	0.9	0.2	0.6	**4.5**
全世界	11.2	154.1	91.1	173.3	198.4	78.0	56.4	70.2	**832.7**

2000 年代	10 代未満	10 代	20 代	30 代	40 代	50 代	60 代	70 代超	合計
アフリカ	65.2	42.2	46.8	31.6	22.9	15.2	7.6	4.7	**236.3**
中国	-19.4	-49.0	12.3	-16.3	56.7	55.3	21.1	23.5	**84.1**
インド	3.9	22.6	37.8	31.8	28.3	33.3	12.8	10.4	**181.0**
アジア(中国・インド除く)	6.6	14.6	40.3	39.0	42.6	38.0	17.2	21.8	**220.1**
欧州	-2.0	-19.0	0.4	-4.1	1.2	18.4	0.3	14.1	**9.3**
中南米	-4.9	2.5	11.4	11.8	15.6	15.6	8.4	7.7	**68.0**
北米	0.8	2.4	4.6	-3.1	1.2	13.5	8.8	3.9	**32.1**
オセアニア	0.7	0.7	1.0	0.5	0.8	0.9	0.9	0.5	**5.9**
全世界	50.9	17.0	154.6	91.2	169.2	190.1	77.0	86.6	**836.7**

顕著な特徴は、終戦後の高出生率時代に生まれたベビーブーマーの波が１０年ごとに１０代未満→１０代→２０代→３０代→４０代→５０代→６０代という具合に移行していくという点であろう。１９７０年代には、このベビーブーマーが２０代から３０代という消費拡大の起爆剤になる多消費世代になっていくこともあり、インフレ率上昇の要因の一つになったと考えることも可能である。また、**世界の総人口増加率は１９６４年の２．２％でピークアウトするものの、ベビーブーマーが成人して、生産も消費も担う世代になり、２０世紀を通して経済成長を支えたとみなせよう。**１９８０年代の１０年間での人口増加の主役は、２０代、３０代であり、その中でも中国やアジア地域での増加が顕著である。また１０代未満の人口も増加しているが、これはアフリカやインド、アジア地域を中心にしているという特徴がある。これが２０００年代になると、１９８０年代の主役がそのまま２０年を経て４０代、５０代になっているが、２０代も同様に移行しているため、中国のみ人口増加の主役から離脱しているのが確認されよう。

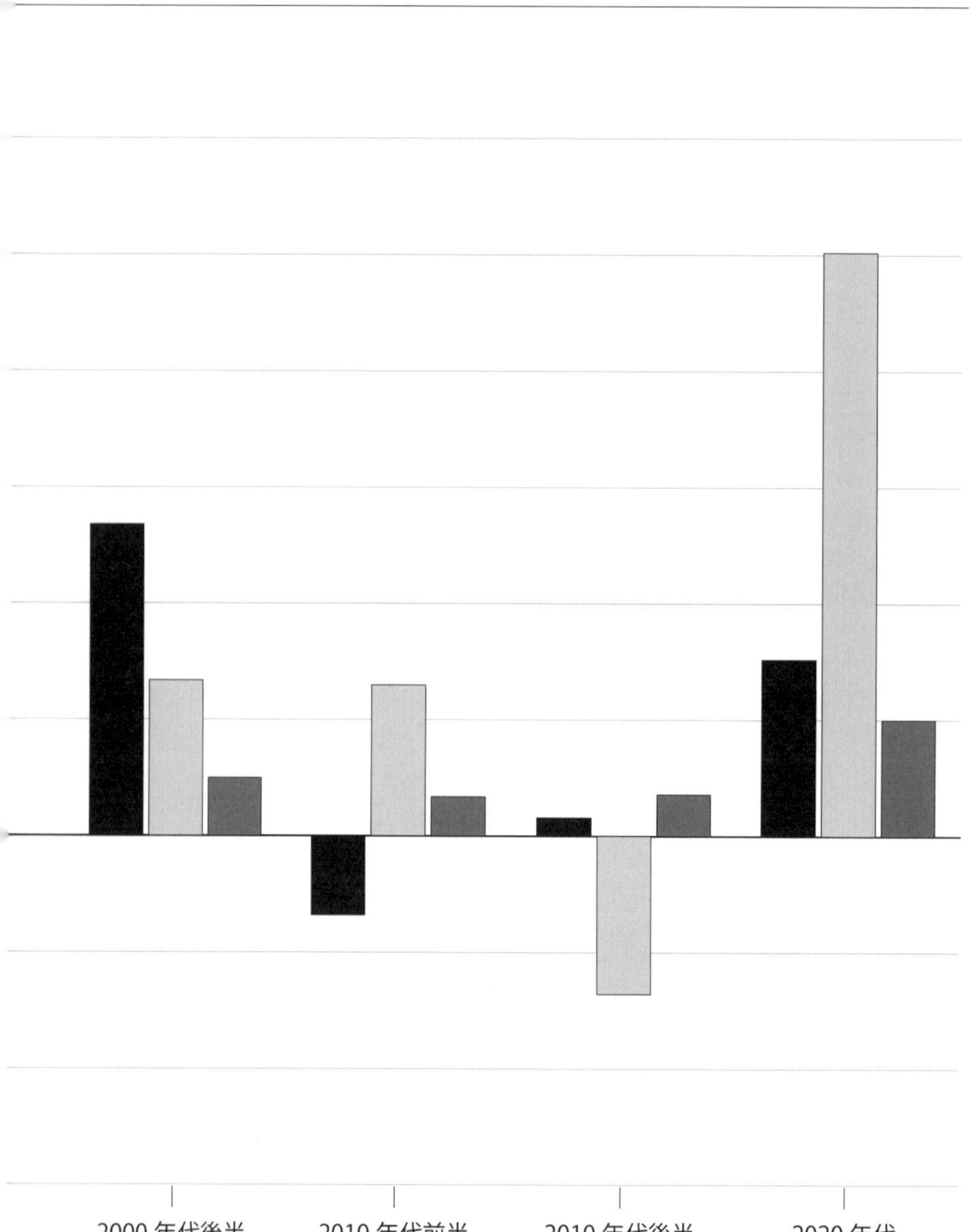
2000 年代後半
2010 年代前半
2010 年代後半
2020 年代

●図 2-9　原油価格・小麦価格・米消費者物価指数（年率換算）

出所：IMF、OECD のデータを基に作成、1990 年代前半は 1990 年 2 月以降、2020 年代は 2022 年 12 月まで

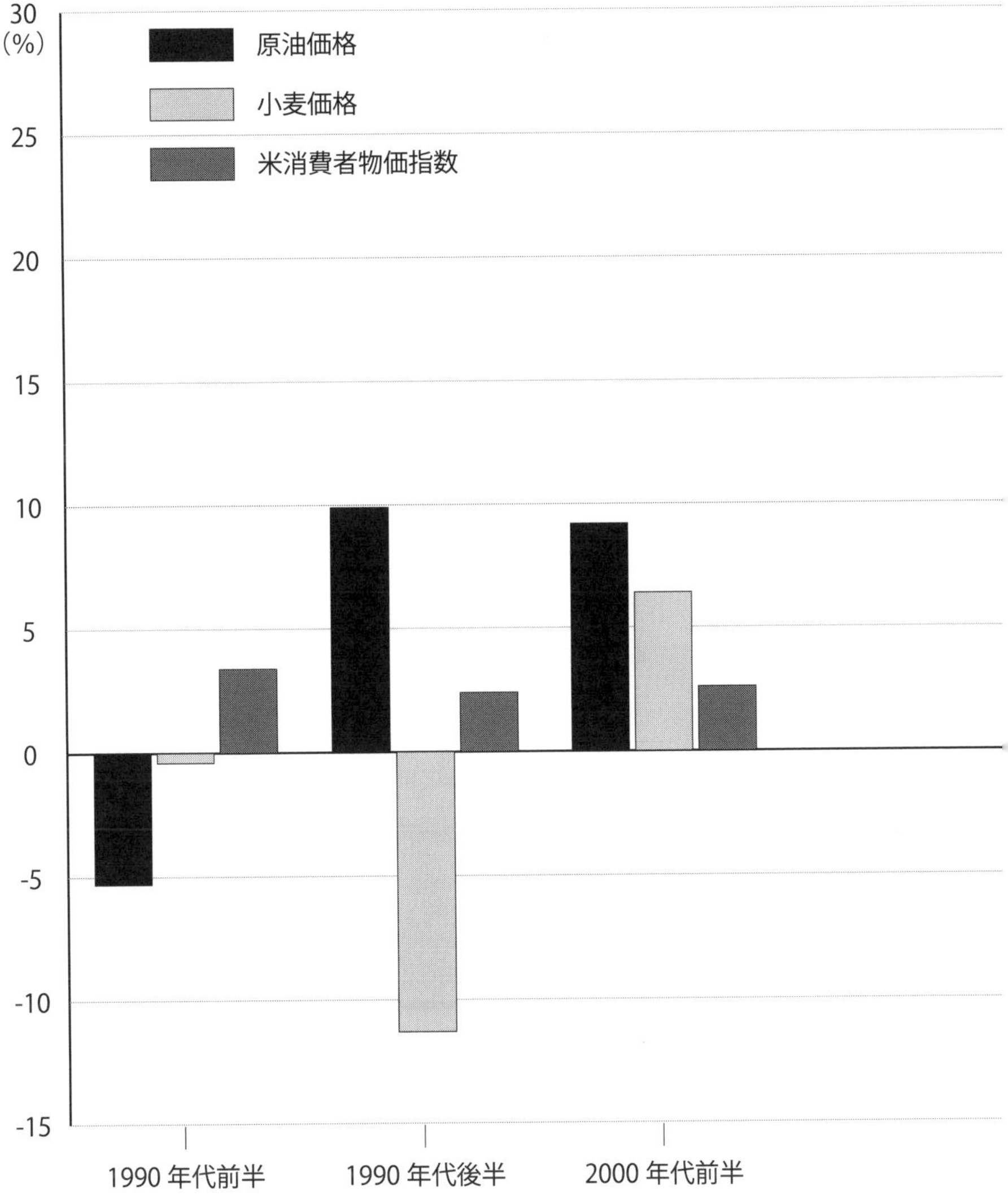

2000年代の中国における40代および50代人口は、それぞれ56.7百万人、55.3百万に増加している。2000年代は、中国のベビーブーマーが多消費世代となり、かつ中間所得層になったため、世界の経済成長を支えるとともに、原油価格などのエネルギー価格や小麦・大豆といったコモディティ価格上昇の背景になっている。**2000年代には、新興地域の中間所得層増大が、エネルギーをはじめとしたコモディティ需要の爆発的増大をもたらし、ディマンドプル・インフレが顕著になった**のである。一般に原油や小麦といったコモディティ価格の変動は、多種多様な財・サービスの価格を集約した消費者物価の変動よりも大きい。2000年代を通して米国の消費者物価指数は、年率2.5%程度の上昇だったが、原油価格は2000年前半9.2%、2000年代後半13.4%と大幅に上昇し、小麦価格も2000年代を通して6%程の上昇であり、コモディティ価格の上昇が顕著であるのが確認されよう（図2-9参照）。一方、欧州や北米の40代の人口増加は僅少であり、30代に至ってはマイナスになっていることもあり、世界全体を巻き込んでのディマンドプル・インフレに発展しなかったと考えうる。そのため、米消費者物価の上昇率も2.5%程度で落ち着いていたのである。

一方、2020年代は、ロシアのウクライナ侵攻があり、小麦の世界的産地であるウクライナの交易環境が悪化したため、小麦価格が暴騰している。欧州へのロシア産の天然ガスの供給もストップしているため、供給が分断されることによるコストプッシュ・インフレが生じているのである。この影響で、2000年代とは異なり、幅広い財・サービスでの物価上昇が発生しおり、それが消費者物価指数の5%上昇の背景になっている。**2000年代のディマンドプル・インフレは、人口動態の影響を受けて、地域ごとに差が生じたのに対して、2020年代のコストプッシュ・インフレは、グローバルなサプライチェーンの分断により、世界中を巻き込む傾向があった**と言えよう。

次に、欧州は、二つの世界大戦の主戦場であり、戦時中の出生率の低下と終戦後の出生率の上昇から、人口動態のコブが二つ存在している。前記したように第一次世界大戦期には、スペイン風邪の影響が大きく、欧州の人口構成が歪になっているのである。そのため経済に与える人口動態の影響も複雑になっており、1980年代の10年間には30代と60代の人口は増加しているものの、40代人口は減少している。多消費世代人口増加率は80年代当初マイナスに落ち込み徐々に回復する一方、年金世代人口増加率は80年代半ばにかけて大幅に落ち込んだ後に急回復するという具合に、経済や物価に対する人口動態の影響は、プラス要因とマイナス要因が打ち消しあう状況となった。2000年代には、50代と70代超の人口が増加しており、高齢化の進行が確認される。

今後の地域別世代増減推移

それでは、2020年代の人口変化はどのような影響を経済成長や物価に与えるだろうか？

第一に、アフリカ・インドを除くと60代及び70代超の人口増加が著しく、高齢化の進展が想定されている。北米や中南米、インドおよびアジア地域の30代・40代は増加しているものの、欧州では30代人口が17.7百万人減少、中国では20代人口18.3百万人減少、同30代人口47.4百万人減少となっており。多消費世代人口、生産年齢人口の主軸となる年代の減少が顕著である。つまり**高齢化は世界中で進捗しているが、経済成長や物価にプラスの影響を与える人口動態は、インド、アジア地域、アフリカ、北南米である一方、ネガティブな影響は中国や欧州で進んでいる**と言えよう。

第二に、いずれの年代でも人口が増加しているのがアフリカであり、特に10代人口が約76.3百万人増加している。年金世代も増加しているが、年金世代の人口数ではアジア地域の増加が著しい点で、同じ人口増加地域であっても、その社会情勢は様相を異にしているのは想像に難くない。また、アフリカ地域では、2010年代まで、人口動態のコブが確認されず、概ね若年層＞高年齢層という関係が成立してきたが、2020年代に至って出生率の低下の影響が鮮明になりつつある。

２０２０年代のアフリカでは、１０代人口が７６．３百万人増加するのに対して、１０代未満人口は５７．２百万人増加に過ぎない。両世代の乖離が、１９百万人超になっており、将来的な人口動態のコブになることが想定される。**今後は、アフリカにおける一人当たりＧＤＰの上昇と人口動態のコブの推移が、経済成長の不確実要因になってくる可能性がある**と言えよう。

第三に、第一の特徴とも重なるが、アジアにおける中国と非中国の人口動態が大きく異なっている点である。１９７９年に始まった**一人っ子政策**（計画生育政策）の影響が大きいとされるが、２０１０年代以降、中国の人口政策が緩和されたものの、ライフスタイルの変化により出生数の増加には至っていない。そのため、２１世紀初頭に注目された大消費地としての中国のポジショニングは修正を余儀なくされる可能性がある。中国の一人っ子政策は、その政策の強制力が強かったことを理由として、出生率が低下したよりも、むしろ急速な経済発展と人々の生活スタイルの変化が大きな影響を与えていると考えた方が、辻褄が合う。

中国の一人っ子政策について、意外と知られていないのは、この政策が、都市部住民には厳格に適応されてきたものの、８０年代半ば以降は、農村部住民については弾力的な適応へと緩和され、緩い規制になっているという点だ。つまり、中国では、急速に都市化が進んだため、生活スタイルが変化し、出生率の低下につながったと考えられる（図２-１０参照）。これを裏付けるように、中国の出生率は、一人っ子政策を実施する１９８０年前後から低下しているのではなく、すでに政策を実施する前の１９７０年代から顕著に低下していた。さらに、政策を実施した１９８０年代の出生率は、緩やかに上昇さえしているのである。

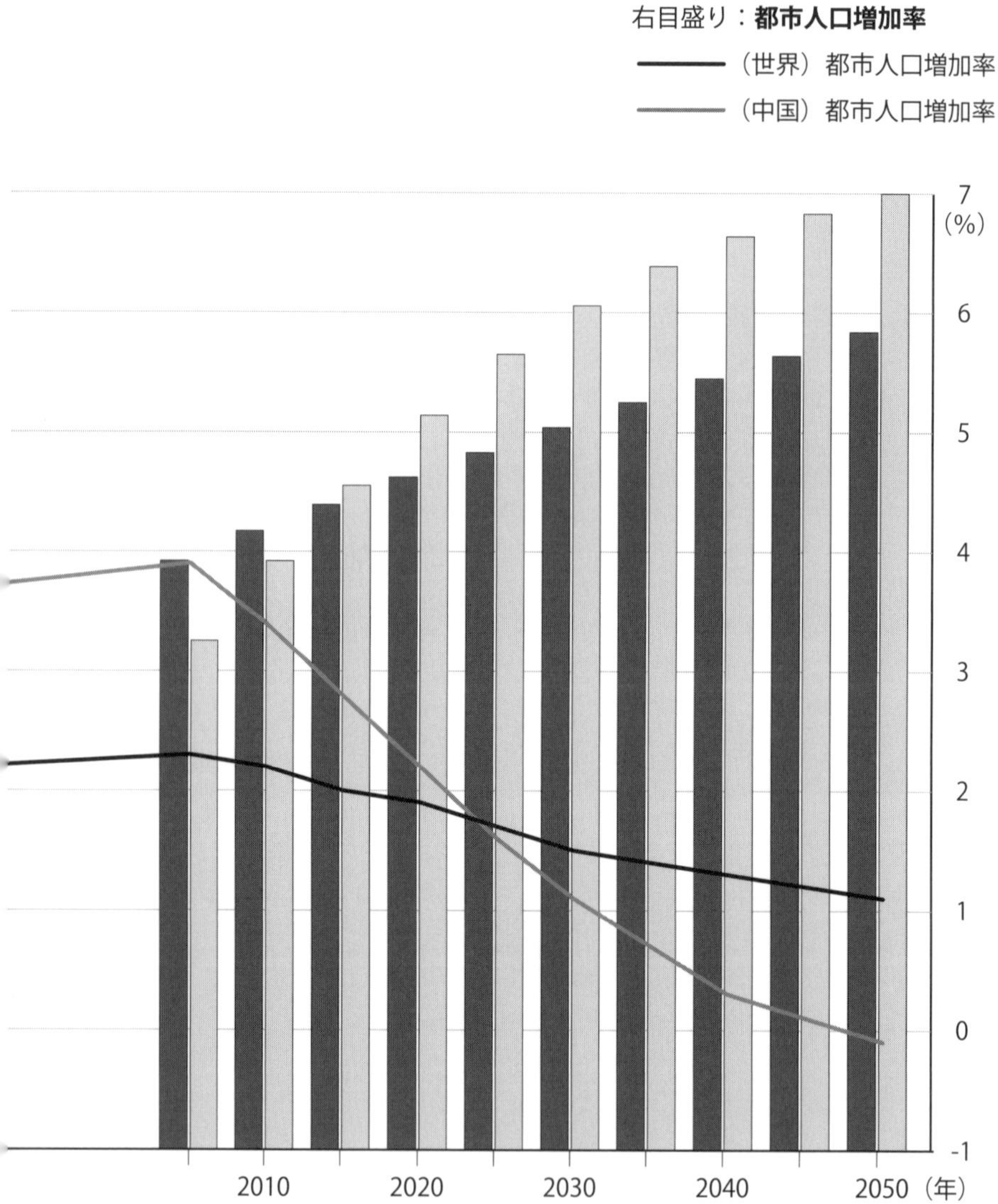
右目盛り：**都市人口増加率**
（世界）都市人口増加率
（中国）都市人口増加率
7
(%)
6
5
4
3
2
1
0
-1
2010
2020
2030
2040
2050（年）

●図 2-10　都市人口比率と増加率（世界・中国）

出所：United Nations, Department of Economic and Social Affairs, Population Division (2018). World Urbanization Prospects: The 2018 Revision, Online Edition. を基に作成

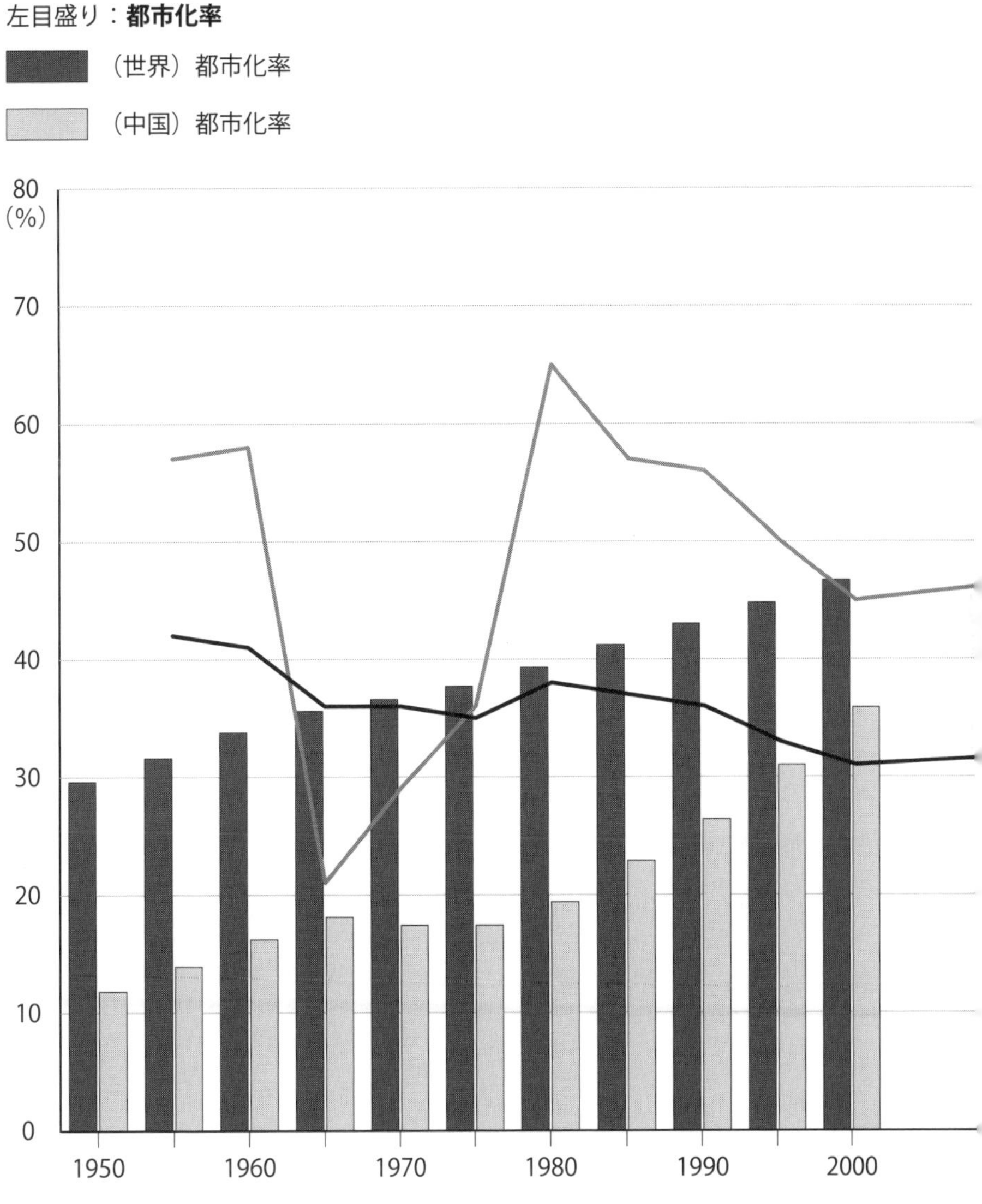

一人当たりＧＤＰの増加は、都市部の人々の生活意識を変化させるとともに、幼児死亡率の低下は、多産型の社会から少子型の社会へと促したと考えることもできる。このことは、一人の女性が一生のうちに出産することを示した合計特殊出生率の数値から確認することもできる。１９７０年代前半の４．８が、７０年代後半には３．０まで低下している。一人っ子政策を実施する以前から、著しく数値が落ちているのである。また、２００５年から２０１０年にかけての合計特殊出生率は１．６まで低下しているが、この落ち込み幅は、世界平均の落ち込み幅とほぼ同じであり、中国だけが一人っ子政策によって合計特殊出生率を低下させたとは言いがたい。中国人口が世界人口に占める割合が多いため、中国そのものの変化が世界平均に大きく影響を及ぼしているという統計上の特性を考慮しても、**一人っ子政策が、中国の合計特殊出生率を著しく低下させたとは言えない。そのため、中国政府は、一人っ子政策の緩和を実施しているものの、生活スタイルの変化を促すものでないかぎり、出生率を高めることは期待できない**だろう。

ちなみに、２０２０年代の延長線上にある２０３０年代は、中国、インド、およびアジア地域の７０代超人口が１０年間で１７９百万人増加する点は注目に値する。１０年間の世界全体の人口増加６４２百万人の４分の１超を占めており、この人口増加に対応できるか否かが経済成長や物価を左右すると言っても過言ではないだろう。以上のように、地域ごとに人口動態の推移を見ていく時には、人口動態のコブの移行を見ていくと、長期的な経済成長や物価のイメージを得られることに気がつく。今後は、人口動態のコブが、アジア地域などにおいて高齢化していくことが、大きく影響する点を見逃すべきではないだろう。

注目されるインド、パキスタン、ナイジェリア

地域別での人口動態の変化を確認したが、以下では２０２０年代の変化、すなわち２０２３年から２０３０年に至る人口変化に的を絞って、国別で確認してみたい（国際連合人口推計２０２２年改訂版・中位推計）。表２-２参照では、２０２３年から２０３０年までの７年間で世界総人口は、５０１百万人増加すると推計されているが、そのうちの１７％はインドであり、８６百万人の増加が推計されている。２位はナイジェリア３９百万人、３位パキスタン３４百万人であり、上位３か国で世界全体の人口増加の３分の１を占めている。その他の国々は、南アジア・東南アジア・アフリカ地域に集中しているが、先進国で１０位以内にランキングされているのは米国のみである。

生産年齢人口（15 ～ 64 歳）			
ランク	国名	増加人口数（百万人）	対世界比率（%）
1 位	インド	72	21.3
2 位	パキスタン	26	7.9
3 位	ナイジェリア	26	7.8
4 位	エチオピア	16	4.6
5 位	コンゴ民主共和国	14	4.3
6 位	インドネシア	11	3.3
7 位	エジプト	11	3.1
8 位	タンザニア	9	2.8
9 位	フィリピン	9	2.6
10 位	バングラデシュ	9	2.6
世界		**336**	**100**

●表 2-2　2023 年から 2030 年までの国別人口増加ランク

出所：United Nations, Department of Economic and Social Affairs, Population Division (2022). World Population Prospects 2022, Online Edition. を基に作成

総人口			
ランク	国名	増加人口数（百万人）	対世界比率（%）
1 位	インド	86	17.2
2 位	ナイジェリア	39	7.7
3 位	パキスタン	34	6.7
4 位	コンゴ民主共和国	25	5.1
5 位	エチオピア	23	4.5
6 位	インドネシア	15	2.9
7 位	タンザニア	14	2.9
8 位	エジプト	12	2.5
9 位	米国	12	2.4
10 位	フィリピン	12	2.4
世界		**501**	**100**

多消費世代人口（35 ～ 54 歳）			
ランク	国名	増加人口数（百万人）	対世界比率（%）
1 位	インド	48	33.3
2 位	パキスタン	12	8.0
3 位	ナイジェリア	7	5.1
4 位	エチオピア	7	4.7
5 位	バングラデシュ	6	4.3
6 位	米国	4	3.0
7 位	エジプト	4	3.0
8 位	フィリピン	4	3.0
9 位	コンゴ民主共和国	4	2.9
10 位	ブラジル	4	2.7
世界		**144**	**100**

一方、この7年間での人口変化の最下位は中国であり、約10百万人の減少が見込まれている。14億人を超える人口に比べれば、10百万人の減少は微々たるものであるとの見方もあるが、これまで人口増加の主役の座を占めていた中国が、減少に転じているという転換は、世界中の人々の意識を大きく変えるはず。2000年代の世界経済を牽引してきただけに、そのバトンは明らかにインドやその他のアジア・アフリカ地域に渡されたとみなしてもよい。ちなみに下から2位は日本（約5百万人減少）、下から3位はロシア（約3百万人減少）であるだけに、わが国こそ真剣に人口減少について、長期的な対策が取られる必要がある。

次に多消費世代（35～54歳）人口は、負債を拡大させて住宅や耐久消費財を購入する消費の主役であるため、特に注目される。世界全体の増加人口144百万人のうち、インド（48百万人）が33.3％の比率を占めており、総人口増加数、生産年齢人口増加数の対世界比率を大きく上回っている。多くのインドの生活者がスムーズに住宅ローンや耐久消費財のローンを組めるようになれば、世界の消費の電源地はインドであると言ってもよい時代が到来するだろう。2位はパキスタン12百万人、3位はナイジェリア7百万人であり、インドがダントツに多い。一方、中国では、広く多くの人々に富が行きわたる前に、成長率の低下に至る可能性が高まり、「中所得国の罠（人件費の上昇などにより競争力を失い、中所得国のレベルで停滞し、高所得国入りができない状況）」の状況に陥りつつある。

多消費世代人口も、２０３０年にかけて２１百万人超減少することから、大消費地としての中国の位置づけは急速に低下するという見通しもある。

最後に、生産年齢人口（１５～６４歳）の増加数も確認してみよう。これもインドが断トツであり、世界全体で３３６百万人増のうち２１.３％に相当する７２百万人となっている。これに２位のパキスタン７.９％および１０位のバングラディッシュ２.６％を加えると、世界全体の増加数の３２％弱を占めるため、世界全体の労働者の増加の３分の１は、南アジア地域であることを意味する。そのため、生産拠点としての南アジアへの注目は、今後も高まる可能性がある。

南アジア地域は、生産年齢人口の多さだけでなく、生産年齢人口比率の上昇も期待でき、今後、世界の生産性向上の牽引役になることが期待される。これらの地域での生産性の向上が図られれば、一層、世界の一人当たり経済成長率のサポートにつながることになるだろう。もちろん生産年齢人口比率が上昇しても、生産性が高まるとは限らない。就労意識の高い優良な労働者であることが前提となるからである。中国や東南アジアでは、優良な労働者が産業化を支えたが、この流れが南アジアでも続くことが期待される。先進地域のピークアウトを補完するためにも、南アジアに期待したいが、生産性の向上には時間を要する点には注意が必要である。

中国は、この間１０百万人減少すると共に、ホワイトカラー志望の高等教育機関の卒業者比率がさらに高まることが想定されるため▽16、ブルーカラー志望者が相対的に減少傾向で推移するとの指摘がある。そのため、人件費の上昇に加えて生産拠点としての世界の工場という位置づけは、さらに低下していくのが想定されよう。中国は、このような人口オーナス問題に加え、グローバル化が後退していることも手伝い、製造業での孤立が進む可能性がある。多くの欧米グローバル企業が中国工場から撤退し、国内回帰の動きを加速させている点も見逃せないだろう。つまり、従来のように中国の製造業での労働力を安価で活用するのは難しくなってくるのである。

以上のように、2022年改訂版の人口推計で確認すると、新興地域の主軸と位置づけられていた中国、インド、ブラジル、ロシア（BRICs）の状況は、人口動態から見る限り、過去10年間で大きく変化しているのが明らかだ。今後は、**中国の後退とインド・パキスタン・ナイジェリアの台頭**の進展が注目される。図2-11は、ユーラシアグループのイアン・ブレマー氏が著作で整理した内容をベースに、近年の人口動態の変化を加えたイメージを描いたものである▽17。統治スタイルと国際交易という座標軸から区分けしたものであり、現状を把握するのに都合がよい。国家体制が民主的とされるインド・ブラジルに対して、権威主義的な中国・ロシアという対照性が政治的位置づけを示し、資源輸入国としてのインドと中国、資源輸出国としてのブラジル・ロシアという区分は経済的位置づけを示している。

▽１６
詳しくは、月岡（２０２２）を参照。
▽１７
詳しくは、Bremmer (2010) を参照。

●図 2-11　新興地域の位置づけの変化

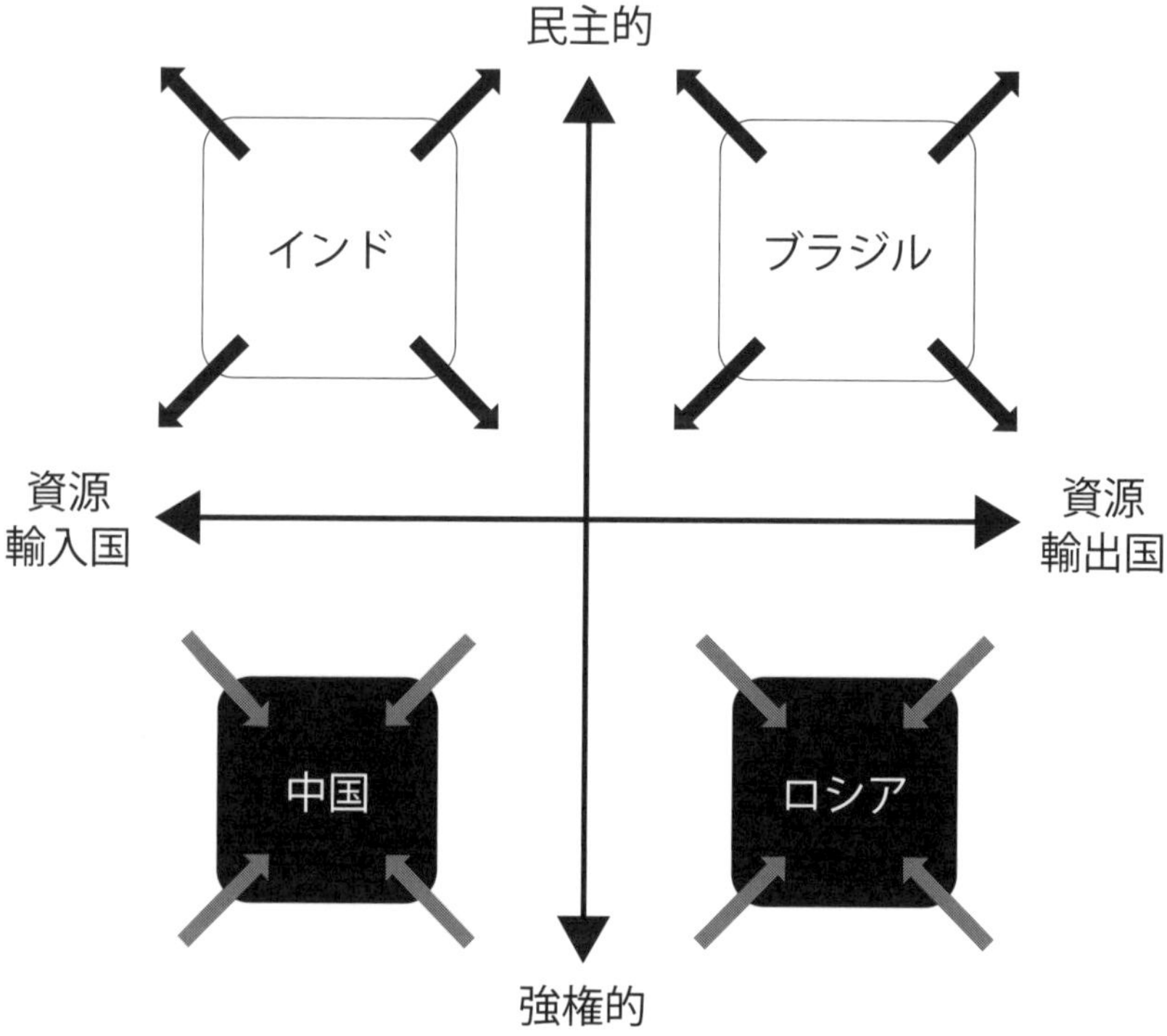

４か国の特徴は、２つの座標軸で区分すると、どれも同じでないことを意味しているが、ここに人口動態の側面を加えると、興味深いことに政治的位置づけと関連付け得るのに気がつく。インドおよびブラジルは、総人口も生産年齢人口も２０３０年にかけて増加するのに対して（人口ボーナス期）、中国およびロシアは、総人口も生産年齢人口も減少しているのである（人口オーナス期）。中国の場合には、多消費世代人口も減少することから、さらに輪をかけて消費の減退が想定されよう。それだけに、短期的に人口動態を転換するために、拡張主義に走る動機も高まるのかもしれない。いずれにしても、一括りにされて扱われてきた新興地域も、人口オーナスに転じる国・地域では長期的経済成長やディマンドプル・インフレを見通し難いと言えそうだ。

米国は先進地域の消費の主役であり続けるか？

先進国で唯一、総人口および多消費世代人口の増加人数で１０位以内に入っている米国は今後どうなるだろうか。第二次世界大戦後、一貫して世界経済を支えてきただけに、まずはこれまでの経緯を振り返っておくことは、将来を展望する上でも意義があるはず。

米国の場合は、ベビーブーム期がゆったりと長期にわたり続いたため、ベビーブーマーが多消費世代であった期間は、日本のように１９８０年代に集中することなく、２０００年代にかけてゆっくりと長く続いた。１９９０年代の欧州も、多消費世代人口が拡大したため、住宅需要が拡大する期間が、長期間にわたり続いた。米国の場合は、多消費世代人口が増加しつづけ、２００８年の８７百万人まで、欧州の場合は、同じく２００８年の２１４百万人弱まで拡大して、その後ピークアウトすることになる。

偶然か必然か定かではないが、この２００８年は、世界中を奈落の底に突き落としたグローバル金融危機が発生するタイミングと一致している。多消費世代人口の増加とともに、住宅購入ニーズが高まり、信用度の低い人々もサブプライムローンの証券化という仕組みで、より多くの住宅が購入可能になったのは、２０００年代半ばのことであった。２００８年の多消費世代人口のピークアウトは、この住宅投資の拡大にブレーキをかけることになったと考えうる。借金をして住宅を購入する世代が増加していた期間には、住宅価格の上昇が続くものの、多消費世代人口が息切れを迎えたときに、可処分所得を大きく上回る消費を促す経済も転機を迎えたと言えよう。

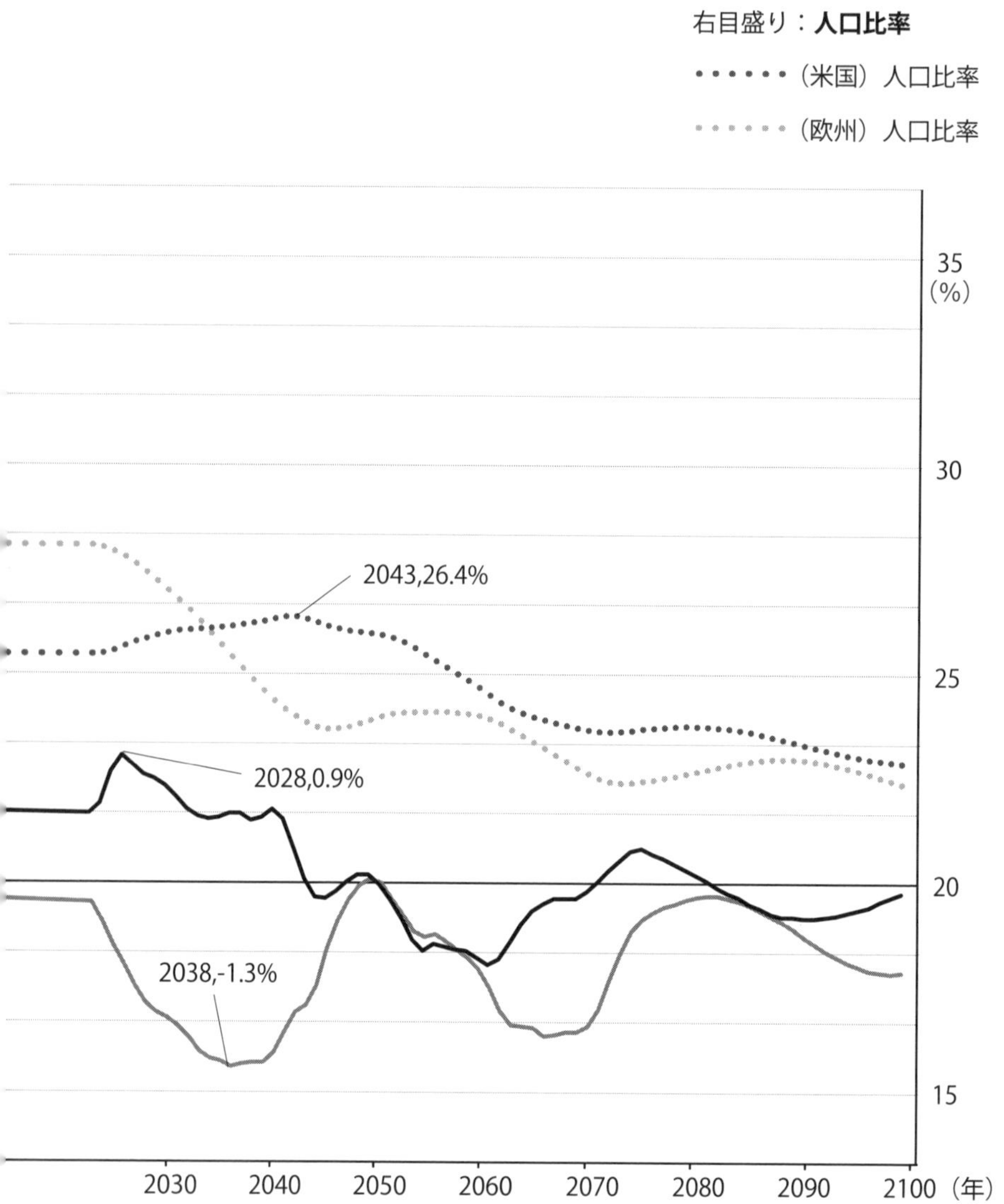

右目盛り：**人口比率**
（米国）人口比率
（欧州）人口比率
35
（%）
30
25
20
15
2043,26.4%
2028,0.9%
2038,-1.3%
2030
2040
2050
2060
2070
2080
2090
2100（年）

●図 2-12　多消費世代人口増加率と人口比率（米国・欧州）

出所：United Nations, Department of Economic and Social Affairs, Population Division (2022). World Population Prospects 2022, Online Edition. を基に作成

左目盛り：**人口増加率**

（米国）人口増加率

（欧州）人口増加率

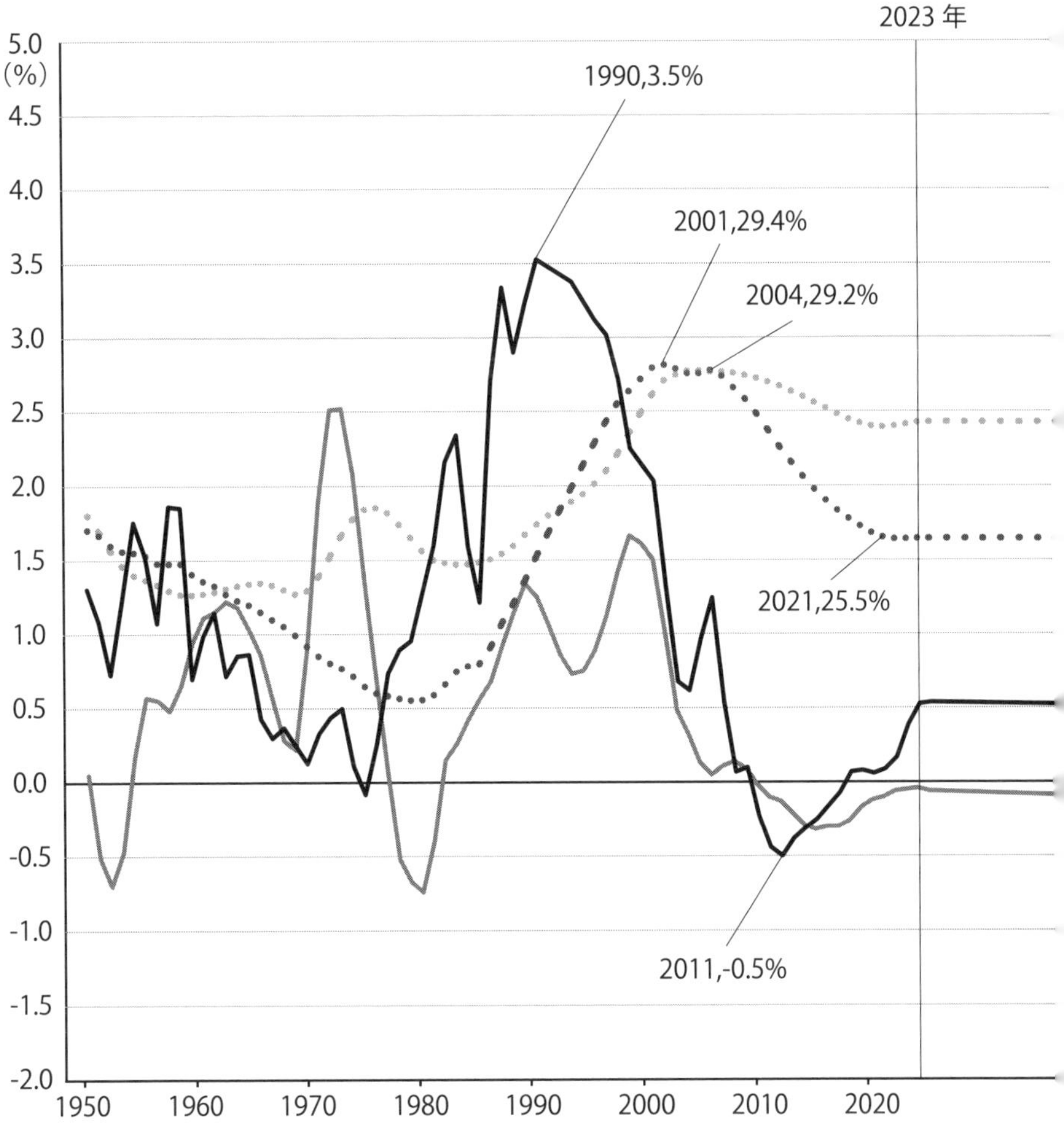

また、多消費世代人口比率でみても、米国の場合は、ＩＴバブル崩壊後の３年連続株価下落を経験している最中の２００１年に２９．４％でピークを迎えている（図２-１２参照）。同比率は、欧州の場合、２００４年に２９．２％でピークを迎えており、世の中は、不動産バブルで盛り上がっていた時期に相当する。このように、先進国の多消費世代人口やその人口比率が、２１世紀に入ってから順次ピークアウトしているのが確認できる。借金を積み上げて、住宅や耐久消費財を購入する家計部門の動きは、欧米においてピークを迎え、一人当たり経済成長率を需要サイドから下支えする力が弱まっていたのである。

ただし欧米の多消費世代人口の推移に関しては、悲観的な見方ばかりではない。米国の多消費世代人口は、２００８年にピークアウトしたものの、２０１６年をボトムに再び増勢に転じているからである。また総人口に対する多消費世代人口比率も２００１年にピークアウトした後、２０２１年には下げ止まっている。米国の出生率が上昇した１９８０年代から１９９０年代生まれのジェネレーションＹ世代が多消費世代になるため、２０１０年代後半をボトムに、再び米国消費拡大にとって都合の良い人口動態に米国は突入しているのである。人口ボーナスの再到来と言え、特に米国の場合には、移民の影響もあり、この再上昇が顕著になっている。欧州の場合には、一部を除くと合計特殊出生率の低下が著しく、多消費世代人口は目立って再浮上しないと推計されていることから、先進国の中では家計のローン利用が多く、かつ経済シェアの高い米国の再浮上は物価の側面からも想定されよう。

また、多消費世代人口増加率でみても、米国は１９９０年に３.５％を記録するなど、１９８０年代から９０年代にかけて非常に高い伸び率を示しており、株価の趨勢的上昇と歩調を合わせるように、好調な経済状態を維持する背景になってきていた。この多消費世代人口増加率は、グローバル金融危機後にマイナスに落ち込んだものの、２０１１年にマイナス０.５％でボトムアウトして、２０１７年にプラスに転じ、２０２８年には０.９％まで上昇し、２０４０年代前半まで一定程度の伸び率を保つことが推計されている。**米国の多消費世代人口増加率は、２０３０年代後半から大きく落ち込む世界全体の動きとは対照的であり、他の先進国とは一線を画して、米国経済の成長を支える可能性がある**と言えよう。

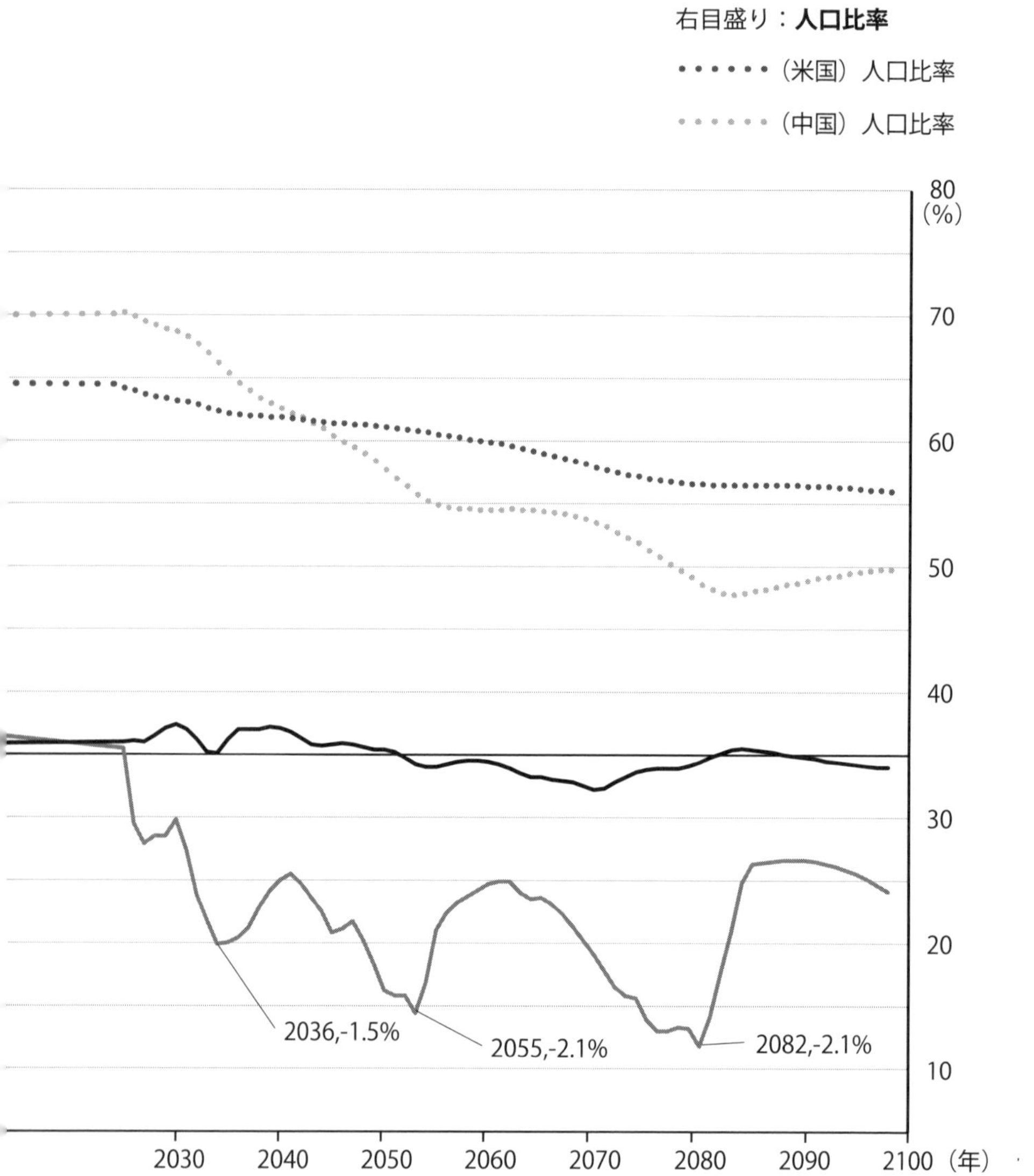

右目盛り：**人口比率**
（米国）人口比率
（中国）人口比率
80
（%）
70
60
50
40
30
20
10
2036,-1.5%
2055,-2.1%
2082,-2.1%
2030
2040
2050
2060
2070
2080
2090
2100（年）

●図 2-13　生産年齢人口増加率と人口比率（米国・中国）

出所：United Nations, Department of Economic and Social Affairs, Population Division (2022). World Population Prospects 2022, Online Edition. を基に作成

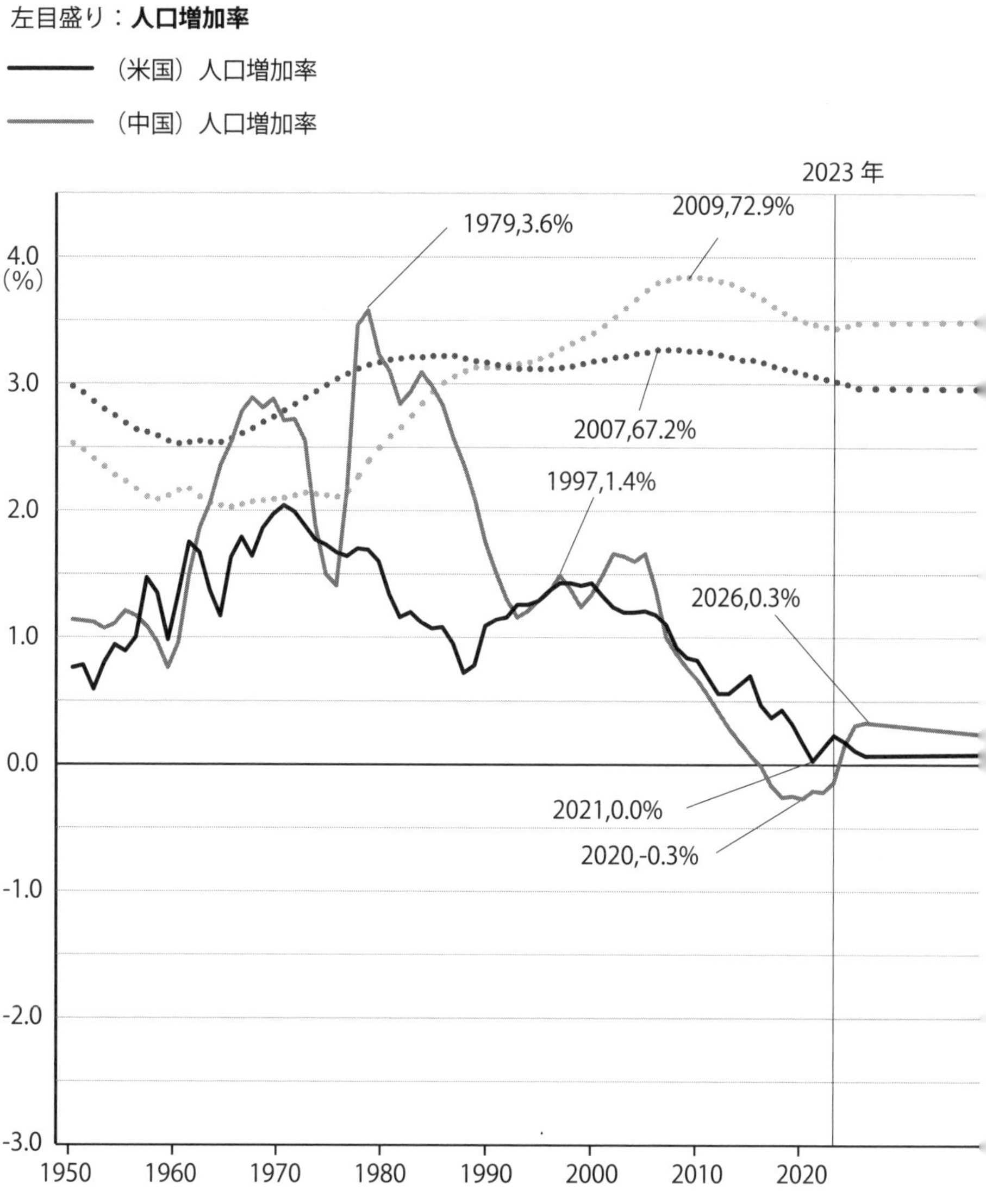

一方、米国の生産年齢人口は増加しているものの、総人口に占める比率は、2007年の67.2%をピークに緩やかに低下している。生産年齢人口増加率は、多消費世代人口の増加率とは様相を異にしており、回復の兆しはない。1997年の1.4%をピークに低下しており、2021年の0.0%を記録して以降、0.2%の伸び率を上限として横ばいが保たれるのである。この増加率は、人口増加率を下回ることから、米国経済における労働者不足は数十年単位で常態化することが推計されているのである。近年、米中対立の先鋭化により、米国は生産拠点を自国内に戻す動きを加速させているため、米国内での労働者の確保が課題になっている。またポストコロナ期には、自発的な就労離脱が顕著になっていたため、労働コストの急上昇が話題になった。このような短期的な労働不足だけでなく、**米国は、数十年にわたる生産年齢人口の停滞が推計され、労働コストの上昇といったコストプッシュ・インフレの側面が懸念される。**

また、前記したように、**米国に限って言えば、他の先進国と異なり、多消費世代人口の復調が例外的に推計され、ディマンドプル・インフレの側面もあるため、世界経済全体の動きとは異なる米国経済の独自性が物価面でも際立つ可能性がある。**この人口動態の観点からは、米国が先進地域の中で、一つ頭を抜けた消費の主役になる可能性は高いだろう。

次に、米国と中国の生産年齢人口の状況を比べてみよう。中国の生産年齢人口は2015年の

１０億人弱をピークに低下しており、総人口に占める比率は、２００９年の７２．９％をピークに低下している。２０４５年には米国を下回り（６０．９％）、世界の生産拠点というイメージは払拭されることになるはず。生産年齢人口の増加率は、１９７９年には３．６％を超えていたが、特に２００５年以降に増加率が急落して、２０１６年にはマイナスに落ち込んでいる。２０２０年代半ばに一時的にプラスに転じるものの、２０３０年代半ばにかけて大幅な低下が見込まれる。この増加率は、人口増加率を大幅に下回ることから前にも記したように、中国経済における労働者不足は、かなり深刻になるはず。また、グローバル企業の生産拠点としての中国の位置づけが、政治的対立により低下しており、一定程度、中国の労働不足問題は相殺されるかもしれない。これは、労働コスト上昇によるコストプッシュ・インフレの圧力が、中国よりも米国などの他の先進国に移転されることを意味する。

以上のように、インド、米国、中国などについて、注目すべき国別の人口動態について確認したが、次節では、われわれが最も関心のある日本についてみてみよう。

2.4 日本の人口動態と経済への影響

日本の出生率と死亡率から見る総人口増加率

世界の地域別、国別の人口動態の特徴を確認してきたが、最後に、わが国の人口動態について、詳しく示しておきたい。

図2-14は、明治期以降の日本の人口増加率および出生率・死亡率の推移を示したものである。この図から日本の人口動態は、第二次世界大戦を挟んで、かなり大きな断層があったというのが明らかになる。戦時期には死亡率が高まり、戦後に出生率が高まっているため、世の中が大きな転換点を迎えたのである。

意外な点としては、戦前の出生率は、1873年の2.3%から1924年の3.7%まで上昇しており、かなり高い水準を維持していたという点。この戦前の高い出生率水準と比較すると、団塊の世代が生まれた時期の高出生率が、極端に高い水準であったとは言えない。しかし、この３％超の出生率期間が３年間に限られていることや、その直前の戦時期に死亡率が２.９％まで高まったことから、世界でも類を見ない極端な人口動態のコブを形成したのである。このことは、他の先進国との違いとなって、１９９０年代以降の経済を左右することになった。前記したように、他の先進国に先駆けて日本の人口動態が経済状況にマイナスの影響を及ぼした要因の一つにもなったとされる。

この１９４４年に急上昇した死亡率２.９％に加え、第一次世界大戦期の１９１８年にも死亡率は、２.７％まで上昇している。この死亡率の上昇は、スペイン風邪の影響であり、世界的な感染症の流布により上昇したものである。このように死亡率は、人類が経験する世界的な危機の最中に集中的に上昇する傾向がある。一方、戦後は、公衆衛生や医療設備の充実、食料事情の劇的な向上、さらには乳児死亡率の低下により、１％を下回る水準まで低下したが、これは、社会構造的な要因を背景とした漸進的な変化と言えよう。このような緩やかな変化は、１９８０年代以降、高齢化により徐々に死亡率が上昇している現象にも共通している。２００５年の死亡率は、０.８％で出生率を上回り、さらに２０２０年代初には１.２％を上回る水準まで上昇してきている。

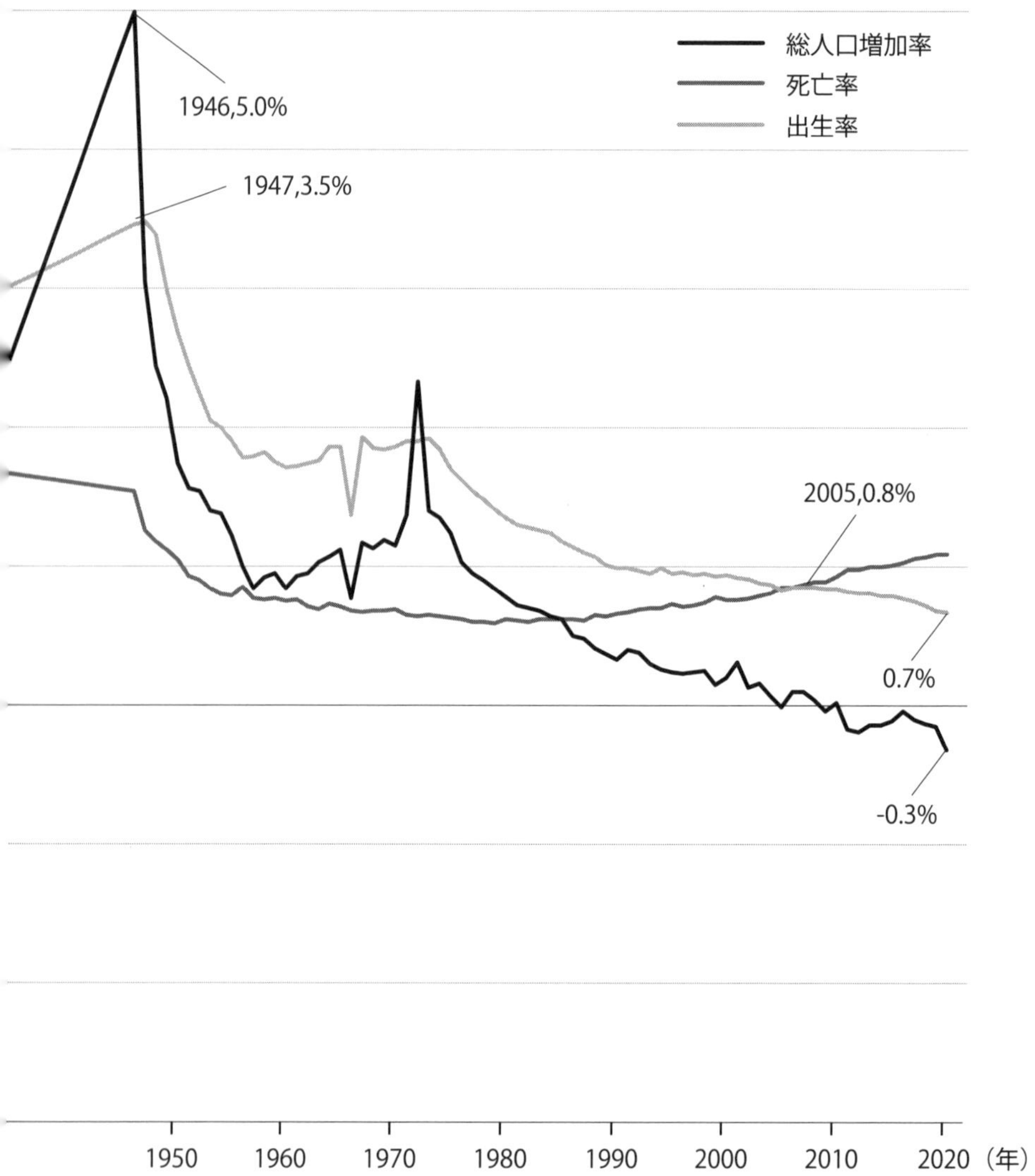
総人口増加率
死亡率
出生率
1946,5.0%
1947,3.5%
2005,0.8%
0.7%
-0.3%
1950
1960
1970
1980
1990
2000
2010
2020
（年）

●図 2-14　日本の人口増加率と出生率・死亡率

出所：日本銀行統計局 (1966)『明治以降本邦主要経済統計』、国立社会保障・人口問題研究所『人口統計資料集』

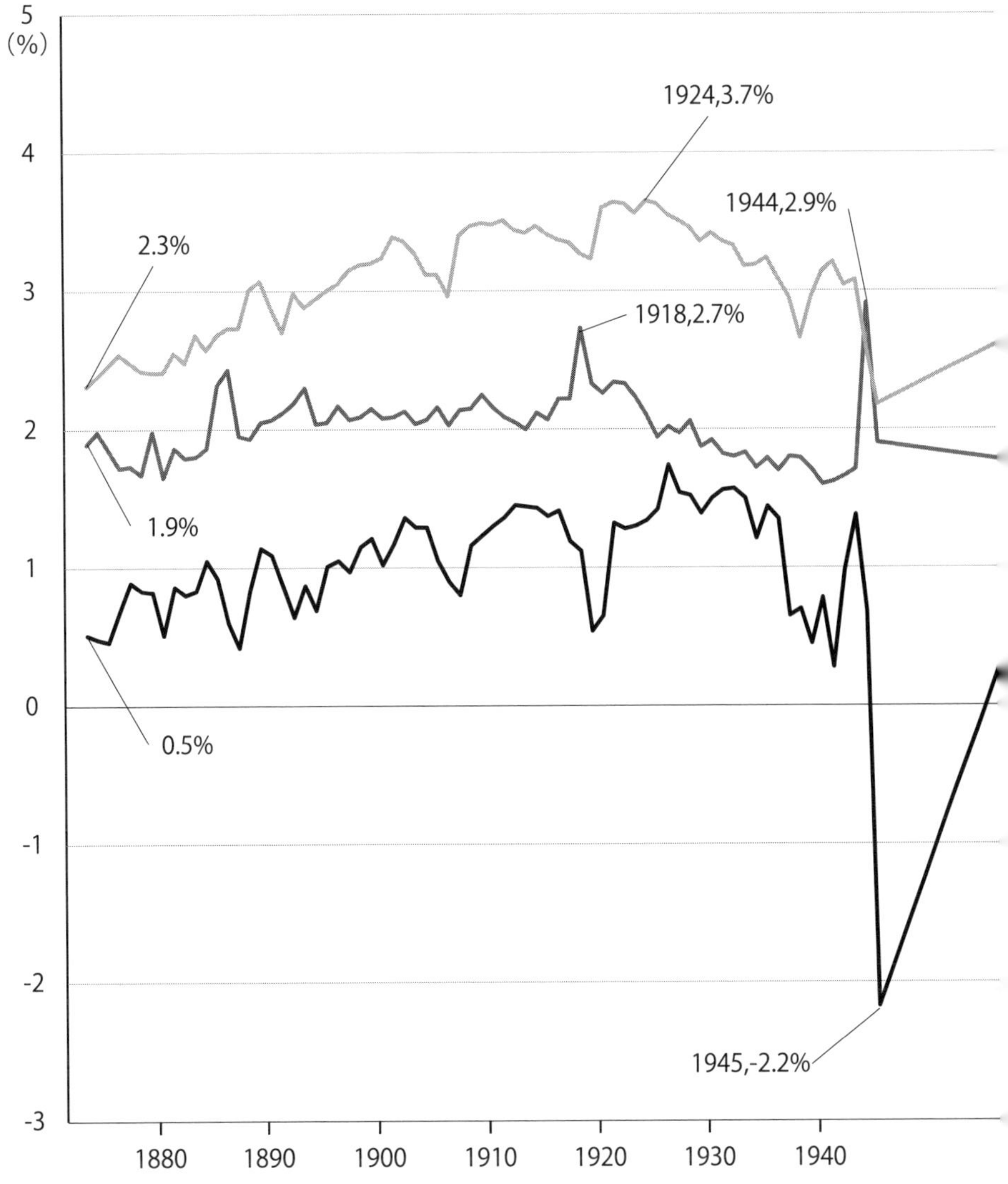

これらの出生率と死亡率の変化に左右されつつ、明治維新から2000年代にかけての130年間で、日本の総人口は3500万人弱から1億2800万人まで増加した後に、緩やかな減少時代を迎えている。この間、人口が減少したのは、21世紀を除けば第二次世界大戦期のみであった。スペイン風邪の影響で死亡率が高まった1918年でも、総人口が減少するまでには至らなかったのは意外かもしれない。急激な社会変動の中でも総人口が減少に転じるケースは稀であると言えよう。戦前の総人口増加率は0.5%から1.5%の間で推移していたが、現在の総人口増加率は、死亡率の上昇と出生率の低下により、マイナスになっている▽18（2020年の人口増加率はマイナス0.3%）。この傾向は、急激な減少ではなく緩やかに進行しているため、その反動は期待し難く、わが国の総人口の減少は、移民が大幅に増えない限り、今後も長く緩やかに続く可能性が高いと言えよう。

国際連合の中位推計でも、2050年には人口増加率はマイナス0.7%程度まで低下するとされており、**日本は、人口増加率の観点から経済成長にとって下方圧力がはたらくことが予想される。ディマンドプル・インフレも生じにくいと考えてよいだろう。そのため、インフレ率が大きく上昇する局面があるとするならば、コストプッシュ・インフレということになるだろう。**なお、将来の総人口については、出生率の見通しが楽観的過ぎるという批判もあり、従来の中位推計ではなく、出生率をより低く見積もった低位推計を意識すべきとの声も強い。そこで、出生率を低く見積もった低位推計で見てみると、２０５０年の総人口は１億人割れの９６６２万人という衝撃的な水準にまで低下する。中位推計１億３８万人よりも４％程度少ない水準である。２０２３年の１億２３００万人と比較すると、低位推計による２０５０年の総人口は、現在対比２２％程度の減少となる。経済に対する影響としては、単純に考えても、５分の１の消費が吹き飛ぶだけに覚悟が必要だ。それでは、わが国の総人口増加率と実質経済成長率やインフレ率は、どのような関係で推移してきたのであろうか。以下では、この点について明らかにしたい。

▽18
1972年の人口増加率上昇は、主として沖縄復帰によるものであり、直接的に出生率と死亡率の増減に絡むものではない。

日本の総人口増加率と経済成長率・インフレ率

まず、明治維新後のわが国の総人口増加率と経済成長率の推移を確認してみよう。図2‐15は、経済成長と関連が深いと考えられる人口動態の関係を考えるために、横軸を総人口増加率、縦軸を（実質）経済成長率として、10年ごとにプロットしたものである。期間は明治維新後の1880年代から2010年代の推移を示したものである。明治から大正期（1912年から1926年）にかけて人口増加率は、一時的には1.7%程度まで上昇する年もあったが（1926年）、1920年代および1930年代は、1.2~1.4%のペースで人口が増加していた。前記したように、第二次世界大戦による死亡率の上昇により、一時的に総人口増加率は低下するものの、終戦後の出生率の上昇で盛り返しを見せ、1940年代は、1.5%程度まで底上げされた。

その後、総人口増加率は低下基調に転じ、1980年代初頭には、1880年代以降の人口増加率の長期平均0.9%を下回り、さらに2010年代初頭には、マイナスに落ち込んでしまった。現在のわが国は、人口減少社会に陥っており、18世紀のマイナス0.1%程度の水準を下回っている▽19。**明治期だけではなく、江戸時代期も含めて、わが国は新しい人口減少局面時代に突入しているため、従来の延長線上で、経済成長や物価動向を想定すべきではない**のは言うまでもない。

▽１９
鬼頭宏（２０００）を参照。１６００年（慶長５年）から１７２１年（享保６年）にかけての総人口増加率は０．８％だったが、１７２１年（享保６年）から１７９２年（寛政４年）まではマイナス０．１％、１７９２年（寛政４年）から１８４６年（弘化３年）は０．１％だったとされる。

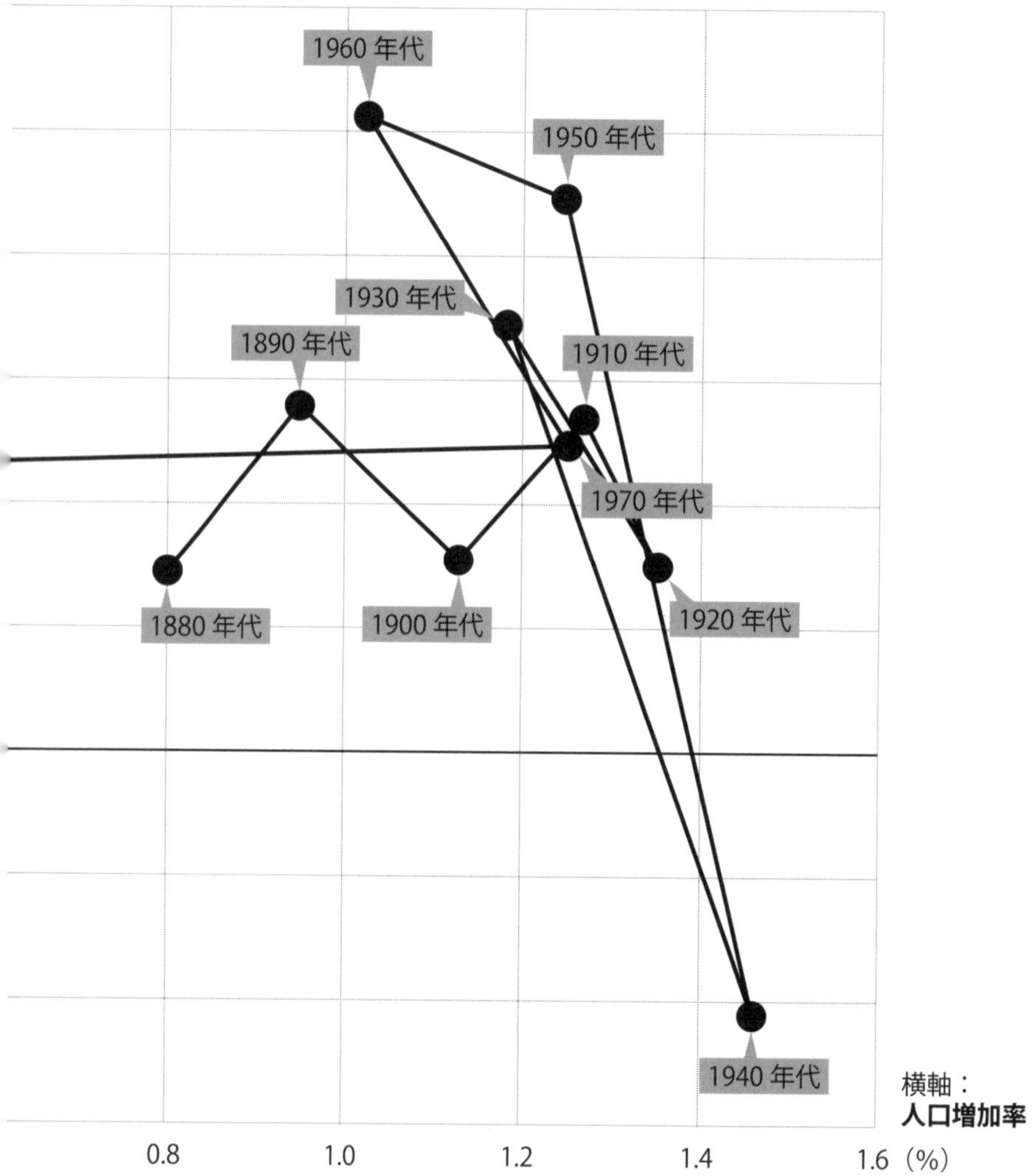
1960 年代
1950 年代
1930 年代
1890 年代
1910 年代
1970 年代
1880 年代
1900 年代
1920 年代
1940 年代
横軸：
人口増加率
0.8
1.0
1.2
1.4
1.6（%）

●図 2-15　日本の年代別総人口増加率と（実質）経済成長率（1880 ～ 2019 年）

出所：日本銀行統計局 (1966)『明治以降本邦主要経済統計』、国立社会保障・人口問題研究所『人口統計資料集』、内閣府のデータから作成

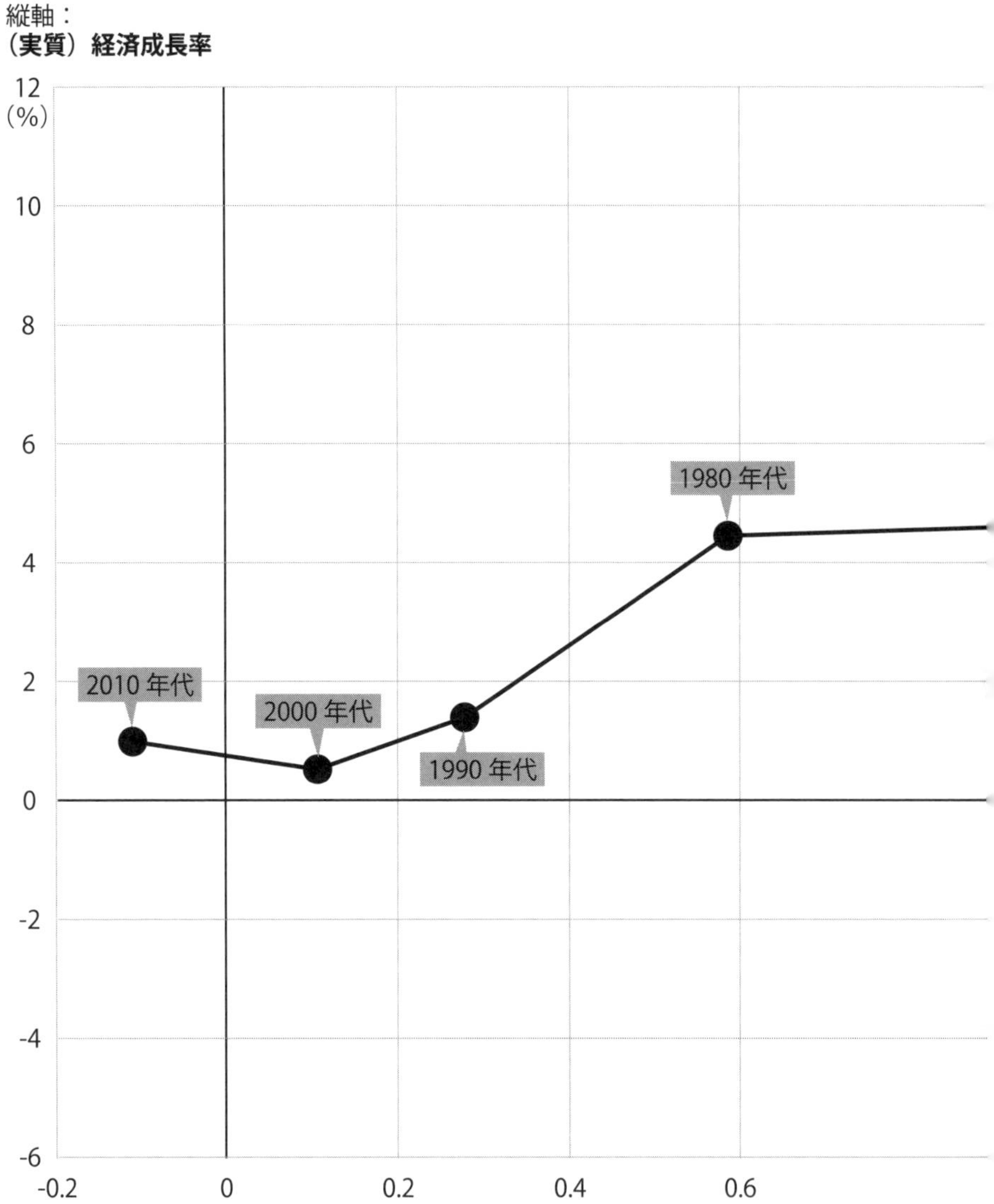

この10年ごとの総人口増加率に応じた経済成長率は、1940年代だけは第二次世界大戦の影響でマイナス4.1%に落ち込むものの、おおむね2%から7%の成長率のレンジ内に収まっていた。このレンジから上に外れたのは、1950年代や1960年代であり、戦後の復興による反動から経済成長率は10%前後まで高まり、わが国は高度経済成長期を謳歌した。この1880年代から1980年代にかけての100年間は、総人口増加率と実質経済成長率には明確な傾向を確認することはできない。世界の総人口増加率と実質経済成長率（図2-2）と同じような比例関係が確認し難いのである。

一方、**1990年代以降は、総人口増加率が低下する中で、おおむね経済成長率が緩やかに低下基調で推移している。**おおむね人口減少と歩調を合わせるように、緩やかに実質経済成長率も低下傾向で推移したと言えそうだ。2010年代の場合には、総人口増加率は、マイナス圏に陥ったものの1%を上回る経済成長率になっているため、1990年代以降のトレンドに対して抵抗し、奮闘したと言ってもよい▽20。もちろん、グローバル化が進んだ影響で、わが国の経済成長は、必ずしも国内の事情（人口動態）に縛られないが、一定程度の影響があったことは否定できない。

次に、図2-16を参照して、10年ごとの総人口増加率に応じたインフレ率の推移について確認したい。わが国の物価動向を百年単位で確認するのは、統一した指標が存在しないため困難を伴う。特に19世紀の指標は、卸売物価に限られ、一般に利用される小売物価や消費者物価よりも変動率が大きいという特性があるため注意が必要である。ここでは、大まかな動きを掴むという目的で、1880、1890、1900、1910、1920年代は卸売物価、1930、1940年代は小売物価、1950年代以降は消費者物価を用いて、総人口増加率との関係を明らかにする▽21。

図2-16は、物価と関連の深い人口動態の関係を考えるために、横軸を総人口増加率、縦軸をインフレ率として、10年ごとにプロットしたものである。1880年代から1920年代までの卸売物価を参照している時期のインフレ率が上下に大きく振れているのが確認できるが、1910年代にかけて、おおむね総人口増加利の上昇に応じて、インフレ率も高まっている。特に1910年代は、第一次世界大戦時にわが国の経済成長が加速した影響もありインフレ率が9.6％まで上昇するなど、大幅な上昇になっている。一方、1920年代は、関東大震災、昭和金融恐慌など、相次ぐマイナス要因に悩まされ、インフレ率がマイナス5.6％まで低下している。英米の場合には、1920年代は復興需要に加え、好景気になり、1930年代にバブル崩壊によるデフレ・恐慌に陥っているため、わが国は10年程度早く好景気とデフレを経験していたことになる。日本は、戦後のベビーブーマーが経済に与える時期だけでなく、戦前のバブルとその崩壊の時期も欧米に先んじており、一種のトップ

ランナーと言ってもよいだろう。

▽20
参考までに2020年代については、執筆時点で確認できる2022年（暦年）までの総人口増加率はマイナス0.4％程度、実質経済成長率もマイナス0.4％程度となっているが、新型コロナ・ショックによる影響が大きく反映されていると考えられる。

▽21
1870、1880、1890、1900年代は、朝日新聞編（1930）の「物価大勢指数」総平均。1910、1920年代は、日本銀行「明治33（1900）年10月基準東京卸売物価指数」。1930、1940年代は、日本銀行「大正11年～昭和42年　東京小売物価指数」。1950、1960、1970年代は、総務庁統計局「消費者物価指数年報」昭和60年版。1980年代以降は、総務省統計局「2020年基準消費者物価指数（全国、総合）」。

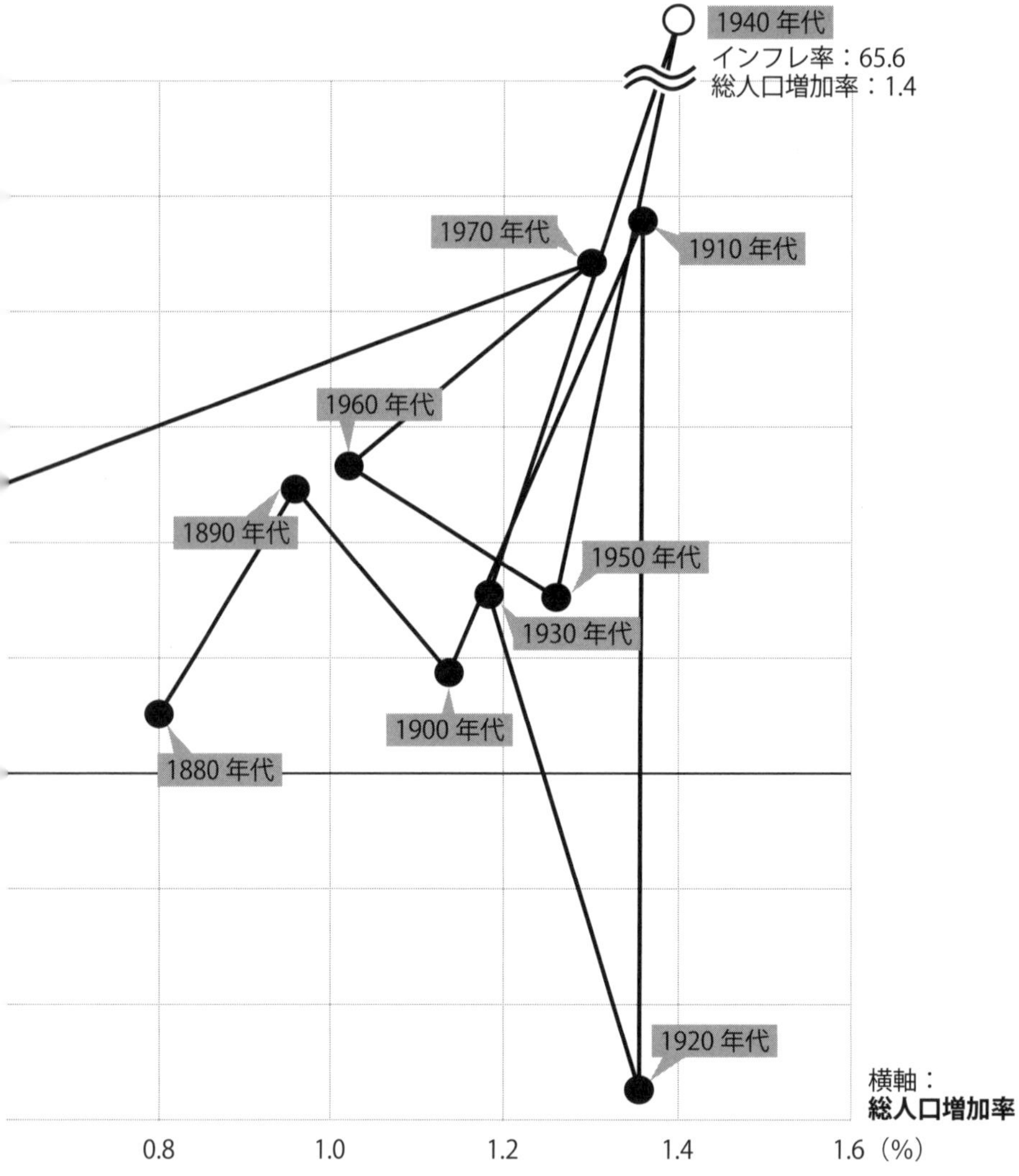
1940年代
インフレ率：65.6
総人口増加率：1.4
1970年代
1910年代
1960年代
1890年代
1950年代
1930年代
1900年代
1880年代
1920年代
横軸：
総人口増加率
0.8
1.0
1.2
1.4
1.6（%）

●図 2-16　日本の年代別総人口増加率とインフレ率

出所：国立社会保障・人口問題研究所『人口統計資料集』、朝日新聞編（1930）、日本銀行、総務省のデータを基に作成

（注）インフレ率は、1870 年代～ 1920 年代は卸売物価、1930 年代～ 1940 年代は小売物価、1950 年代～ 2010 年代は消費者物価。

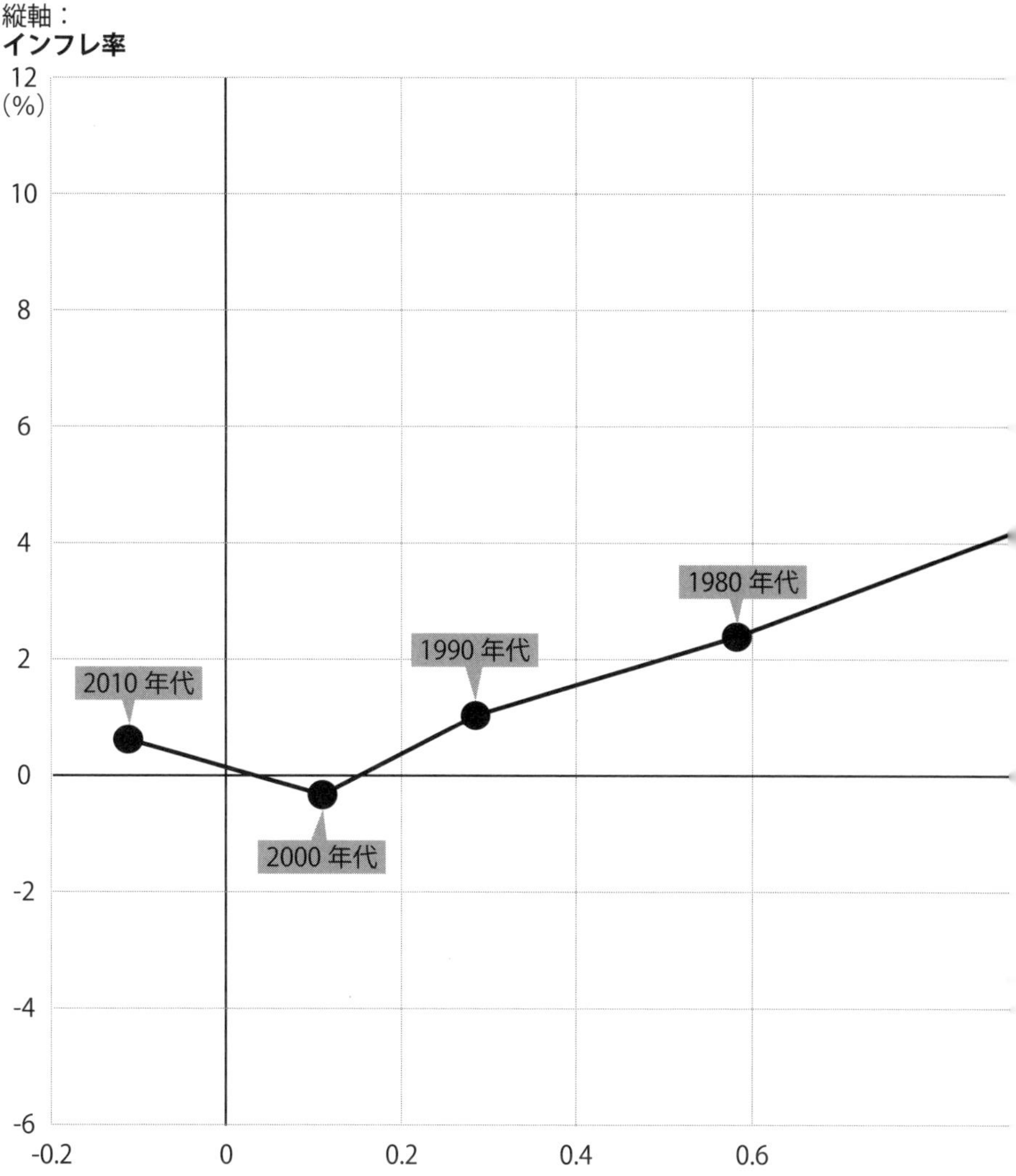

その後、1930年代の日本は、高橋是清大蔵大臣による金輸出再禁止（金本位制の停止）が急速な円安を発生させ、デフレに悩まされていた1920年代を一掃するように、インフレ率が3.4%まで上昇した。1940年代は、戦時経済体制から終戦に至る物資不足から、インフレが加速し年率65.6%という凄まじい物価上昇に多くの生活者が悩まされることになる。1940年代までは、おおむね1%を超える総人口増加率の下で、金融危機によるデフレと、戦争・国際関係悪化による大幅なインフレという大きな波が日本経済を襲ったため、人口要因よりも国際関係要因などが物価を大きく左右したと言えよう。**英米諸国とは異なり、わが国の1940年代のインフレ率は、敗戦に伴う過激なインフレの発生により、非連続的な局面を形成している。図1-1で確認される英米の物価長期循環とは異なり、わが国のインフレ率推移は、歴史的に見ても、独自の動きをする傾向がある**と言えよう。

戦後の1950年代から1970年代にかけては、1%を上回る総人口増加率が維持される中で、1950年代3.4%、1960年代5.5%、1970年代9.6%という具合にインフレ率が上昇していく。戦後復興から高度経済成長に至る過程で、インフレ率も上昇したが、総人口増加率とインフレ率の間には、目立った関係があるようには見えない。1970年代は、米国でのニクソンショックに加え、第四次中東戦争などの発生や、産油国の政治的発言力の上昇によるオイルショックなどが、エネルギー価格の上昇を主軸としたコストプッシュ・インフレを発生させた。このインフレ率の上昇については、グローバルな動きと日本の動きが連動している▽22。その後、１９８０年代の総人口増加率は、０.６％まで大幅に低下し、その後も持続的に低下する中で、インフレ率は緩やかに低下し、２０００年代にはインフレ率はマイナス圏に突入した▽23。

世界全体の大まかな総人口増加率と実質経済成長率の比例関係は確認されるものの、わが国だけを取り上げてみた場合には、両者の正の関係を鮮明に確認できるものではなさそうだ。また、総人口増加率とインフレ率についても、人口要因よりも他の要因の方が大きくはたらいていると考えうる。また、総人口増加率だけでなく、前記したように一人当たり経済成長率の上下動も影響する点は注意が必要だろう。

日本の人口動態と経済成長率・インフレ率

それでは、総人口増加率以外の人口動態が日本経済に与えた影響はどうだったのか？「人口動態が経済に与える影響を考える際の最も重要な経路は、人口増加率よりも人口構成の変化だ▽24」と指摘されるように、世代ごとの人口比率などの人口動態も確認する意義はありそうだ。図２-１７を参照して、１０年ごとの人口動態の推移について、多消費世代人口と生産年齢人口に着目してみよう。

▽22
日本のインフレ率が高かった1973年、1974年は、それぞれ19.2%、21.9%であったが、米国の場合がそれぞれ8.9%、12.1%であったため、日本のインフレ率の方が相対的に高かった。
▽23
参考までに2020年代については、執筆時点で確認できる2022年（暦年）までの総人口増加率はマイナス0.4%程度、インフレ率は1.2%程度となっている。
▽24
白川（2000）、331頁参照。

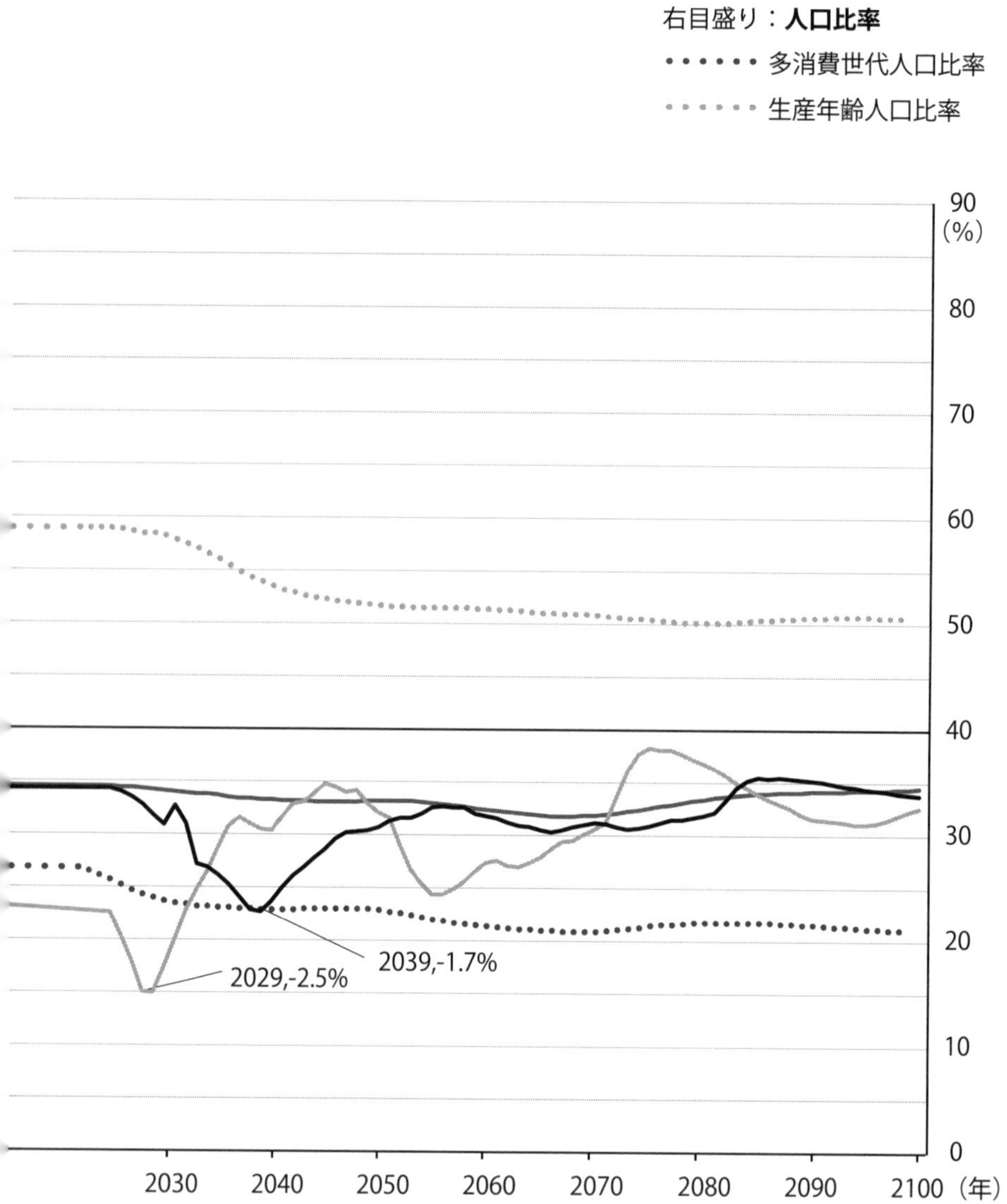
右目盛り：**人口比率**
多消費世代人口比率
生産年齢人口比率
90
(%)
80
70
60
50
40
30
20
10
0
2029,-2.5%
2039,-1.7%
2030
2040
2050
2060
2070
2080
2090
2100
(年)

●図 2-17　多消費世代人口及び生産年齢人口の増加率と比率（日本）

出所：United Nations, Department of Economic and Social Affairs, Population Division (2022). World Population Prospects 2022, Online Edition. を基に作成

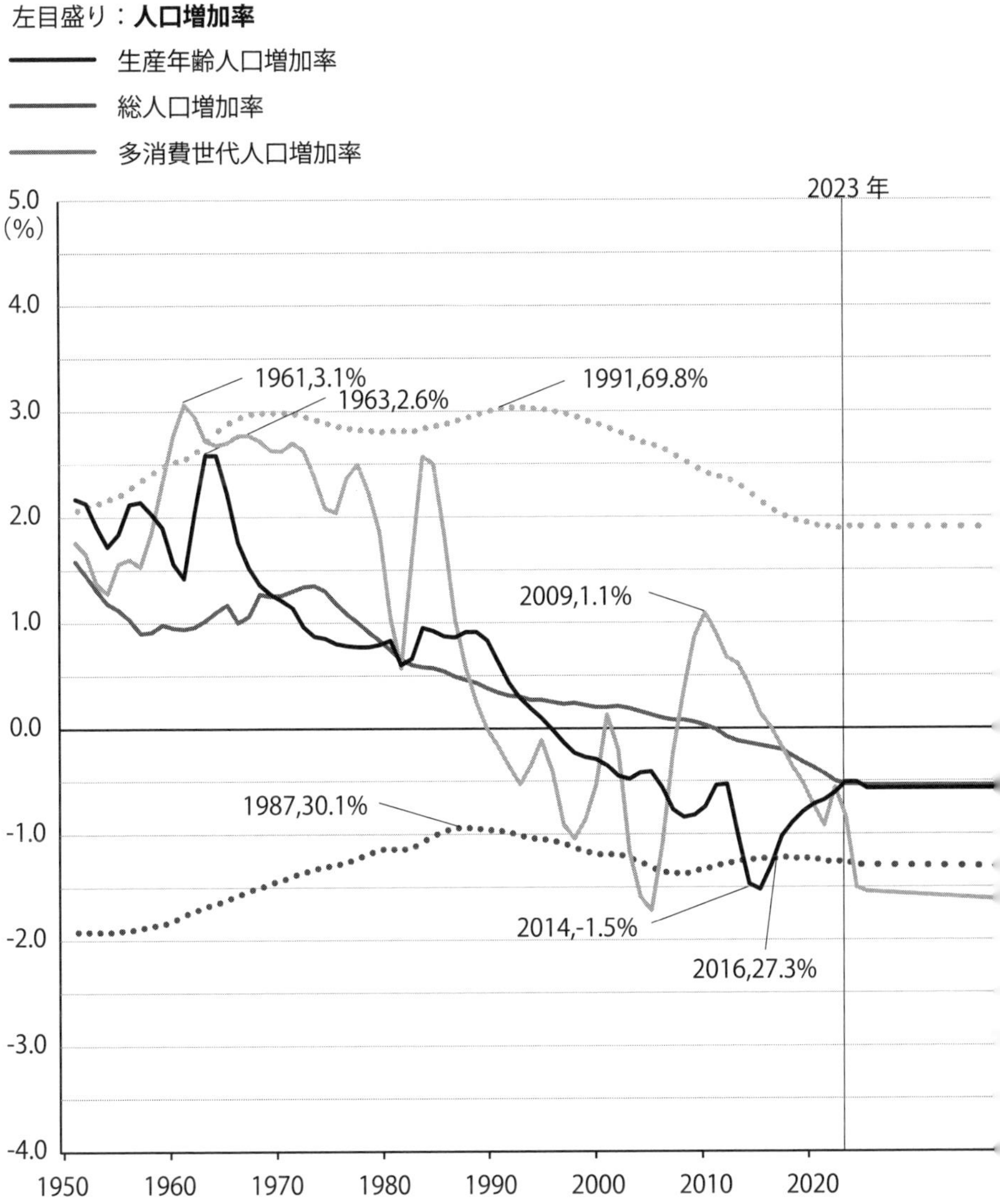

団塊世代に代表される人口のボリュームゾーンが退職を迎え、年金世代入りしたため、わが国の生産年齢人口比率は1991年に69.8%でピークアウトし、現在は60%を割れている。今後は低下が推計されるため、一人当たり経済成長率の足を引っ張ることになるだろう。また、生産年齢人口増加率でみても、1992年に総人口増加率を下回り、2014年にはその乖離幅は拡大している。現在は総人口増加率程度まで改善しているが、2039年にかけて再び低下し、マイナス1.7%に至ることが推計されている。労働者比率の低下は、効果的な対策がない限り、一人当たり経済成長率を低下させるため、経済成長にとってはマイナスの影響を与えるはず。逆にインフレに対しては逆の影響を及ぼす可能性がある。労働者不足により賃金上昇圧力がはたらくため、物価に対しては底上げ要因になる可能性が指摘されるからである。

次に、多消費世代人口比率は、1987年に30.1%でピークアウトしたものの、2006年に底入れして2016年の27.3%まで上昇している。その後は低下基調で推移しており、今後は時間をかけて1950年代と同じ20%水準に収束していくと推定されている。また、多消費世代人口増加率も、1987年まで総人口増加率を大幅に超えるケースが多かったため、耐久財消費や住宅購入を底上げしたと考えられる。図2-15で1970年代と1980年代を比較すると、1980年代に総人口増加率が大幅に低下したにもかかわらず、実質経済成長率が1970年代並みを維持したのは、多消費世代人口の増加ペースが高く、総人口に対する人口比率も上昇したからとみなせるだろう。

一方、図2-16で同期間を確認すると、インフレ率は9.6%から2.3%まで大幅に低下しているのはなぜか。1970年代のエネルギー価格の上昇が落ち着きを取り戻し、多くの財・サービスへの波及効果が大きい原油価格が下落に転じたため、1980年代の消費者物価は抑制されたと考えうる。1970年代の原油価格（WTI・米ドルベース）は年率で21%を超える上昇であったものの、1980年代にはマイナス1%になっている。1970年代よりも1980年代に、対円で米ドル安が進んでいるため、日本円ベースでもエネルギー価格は下落しているはず。だが、住宅をはじめとした不動産に対する需要は、多消費世代人口の増加を反映して1980年代に高まっている。わが国の住宅価格の詳細な長期データは得難いが、おおむね公示地価（全用途平均・全国）で代替すると、1980年代は7.7%程度の上昇となっており、**多消費世代人口のハイペースでの増加は、コモディティ価格や消費者物価よりも、不動産価格などに反映された**と言えよう。世の中は、バブル景気と持て囃され、一般的な財やサービスの物価は落ち着いていたものの、不動産や株式といった資産価格の上昇が顕著だった。高い多消費世代人口増加率や多消費世代人口比率は、資産価格上昇に影響したのである。

多消費世代人口数は、1988年に36.9百万人でピークを迎えており、奇しくも、不動産価格がピークを迎えた絶頂期である１９９１年と時期が近い。また、１９８０年代は、世の中は、バブル景気で盛り上がり、株式の売買高が空前の規模に拡大していた時期だ。あまりにも株式の売買高が多く、昼休みを延長することで、証券取引所の取引時間を短縮したほどだったが、株価指数のピークも１９８９年１２月であり、多消費世代人口の増加により資産価格のバブル化が進んだ時期と一致している。

第２章で見た人口動態の概略を整理すると、１９７０年代から１９８０年代にかけてのインフレ率の上昇は、中間層増加と、ベビーブーマーの成年化が、起爆剤となったものの、総人口増加率のさらなる低下、中間層増加ペースの緩慢化、ベビーブーマーの年金世代化により、１９７０年代のようなインフレ率の上昇は、２０２０年代以降に想定し難くなってきているとイメージできそうだ。

一方、このような長期的観測をベースにしつつも、モノ・カネ・データ・ヒトの分断加速は、物価上昇圧力としてはたらき始めている。また、人口動態要因でも生産年齢人口の減少は、ＡＩやロボット化が進むとしても労働集約型の賃金上昇圧力となって、一定程度、物価上昇圧力となる可能性がある。われわれは、グローバリズムの恩恵にどっぷり浸かっていただけに、その反動は、長期ベースシナリオを忘れさせるほどに私たちのインフレ観を揺さぶるはず。このような数百年単位の人口動態の変化と、数十年単位の政治経済の振幅を複眼的に見ていく必要があるだろう。次章では、国際政治要因に基づく物価変動について確認していくことにする。

第3章

数十年周期で振幅する国際関係の振り子

3.1

繰り返す「対立の時代」と「協調の時代」

▽25

国際関係と絡み合う経済

2020年前後から目立つようになってきた物価上昇は、国際関係の一段の悪化を主たる理由の一つとしている。これまでの国家や地域間の対立は見られたが、その頻度が目に見えて多くなり、その規模が明らかに大きくなり、物価を左右するようになっているからだ。脱産業化・情報化や総人口増加率の低下という物価下落圧力は継続しているが、国際関係悪化によるコストプッシュ・インフレが物価上昇圧力となって台頭しているわけである。第1章で示したように、コストプッシュ・インフレは、経済成長期待が高まり需要の増加を伴うディマンドプル・インフレとは異なり、原材料や労働力の供給に支障が生じて様々なコスト上昇が先導する物価上昇を指す。需要増によるディマンドプル・インフレであれば、好景気により人々の生活も良くなるため、将来に対する希望も持て、成長期待が高まるが、供給制約によるコストプッシュ・インフレでは、景気にマイナスの影響を与えるため、所得の拡大や成長期待も抱けない▽26。景気が悪化するにもかかわらず、物価上昇圧力が高まるのであるから、われわれの生活は苦しくなるため質が悪い。

わが国では、人々の所得が増えないのは、物価が下落するデフレに原因があるとされてきた。この問題解決のために、日本銀行はインフレ率が２％を安定的に上回るという目標を立て、異次元金融緩和という過激な政策を２０１３年から１０年を超える期間にわたり継続したのである。インフレ率が上昇すれば、景気も良くなると考え、政策金利をマイナスにするだけでなく、日本国債も大量に購入して、長期債利回りを抑え込んできた▽27。しかし、デフレが解消して、２０２２年にインフレ率が２％を上回ってきたら、その中味はコストプッシュ・インフレであり、一部の人を除けば、大多数の人々の生活は悪くなるばかり。このような状況は、今後も続くのか否か、多くの関心を集める課題となった。

脱産業社会化・情報社会化などの物価下落要因は、数百年単位の大きな構造変化だが、２０２２年のインフレ要因となった国際関係は数十年単位で「対立」と「協調」の循環を繰り返している。国際関係は、一方向に急速に悪化するというものではなく、悪化と改善を繰り返すことが想定されるため、数十年単位の「対立」の影響も、揺らぎつつ進行していく可能性が高い点は注意が必要である。おおまかに「対立」は物価上昇要因、物価変動率の上昇要因となる一方、「協調」は物価抑制要因、物価変動率の低下要因と捉えるならば、当面は「数百年単位の構造的な物価下落要因と数十年単位の国際関係悪化による物価上昇要因」が綱引きを演じる時代が続くと考えられる。この場合の物価変動率の上昇・低下とは、インフレ率そのもののブレを指す。一般的に、物価上昇期には、ジェットコースターのようにインフレ率が上下に大きく振れる傾向がある。インフレが急加速しているときに身構えると減速し、その減速で安心していると再加速するという具合に、先が読めない状態である。インフレ率が大きく振れると、計画を立てることが難しくなるため、生産性向上のための設備投資などが抑制され、経済にとってはマイナスの影響を与えるだけに注意したいところ。

以下では、この数十年単位で循環する国際関係を、「振り子」の振幅にたとえて説明したい。少し言葉を変えて表現するならば、物価をめぐる**「振り子の政治経済学」**と言って良いだろう。

▽２５
本章の内容は、詳述している平山（２００８・２０２１）を参照されたい。

▽２６
詳しくは、中野剛志（２０２２）参照。

▽２７
この他に日本銀行は、他の中央銀行により追随されることがなかった自国株式の購入を、ＥＴＦ（指数連動型上場投資信託）を通して実施している。その規模は、当初想定していた規模を超え、株式市場全体の時価総額の７％程度まで拡大したが、その出口戦略は今後の株式市場に大きな影響を与えることになるため、政策上の課題とされている。

絆が深まるほど粗が見えてくる

われわれは、これまでも数多の危機を経験してきた。注意すべきは、2022年のウクライナ、2023年の中東での戦禍に限らず、世界のいたるところで国際関係の悪化が経済にも大きな影響を及ぼしているという点である。政治と経済は切っても切れない関係にあり、**国際関係は、物価をはじめとする経済状況と密接に絡む歴史をたどってきた。**戦争当事国では、大切な人材や社会基盤を失い、非当事国でも、経済制裁によるグローバル経済の分断という犠牲を払うだけに、世界中の人々の生活に直結している。これは、お互いに相手がいなければ物事が成り立たないという**「相互依存性」**が高まった現代の特徴として大きくなりつつある。グローバル社会では、戦争は、戦地のみならず、多くの地域に打撃を与えるのである。われわれは、20世紀の戦争の教訓から、21世紀に同じ過ちを繰り返さないと誓ったものの、残念なことに再び対立の嵐が復活してしまった。この対立は、国家と国家の相克だけでない。国内政治にあっても主義主張の違いから対立の芽が拡大している状況は、見逃せない水準まで悪化している。米国の国内政治も分立し、党派争いが激しくなっているのが事例として挙げられよう。

しかし人類の歴史を繙けば、対立の時代が永遠に続くわけではなく、いずれ協調の時代に転じている点を忘れてはいけない。1970年代の中東戦争や米ソ対立も、1990年代には東西冷戦の終結によりグローバリゼーションの時代に大転換したのは記憶に新しいところ。かつて、多くの国を跨いでの交易の果実を得て、多くの人々がフラットな社会を謳歌していたのが思い返されるであろう。この協調の時代も、再び対立が目立つ時代に変化している。このように**国際関係は、数十年周期で対立が深まる時代と協調を深める時代が繰り返されるというリズムを打っているのである。**

対立と協調が周期性をもって繰り返しているならば、過去、現在、未来の位置取りを整理しやすいのに気がつくだろう。過去の政治経済の動きを整理し、現在がどの局面に位置づけられ、そして将来はどうなるのかというイメージを描けるからだ。マーク・トウェインが指摘するように「歴史は繰り返さないが韻を踏む」ならば、全く同じ事件や現象は生じないものの、過去のパターンやリズムは繰り返される可能性がある。１０００年前の人間も１００年前の人間も、同じ人間には違いないのだから、直面する危機や事件への反応が大きく異なることもないだろう。むしろ、半世紀前、１世紀前の出来事をリアルに経験している人々はすでにリタイアしているケースが多く、「こうすればよかった」という教訓は活かし難い。それだけ、数十年単位で発生する危機に対しては、まるで初めて人類が直面した課題のように取り組むはず。それだけに、人間のもつ自然体の反応がそのまま表れる。そして、素のままの人間の反応は、似たようなパターンやリズムを人間社会に生じさせるわけだ。

見ず知らずの人のことは理解できないが、話をすれば、いずれお互いの良いところを発見でき、友人になれるものだ。しかし友人同士でも仲良くなればなるほど、親交が浅い時に見えていた良い部分だけでなく、相手の悪い部分も目立って見えてくるはず。絆が深まるほど粗が見えてくるようなものである。同じように国家同士も、最初は対立していても対話が始まると、協調関係が生まれる。しかし協調の時代が長く続けば、それだけ密接な時間が長くなり、相手国の嫌な部分も目立って見えるようになってくる。協調の流れが水嵩を増し、それが行き過ぎると再び極限を迎え、対立へと踝を返すわけである。この嫌な部分の積み重ねが対立につながり、時として戦争にもなるが、戦争も永遠に続けるわけにはいかないため、いつか和解の時が訪れる。国家間の対立の度合いが高まり極限に達すると、大きな転換点を迎え、その後に大きな反転、つまり協調の時代へと国際社会が舵を切るのである。たとえるならば、時を刻む振り子時計の振幅のようなものと言ってもよいだろう。その振幅の期間を特定することは難しいものの、少なくとも20世紀の歴史を確認していくと、国際政治経済社会は、数十年単位で**「対立と協調の振り子」**を行き来してきたと考えると合点がいく。

国家同士が対立する不安定な国際情勢は、物価や経済環境の不確実性を高め、人々に将来の見通しを描きにくくさせる。逆に国際協調による社会の安定化は、物価の急激な上下動の発生を防ぎ、将来見通しについての不透明感が晴れ、自信をもって経済活動に勤しめるようになるだろう。この対立と協調の振幅についての概略を「振り子」で図示したのが図3-1である。

●図 3-1　数十年単位で振幅する「対立」と「協調」の時代

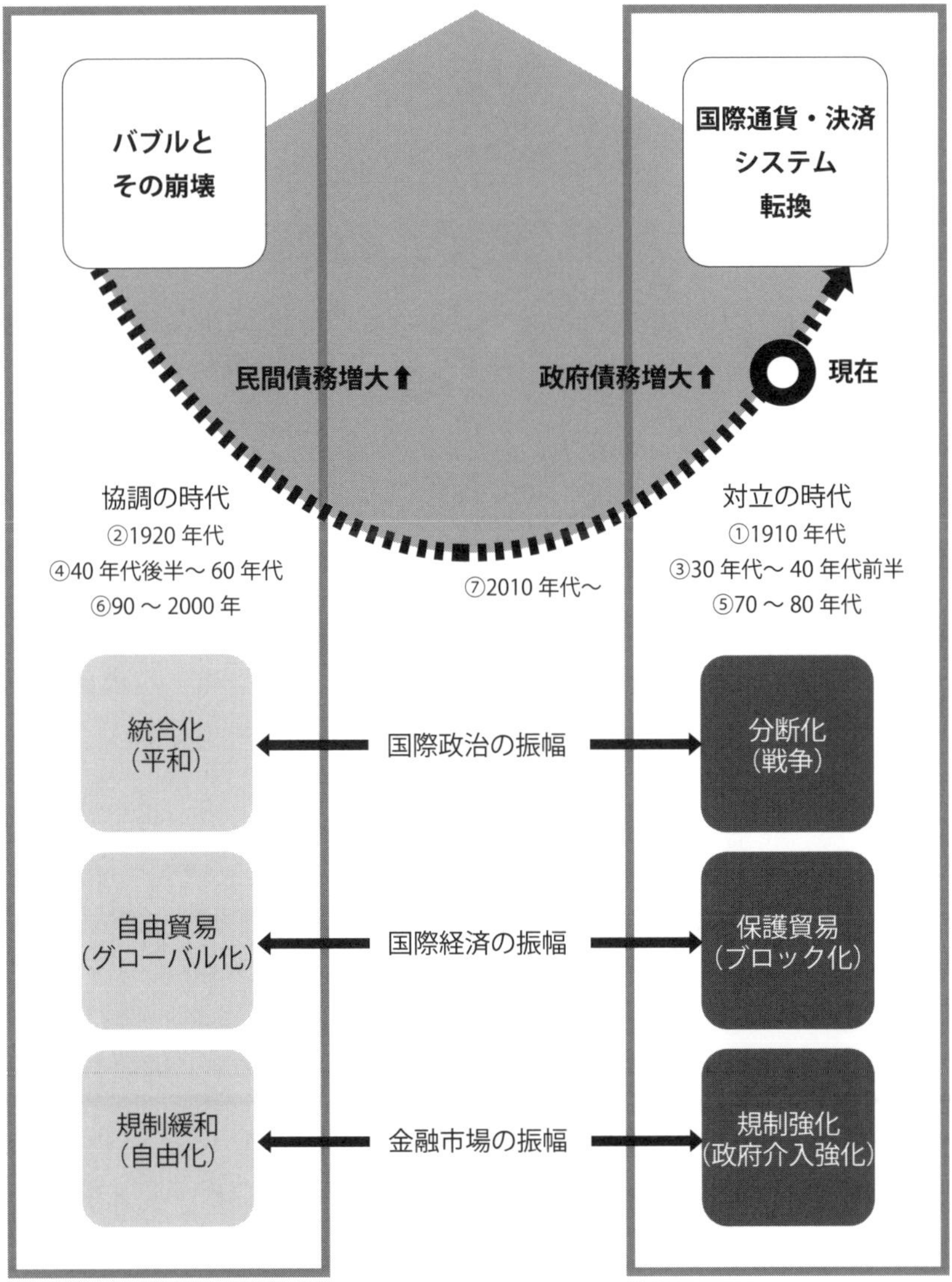

図3-1は、振り子が右に振れる局面を「対立の時代」、左に振れる局面を「協調の時代」であるとイメージしている。右に振れている局面は、戦争・紛争により世界が分断される分裂化の時代である。20世紀は、世界中を巻き込み、複数の勢力に分断されて対峙する時期を繰り返してきた。経済成長率は低下し、金融市場が不安定になるため、政府や国家は、金融市場に介入することで、何とか安定を保たせようとする。民間の自由な活動が減退するだけでなく、政府により民間の勢いに手枷足枷が架されるため、民間企業は自律的な経済活動を行うよりも政府に依存する空気が世の中を支配する。一方、振り子が左に振れている局面は、平和の流れが加速し、企業などの民間部門が好景気を謳歌する時代である。政府からの介入も減り、規制が緩和されて自由な経済活動が許される。

この**対立と協調の振幅は、対立が深まる振れが極限まで振り切ると、協調の振幅への逆行が始まり、対立関係を解消しながら、徐々に協調関係が浸透する。この協調の振れが極限まで達すると、対立の振れに転じるという「振り子」の振幅が繰り返される。**以上の対立と協調の振幅についての概略を踏まえ、この対立と協調の時代の特性について、以下ではそれぞれの特徴を、国際政治の振幅、国際経済の振幅、金融市場の振幅という三つの側面から確認しよう。

自由に国境をまたげなくなったヒト

国際政治の振幅という側面から見ると、**対立の時代には、国家や地域毎に分裂化が進み、紛争もしくは戦争が頻発する。**第１章で概略を示したように、２０世紀以降では、①第一次世界大戦が勃発した１９１０年代、③第二次世界大戦に至る１９３０年代から４０年代にかけて、⑤中東戦争と米ソ冷戦が深刻化した１９７０年代から１９８０年代にかけて、そして⑦２０１０年代以降が当てはまる。米トランプ政権発足以降に表面化した米中対立の深刻化や、２０２１年のＢｒｅｘｉｔ（英国のＥＵ離脱）、そして２０２２年のウクライナ紛争など、２０１０年代の対立は深刻さを増して２０２０年代に引き継がれている。尚、グローバル化の動きにブレーキがかかったのは、２０００年代初頭の同時多発テロ（２００１年９月）にその端緒を求めることができ、その後のテロとの戦いも**「対立の時代への序曲」**として位置づけられよう▽２８。

われわれは、１９８９年にベルリンの壁が崩れ去ったときに、今後は世界の戦争は一切なくなり、対立の世紀は終わったと楽観しただろう。しかし、歴史は、この楽観を許さなかった。単純な「文明の衝突▽２９」という図式を超えて、現在は、米中対立という枠組みだけでは単純化できない分断の時代に至っている。グローバリズムに対して、現在は反グローバリズムの動きを加速させており、時間経過とともにその度合いは深まっている。少なくとも、2020年代初頭は、協調への転機になると楽観できる材料に乏しいのが現実であろう。

その逆に**協調の時代は、国家や地域の枠を越えて統合化が進み、政治的な対立が減少する**。これは、平和の時代と表現してもよいだろう。国家という堅いイメージの壁は消失し、国家の存在を前提とした「インターナショナル（国際）」という言葉よりも、国家の枠組みを超えた「トランスナショナル」という言葉が使われるようになった。さらに、国家という壁を超えて人々がつながり合う地球規模での「グローバル」という言葉が多用されるようになったのは記憶に新しいところ。20世紀以降では、②国際連盟が発足した1920年代、④国際連合が設立された1940年代後半から1960年代にかけて、⑥ベルリンの壁崩壊や冷戦終結を宣言したマルタ会談の1989年を起点とした1990年代から2000年代が該当する。この⑥の時代は、欧州統合やグローバル化（グローバリゼーション）により世界中の人々が国境を越え自由に行き来し易くなった時代である。

ところで、分裂化と統合化の流れは、政治的な動きだけでなくヒトの動きも伴う。現在は、**対立の時代⑦**の局面に位置づけられ、その分裂化、分断化の度合いが時を経るに従い高まり、ヒトの移動が政治的対立により難しくなる局面をしばしば経験するようになっている。われわれが、**世界中を自由に移動しやすくなったのは、協調の時代であり、対立の時代に自由度は抑え込まれ、移動の壁が立ちはだかる**

ようになる。

旅行やビジネスといった短期間の他国滞在の自由度も、対立国間では難しくなる。まして、永住を前提とする移民受け入れについては、自国内の安定を図るために抑制する圧力が高まっている。協調の時代には、ヒトの壁は低くなり、門戸が開放されたものの、対立の時代には自国優先の立場が強調されているというのは実感にも合う。英国におけるＢｒｅｘｉｔや、トランプ政権下の国境の壁建設などは、移民の増加を抑制したいという課題認識が背景にあると言えよう。

ただし、人々の経済社会的、政治的移動欲求は大きく、一時的に政府による規制が強化されてもヒトの移動を遮ることはできない。⑥のグローバリゼーションを経験し、さらに情報技術・機器の発展によるグローバル・コミュニケーションの普及・浸透が加速するという社会構造の変化は、政治的分断の壁を超えて結びつくヒトのネットワークを遮ることは難しいのではないか。多くの人々が平等につながり，遊び、結びつき、協力し合うことができるようになる「フラット化する世界▽30」が浸透した後に再起動された「対立」の時代は、従来の①、③、⑤の対立の時代とは異なる。**産業社会を前提とした地政学的な政治対立と、情報社会を前提とした地政学的な政治対立では、国家の枠組みを超えた相互依存性が異なる**ため、従来の自国優先主義や孤立主義、ブロック主義を貫徹するのは難しい点は注意が必要だろう。

以上の時代区分を改めて確認すると次のようになる（再掲）。

対立の時代①；１９１０年代（第一次世界大戦）
協調の時代②；１９２０年代（戦間期）
対立の時代③；１９３０年代～４０年代前半（第二次世界大戦）
協調の時代④；１９４０年代後半～６０年代（戦後復興期から経済成長期）
対立の時代⑤；１９７０年代～８０年代（第四次中東戦争、米ソ冷戦）
協調の時代⑥；１９９０年代～２０００年代（グローバリゼーション）
対立の時代⑦；２０１０年代以降（ウクライナへのロシア侵攻、米中対立）

▽２８
平山（２０２１）等では、対立の時代を２０００年代以降としてきたが、本書では物価などの経済事象の振幅に焦点を当て、２０１０年代以降を対立の時代としている。
▽２９
Huntington, S. P. (1996) 参照。
▽３０
Friedman, T. L. (2007) 参照。

3.2

絡み合う国際経済の振幅と金融市場の振幅

経済関係と絡み合う金融市場

国際経済の振幅という側面から見ると、**対立の時代には、親交が深い国同士でまとまり、対立国との壁が高くなるため、経済のブロック化が進みやすい**。特に、モノ（財・サービス）の交易ネットワークが分断されて、自国を優先する経済政策が採用されやすくなる。多くの地域との交易ネットワークが分断され、保護貿易が台頭せざるを得ない。世界中で、最も安価なところで材料を仕入れ、賃金が最も安いところに工場を建てて生産し、世界中のあらゆるところに製品やサービスを販売するのが自由貿易・グローバリゼーションの大きなメリットであった。しかし、保護貿易の台頭は、この効率化を推進するグローバル企業のサプライチェーンを許さない。

企業に対して政府は、自国で製品を販売したいのであれば、工場も自国に建設し、自国での雇用を拡大させろと干渉する。自国優先の経済政策は、経済の効率性よりも、雇用の拡大、失業率の低下を目論むだろう。その延長線上には、関税を高くして、自国経済のみを保護する世界が待ち受けている。一つの国が関税を高くして、特定国からの輸入を拒絶するならば、この仲違いが伝播し、世界中に拡散するだろう。経済的分断が、世界各国で相互にエスカレーションし、さらに分裂、対立が深刻化するわけだ。政府による市場介入は、コストアップや売上減少となって、グローバルに展開する企業の足を引っ張る。影響力の大きなグローバル企業の減退は、取引先企業を通して、最終的にはあらゆる企業や個人にマイナスの影響が及んでいく。時間の経過とともに、これまで自由な取引を通して活躍していた企業や個人にとっては、手枷、足枷となって経済行動を鈍らせるのである。このように保護貿易が台頭するブロック化の時代は、企業業績にも暗雲が漂うため、さらに株式市場も不安定化するだろう。

前節の国際政治における時代区分に則って整理するならば、対立の時代は、経済に対してそれぞれ、次のような影響を与えていた。

対立の時代①：ドイツによる３Ｂ政策と英国による３Ｃ政策の対立による分断の過熱化

対立の時代③；植民地を含むブロック経済化の加速
対立の時代⑤；石油輸出国連合（ＯＰＥＣ）による石油ショックと非産油国との分断
対立の時代⑦；権威主義地域と自由主義地域との経済的分断

いずれも経済的分断が、政治的対立に共鳴して、世界中に壁が高く立ちはだかった時代と言えよう。

一方の協調の時代は、国際関係が良好になり、世界中が一体化・統合化されるため、国家や地域の枠を越えたグローバル化が進む時代である。協調の時代には、自由貿易が拡大し、従来実績の無かった地域との交易も活発化する。より質の高いモノをより安く購入でき、販売先も世界中に拡がるだけに、企業にとっても好都合だ。また、企業は、より安い労働力を求めて、生産拠点・工場を海外に移転させ、低コストでの国際分業による利益を享受する。国際関係の好転は、グローバル・サプライチェーンの構築を通して、民間部門に多くの利益をもたらし、さらにそれが税収となって政府の財政改善に貢献するという、プラスのスパイラル・連鎖がはたらくわけである。民間企業の業績や成長期待も高まるので、株式市場にも追い風が吹きやすい時代と言えよう。

この協調の時代を国際政治における時代区分に則って整理するならば、協調の時代は、経済に対してそれぞれ、次のような影響を与えていたと言えよう。

協調の時代②；戦後復興による好景気
協調の時代④；戦後復興による経済再生
協調の時代⑥；東欧諸国や中国のグローバル化による経済発展

いずれも経済的統合が、政治的協調に共鳴して、世界中が一体となって経済活動を活発化させた時代と言えよう。特に協調の時代⑥は、大いなる安定期（グレート・モデレーション）と言われ、将来に対する期待感が大いに高まった時代でもある。

血流が悪くなるモノ（財・サービス）とカネ

もう少し詳しく見てみると、次のようになる。

国家間、もしくは地域間の対立が深まり、貿易に支障が出始めると、モノ（財・サービス）の流れに目詰まりが発生する。本来、世界の貿易が活発になれば、より安い価格で必要とするモノを購入する機会が増え、より高い価格でモノを売るチャンスが拡がる。そのため、世界経済全体にとっては、自由貿易が活発になり、モノがグローバルに循環できるように仕組みつくりが推進されてきた。ＷＴＯ（世界貿易機関）やＴＰＰ（環太平洋パートナーシップ協定）も、その自由貿易のための大掛かりな仕組みの一種であったわけだ。

反対に、輸出や輸入が国際関係の悪化により滞るようになると、より安価での購入や、より高値での売却のチャンスが減るため、経済成長にとってはマイナスの影響をもたらす。効率的なモノの移動が難しくなり、想定以上に高い価格で購入せざるを得なくなり、より高く売るチャンスが失われるからだ。世界中がいくつかのブロック（仲良し同盟）に分断され、経済利害が政治対立と結びつくならば、それだけ悪影響が経済に及ぶ。１９８０年代末から２０００年代にかけての**協調の時代**⑥の局面では世界中をモノが行きかうことで、お互いの国や地域が融合していく相互依存の世界であり、政治的な対立も忘れ去られていた。しかし、その後、**対立の時代**⑦の局面では、国際関係悪化とリンクして世界貿易の後退や保護貿易が台頭している。

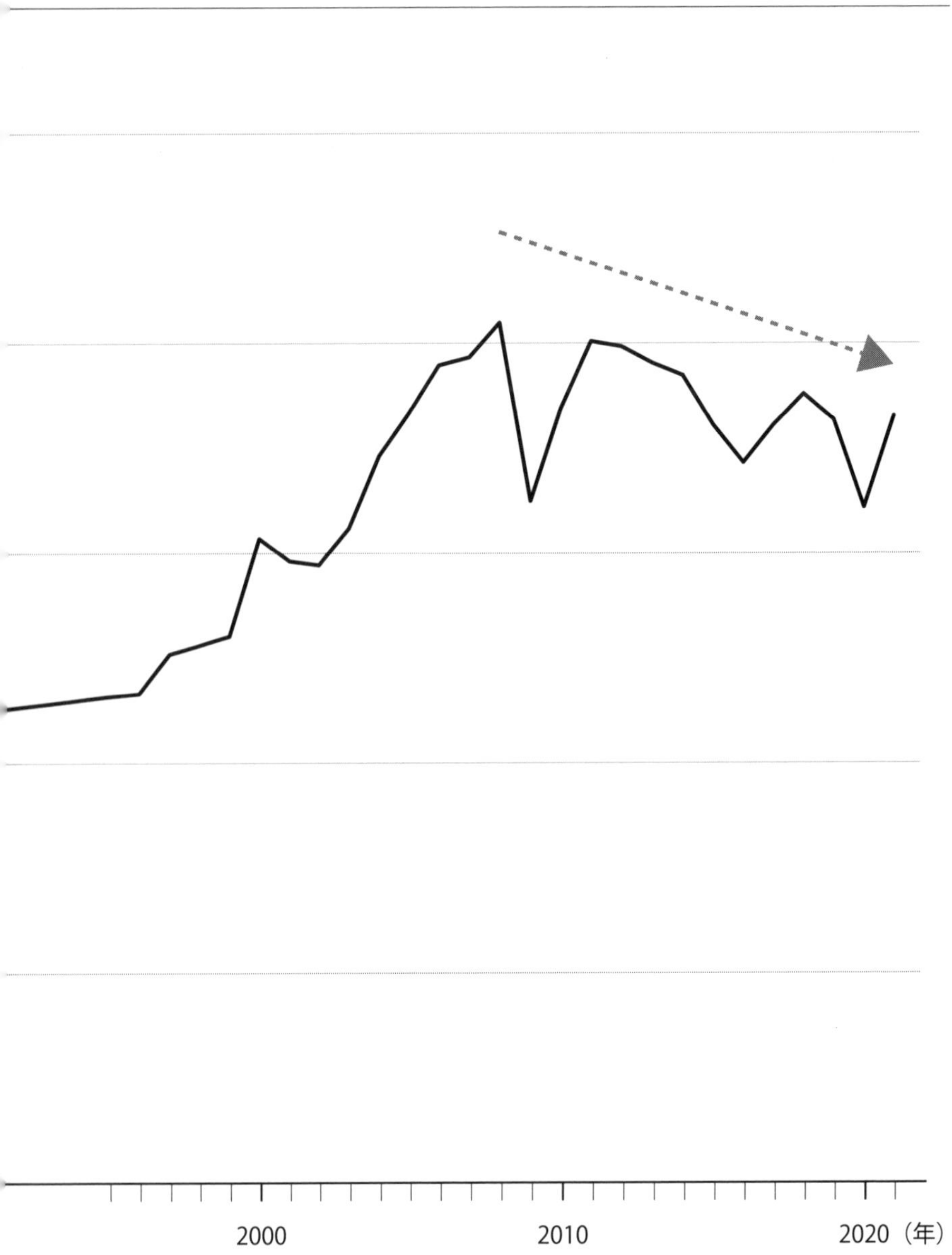
2000
2010
2020（年）

●図 3-2　世界の財・サービスの流れ

出所：世界銀行のデータを基に作成（1960 年～ 2021 年）

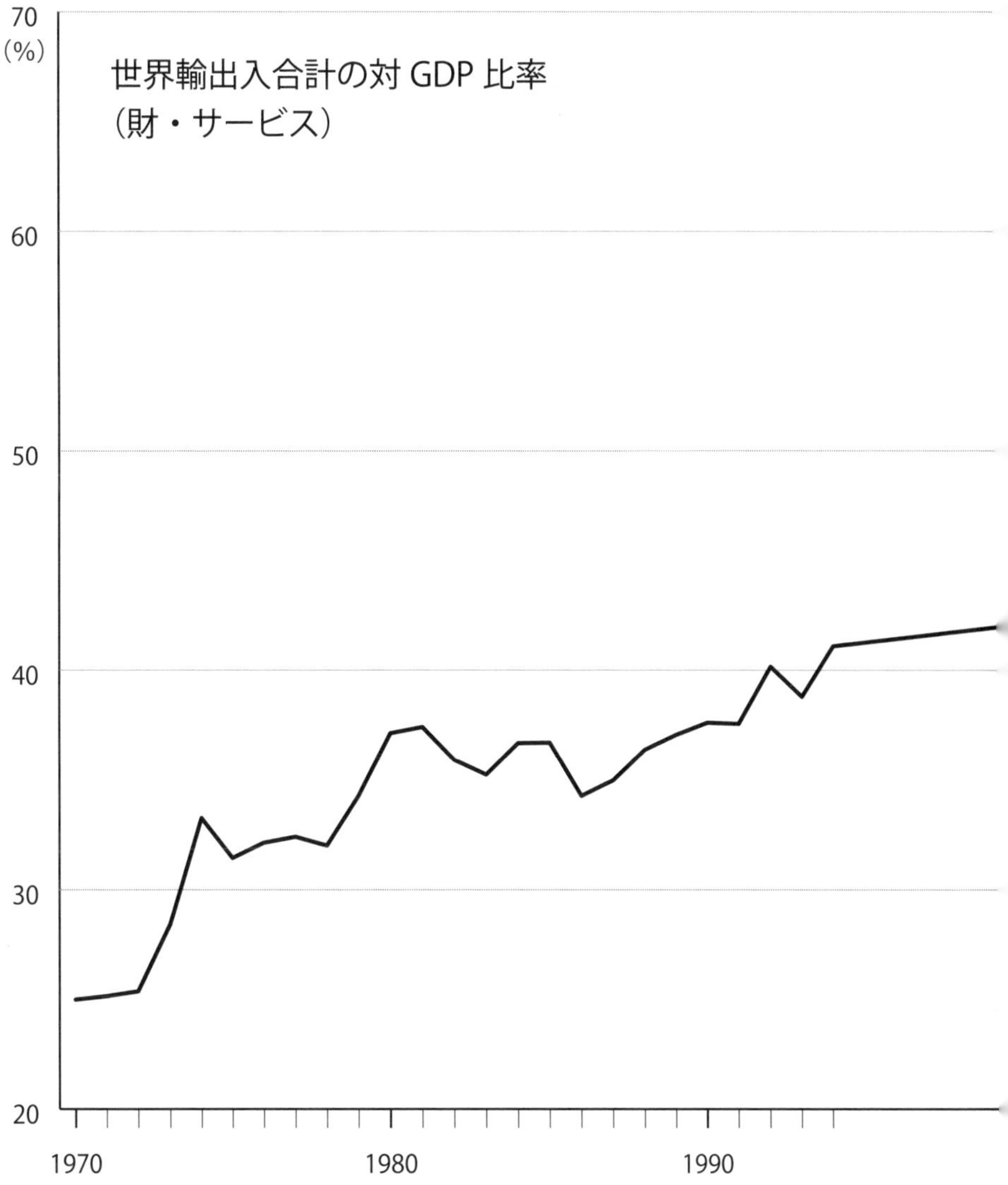

図3-2は、世界の貿易額（財・サービスの輸出入合計）の対GDP（国内総生産）比率を示している。世界中を駆け巡るモノ（財・サービス）は、経済規模に応じて拡大する傾向がある。世界の経済規模は、1年間に生み出される各国の国内総生産を合計したもので示せるため、世界の輸出入の合計額を世界のGDPで除した比率は、世界中の経済の結びつきの強さを示す度合いと言ってもよいだろう。世界輸出入合計の対GDP比率は、グローバル化の指標なのである。同比率は1980年代に約35％で頭打ちになっている。これは、**対立の時代**⑤の後半には、世界輸出入が滞っていたことを示していたが、1990年代から2000年代にかけて急上昇し、2008年には61％にまで至っている。**協調の時代**⑥に、より多くのモノやサービスが世界中を駆け巡ったことを示している。特に21世紀に入ってから中国をはじめとした新興地域経済の発展を背景にハイペースで拡大したからと考えられよう。しかし、グローバル金融危機（2008年）以降は低下基調での推移となっている。

2021年には、新型コロナ・ショックからの回復による反動増により上昇しているものの、2010年代以降低下圧力が強くはたらいていると言える。新型コロナ・ショックによる世界貿易の減少と、アフターコロナの回復による反動上昇の局面が去った2020年代には、米中間の貿易戦争過激化の暗雲が立ち込めている。**対立の時代**⑤の後半と同じように、**対立の時代**⑦も国際的な財・サービスの流れが頭を抑えられ、血流が悪くなっているのである。いずれにしても、**対立の時代が鮮明にな**

る中で、世界経済の分断はグローバル化の流れを堰き止め、自国優先の保護貿易化の道を歩み始めてきたのである。

尚、**対立の時代⑤**の前半は、世界輸出入合計のＧＤＰ比率は上昇しているが、原油価格の急上昇による貿易額の増加によるものと考えられる。原油価格の上昇がおさまる１９８０年代前半には同比率が低下していることからも、対立の時代に国際間のモノの移動が抑制される傾向があった点は否定しがたいだろう。

次に同様に、表3-1で、世界の外国為替取引高（スポット取引）をＧＤＰで除した対ＧＤＰ倍率を確認してみたい。外国為替取引高は、世界中を駆け巡るカネの流れを示し、１年間の経済活動の結果であるＧＤＰと比較すると、相対的なカネの流れをイメージすることが可能であろう。１９８９年が５.７倍であり、経済規模よりもはるかに多額の資金が世界中を巡回していたのが確認される。国際経済では、貿易取引に加え、金融取引の果たす役割や影響が格段に大きくなっている点には注意が必要であろう。実態経済を伴うモノ取引（リアル）を遥かに超えたカネ取引（バーチャル）について、カネの流れが滞り始めたときの混乱は深刻なショックを世界中にもたらすからだ。

●表 3-1　世界のカネの流れ

出所：国際決済銀行および世界銀行のデータを基に作成

暦年	外国為替取引額（兆ドル）	GDP（兆ドル）	対 GDP 倍率（倍）
1989	115.7	20.2	5.7
1992	143.8	25.4	5.7
1995	180.4	31.0	5.8
1998	207.3	31.5	6.6
2001	141.0	33.6	4.2
2004	230.3	44.1	5.2
2007	366.8	58.3	6.3
2010	543.5	66.6	8.2
2013	747.0	77.6	9.6
2016	603.1	76.5	7.9
2019	722.3	87.7	8.2

（注）外国為替取引はスポット取引

既に２０１０年代に入り、経済規模を上回るペースで拡大していた貿易活動は頭打ちになっており、国境の壁を超えた経済取引（実像）の影にあたる金融活動の動きも注視すべき段階に至っている。この外国為替取引額の対ＧＤＰ倍率は２０１３年９．６倍まで増加していたものの、２０１６年および２０１９年は８倍前後で頭打ちになっているのが確認される。実態経済をはるかに上回るカネが世界中を巡回しているが、貿易戦争だけではなく、外国為替戦争や資本戦争という様相にまで、大国間の対立がエスカレーションするならば、破壊的な影響を世界経済に与える可能性が危惧される。

金融市場の振幅という側面から見ると、ブロック化とグローバル化は、モノだけではなくカネの動きも伴うはず。対立の時代には壁が立ちはだかり、自由なカネの移動が滞るものの、協調の時代には自由化され開放されるからだ。**対立の時代には、自国優先の流れが足を引っ張り、世界中の自由な貿易に歯止めがかかるだけでなく、国際的な決済も滞るなど、カネの流れも緩慢になる。**資本の自由な移動が抑え込まれるため、金融市場の効率性や流動性にも歪みが生じやすくなるわけだ。グローバル化が進む企業の業績にも暗雲が漂うため、株式市場が不安定化する懸念が生じると言えよう。一方、協調の時代は、企業の業績拡大期待も高まり、株式市場も想定以上に上昇しやすくなり、最終的にはバブルに至ることもある。

２０１０年代以降の**対立の時代**⑦は、国際政治経済における対立の度合いが年を追うごとに加速しているが、アフターコロナの2022年以降、ウクライナ紛争や米中対立の激化により、カネの分断もさらに顕著になっている。経済制裁の強化は、グローバル社会を分断し、モノに加えカネの循環も滞り始めているのである。対立する地域への資本投資も規制され、海外滞留資金を自国に還流させることが推奨されるなど、カネの流れにも政府による介入が高まっているのである。

政府の締め付けが強くなるとき、緩まるとき

対立の時代には、不安定な政治経済環境が金融市場にも反映される。**紛争や戦争が続けば、人々の心も落ち着かないのと同じように、金融市場の変動率（ボラティリティ）も高まる**のである。所詮、株価や外国為替レートと言っても、株式市場や外国為替市場で売買をする人間（市場参加者）により決定されるものであり、人々が抱く心理状態が社会心理となって金融市場にも影響するからだ。興味深いことに、政治経済の状況が金融市場に影響するだけでなく、金融市場の価格変動が大きくなり、将来の見通しが難しくなると、それがブーメランのように政治経済そのものをさらに不安定にする。そして、その政治経済の変動が、さらに増幅されて金融市場の揺らぎとなるだけに厄介だ。人々の不安が不安を生むように、市場の不安定さがさらに不安定さを生むという、言わば変動の自己増殖である。当然、社会の

秩序を保とうとする政府や為政者は、混乱を収めるために金融市場の変動を抑え込みたいはず。そこで、政府は、混乱する金融市場が安定するように介入（規制）するのである。

たとえば、社会経済が良い方向に向かっているときに、金融市場が好感しているならば、介入する動機は、政府には生じない。しかし、国債市場が大暴落して（国債利回りが急上昇して）、その動きが将来の経済動向や政府に対する不安を掻き立てるようなときは事情が異なる。このようなときには、政府は、自らの資金で積極的に国債を買い支える市場介入を実施する。国債利回りが高まると、経済活動に必要となる資金を調達するハードルが高まるため、経済にマイナスの影響を与えるからだ。歴史を繙けば、太平洋戦争を戦った日米両国ともに、１９４０年代前半には国債を買い支えることで、国債利回りが上昇しないようにしている。現代も、わが国経済が外国為替レートの変動に左右されるため、日本政府が外国為替市場介入を実施しているのも一つの事例。円高が急速に進んだ時には円売り・米ドル買い介入を、円安が急速に進んだ時には円買い・米ドル売り介入を行い、外国為替レートの変動を抑制しているのは記憶に新しいところ。金融市場の自由な価格決定に委ねておけば、混乱が混乱の増殖を生む可能性があるからだ。

この**「規制強化が進む政府介入の時代」**は、金融市場の価格や、経済社会の物価水準にも政府の手がおよび、カネやモノの需要と供給に応じた価格形成が阻害される。金融市場は、自由な売買、規制を受けない取引により、適切な価格と取引量が決まるべきであるという考えがある一方で、必ずしも、そのような純粋な取引だけで市場が運営されてきたわけではない。有名な経済学者であるアダム・スミスの「神の手」により、市場価格が決定するのは、一定の条件が整う限定された場合であり、歴史を紐解くと、政府や権力者による干渉や介入は、多かれ少なかれ存在していた。通常は、需要が多いのに供給が少なければ、価格が上昇することを通して、「高価格なら購入しない」「高価格なら販売したい」という人々が増加し、需要減少、供給増加により調整がうまくいく。需要が少なく供給が多ければ、価格が下がり同じように調整機能がはたらくはず。しかし、このような需給の偏りに基づいた価格変動が大きくなるのを避けたい政府は、価格決定に介入し、上昇の行き過ぎや下落の行き過ぎが発生しないように介入するわけである。

この動きは、金融市場だけではなく高騰する物価やエネルギー価格を抑え込むための政策なども当てはまる。財やサービスといった実物取引の価格形成にも影響を与えるわけだ。第二次世界大戦期に、わが国は国債市場等に介入しただけでなく、物価についても公定価格を設定して、急激な上昇が発生するのを抑え込んでいた歴史がある。現代においても、ガソリン価格の急上昇が国民生活に悪影響を与えるのを回避するために、政府が補助金を支給することでガソリン価格の上昇を抑制する事例などが思い当たるだろう。第４節でも触れるが、国際的な対立や円安により原油市場で上昇した原油価格の影響を回避するために、ガソリン価格に対する政府介入を実施したのである。このように対立が深まる時代には、価格変動率が高まる傾向があるため、政府の干渉が度重なることになる。

中国やロシアのような政府の権威・権限が特に強い社会では、政府が様々な価格を決定する傾向があるとイメージしやすいが、欧米や日本にあっても、価格決定に政府は介入している。選挙により政権を選択することを通して、政権交代が可能性な社会では、行き過ぎた金融市場の変動や不安定化が政権支持率を低下させるため、市場の安定は優先度が高いのである。そのため、株価が大幅に下落するときや、外国為替レートが大幅に変動する際には、政府は、金融市場への介入を繰り返すのである。価格変動が社会不安を高めるのを回避するために、市場の自由な価格決定機能よりも政治的安定を優先するわけである。**価格変動幅が大きくなる対立の時代には、いっそう政府の介入が強くなる**と考えてよいだろう。

大概のケースでは、さすがに市場参加者は、強力な政府の動きに適応するため、市場の変動性は抑制されて、名目上の変動は抑え込まれる。だが、将来の変動のマグマを溜め込むように市場の歪みは累積され、経済システム全体の脆弱性が高まり、将来の不安定化の要因に結び付くことには注意が必要だ。実際に、対立の時代に、政府の規制や介入が強化された後に、矛盾を抱えた経済システム自体が維持不能に陥り、崩壊に至るケースは頻出している。経済システムを新たにつくり変えざるを得ない状況に追い込まれるケースといってよいだろう。

このような政府介入により矛盾をかかえて、既存の仕組みが崩壊した後には、新たな体制が再構築される。対立を前提としたシステムが崩壊するタイミングで、振り子の振幅が振り切り、その衝撃を伴いつつ構造転換が促されると言ってよいだろう。対立の矛盾の行き詰まりは、対立を前提としない新たなシステムの構築につながり、対立の消失と、協調への転換に至ることになる（この転換期については次節以降で詳しく見ていきたい）。

一方、協調の時代には、政治経済環境が安定しているため金融市場や実物資産市場も穏やかな価格形成を保つ傾向がある。市場のボラティリティは低く、将来に対する見通しも立てやすいため、経済活動の足を引っ張ることもない。このようなときに政府は、敢えて介入することを控え、自由な民間企業等の活動を後押しするだろう。政府や国家による干渉や介入も減退するため**「規制緩和が進む自由化の時代」**とも言える。需要と供給の違いが、市場の価格形成を通して円滑に調整されるため、政府が介入する余地は限られる。そのため「市場の時代」と呼んでも良いかもしれない。世の中の協調が確保されているからこそ、市場は気兼ねすることなくその機能を発揮できるわけである。しかし、この自由は弛緩を生み、弛緩は放縦に至り、金融市場は自己暴走に至るようになる。介入の行き過ぎや、自由の行き過ぎは、振り子の振幅を極端に振り切らせる政府の失敗や市場の失敗を生むわけだ。

3.3

協調の時代が煮詰まりバブル崩壊に

違いが儲けを生み経済活動を活発化させてきた協調の時代

協調が行き過ぎ対立へと転じる振幅の極地では、**「バブル崩壊」**といった経済システムへのショックが発生する可能性が高まる。それまでの振幅の方向とは逆方向に世の中のトレンドが変化するだけに、大きな衝撃となって経済システムを強烈に揺るがすわけだ。協調の時代が極まると、債務を拡大させた民間部門の問題がバブル崩壊、金融危機の発生に発展して世界経済を揺さぶるのである。逆に、対立から協調へと転じる極地では、**「国際通貨・決済システム転換」**が生じる。ただし、この国際通貨や決済システムの大きな変化は、協調へと転換する極地の時期に加え、対立の時代の途中経過でも、しばしば発生している点は注意しておきたい。対立の時代には、その極地で市場介入や規制強化により債務を膨らませた政府・中央銀行の問題が通貨危機として噴出すると考えると理解しやすいのではないか。また、その過程でも公的部門の債務拡大が、通貨そのものの信認を減退させて、通貨危機に陥ることもあると言えよう。

前者の民間債務の拡大の場合には、緩やかなディマンドプル・インフレは生じるものの、むしろ株式や不動産などの資産価格上昇が顕著になりやすい。そのため、消費者物価指数の急上昇により、家計の生活環境が急に悪化する事態には至らない。後者の場合には、急激なコストプッシュ・インフレが生じ、さらに政治環境の好転と悪化に応じて、インフレ率の急低下と急上昇を発生させるなど、不安定な経済状態に陥る可能性が高まるのである。

それでは、この二つの過程について、協調の時代が煮詰まるバブルに関しては当節で確認し、対立の時代で拡大する政府債務の拡大については第４節で見ていくことにしよう。

まず、協調の時代には、民間による経済活動が活発になる。世の中に存在する価格差を利用した裁定取引が活発化するのである。第１章で確認した、違いを求めて拡大する資本主義が貪欲に加速するわけである。裁定取引とは、アービットラージとも呼ばれ、証券取引などで使われる専門用語。価格変動において、同一の性格を持つ２つの株式や債券といった証券間で、割安な方を買い、割高な方を売ることにより、理論上リスクなしに利益を確定させる取引のことを言う。証券取引に限らず、本来は、同じ価格であるはずの同じ機能を有するモノ（財・サービス）も、何らかの事情で価格に違いが生じていると、民間の自由な経済活動が活発ならば、この差に着目して、高い価格を売却して安い価格を購入する動きが加速するだろう。すると割安な商品の価格が上昇し、割高な商品の価格が下落して、両者の乖離がなくなることで、割高・割安な状態が解消される。このように価格差が生じているような非効率な市場で、その歪みが修正され、価格差が解消されていくのが裁定である。「効率化」とも呼ぶ。多くの経済活動は、企業や事業家が、何らかの差異に着目して価格差を解消する際に利益を確保していくプロセスである。「複数の価値体系の間に差異があれば、その際を媒介して利潤を生み出す。差異性こそが利潤の源泉である▽31」わけである。

しかし、政府の介入が強化され、自由な経済活動に規制が導入されると、価格差が修正されずにそのまま温存される、もしくは価格差が拡大する傾向がある。たとえば、輸入する小麦価格が上昇しているにも関わらず、国民の負担を軽減するために、政府が、小麦の小売価格を低いまま抑え込むことがある。政府は、補助金を業者に渡して、市場で上昇している小麦価格を意図的に引き下げるわけだ。このとき、企業や事業家が裁定取引を行っても、価格差は解消されずに維持されて、非効率な状態が持続するだろう。

一方、協調の時代には、この規制が少なくなり、民間の自由な活動が促進されるため、世界中に存在していた非効率な部分が修正され、市場の歪みや無駄がなくなる。無駄が多いということは、価格の格差が大きいことを意味する。それだけ、民間の経済活動にとって、協調の時代のスタートラインは、儲け、利鞘の大きい利益率の高い状態であり、非効率性が高いほどビジネスチャンスは増え、経済成長率にもプラスに貢献する。このように価格差に着目した裁定取引は、物価が安定しているため政府の干渉が少なくなる時代、つまり協調の時代に活発化する傾向がある。見方を変えると、活発な民間活動は価格差を縮小させる過程で、価格がより効率的に決定されるようになるため、急激な物価上昇圧力も生じにくくなるだろう。

▽31
岩井（2000）、99頁（文庫版、2006年）参照。

儲けが少ないならば大金をつぎ込めばいい（レバレッジへの傾斜）

いずれにしても、協調の時代に、この差異を活用した効率化の動きが進展し、対立の時代に抑制された経済活動が再起動する。だが、この**効率化の動きは、経済活動が活発化するというポジティブな側面がある一方、小刻みな価格変動が発生するというネガティブな側面もある**点には注意が必要だ。協調の時代は、民間部門が主役になる時代。様々な経済環境の変化や需要と供給の変化に応じて、瞬時、瞬時に自由かつダイナミックに市場価格が決定されていくだけに、短期的に変動率が高まることになる。効率性と変動率は背中合わせであり、効率性を維持するためには、小刻みな変動を許容しなければならない。**対立の時代には、人々の不安から生じる価格や市場の不安定性は政府の介入により抑え込まれたが、協調の時代には、人々の自由な活動から生じる将来への期待から小刻みな変動が発生する**わけである。これは、対立の時代に社会全体のシステムを揺るがす不安定性とは異なり、健全な揺らぎと言えよう。

協調の時代には、年月を経るに従い乖離していた差異が縮小し、やがて非効率な部分や無駄な部分が消失していく。企業のトップマネジメント、事業経営者にしてみれば、自由な経済活動が可能であるということは、参入が相次ぎ、ビジネスの競争条件が厳しくなることを意味する。そのため、協調の時代突入から時間が経過してくると、その分だけ利鞘や利益率が低下してしまうだろう。協調の時代に縮小する格差は、利益の低下を意味するのである。そこで、減益を回避するために、事業経営者等は規模の拡大による増益を目指す方向へと戦略を転換し始める。儲けが少ないならば、借金をして大金をつぎ込んで規模を拡大すればよいわけである。利益率が半減しても、規模を2倍以上にすれば利益は拡大するからだ。手持ち資金だけではなく資金を借り入れることで、規模を拡大させて利益を維持・拡大しようとする回転がはたらき、加速し始めるのである。前記したように手元の資本や所得に加えて、さらに外部から資金を調達することを「レバレッジ」を高めると表現する。レバレッジとは「梃子（てこ）」という意味だが、規模を膨らませて投資や消費を実行することだ。小さな力で大きなものを動かす「梃子の原理」を活用するがごとく、少額の資金を元手に借金をして、その何倍もの規模の取引を行い、大きな成果の獲得を目指すわけだ。逆に、投資や消費を抑制し、借金や負債を縮小させることを、その逆の動きであることから「デレバレッジ」と表現する。

将来の収益や収入が増加するという期待感が強いときには、資本や所得と比較したときに、過大な水準まで負債を拡大させて、より高いリターンを追及するだろう。一方、その反動から、期待感が不安感に変化して急激に負債圧縮の動きが加速するときには、堰を切ってリスクを回避しようとする動きが盛り上がる。

この負債拡大の時期は、資本や所得の水準以上に梃子の原理を利用して拡大路線を歩むレバレッジの時代、逆に負債を急激に圧縮する時期は、振り子が逆に触れるようなデレバレッジの時代である。協調の時代は経済成長期待が高まりやすいため、民間債務が拡大するが（**民間債務のレバレッジ時代**）、対立の時代は経済成長に対する不確実性が高まり、その不安を解消するために政府が債務を拡大させて市場介入する（**政府債務のレバレッジ時代**）と言える。また、民間債務のレバレッジ時代は、政府債務が圧縮され（**政府債務のデレバレッジ時代**）、政府債務のレバレッジ時代は、民間債務が収縮する傾向にある（**民間債務のデレバレッジ時代**）。

将来の収益や収入が増加するという期待感が強い協調の時代には、借金をするだけでなく、より価格変動の大きな投資案件に資金を振り向けるだろう。安定したビジネスは見返も小さいが、リスクが高く変動率の高いビジネスであればあるほど見返が大きいからだ。このようなとき、世の中の多くの人々が、果敢にリスクを受け入れる（許容する）ベンチャー（冒険）の時代と言ってもよいだろう。このことをリスク許容度の上昇と呼ぶ。逆に、その期待感が急激に萎むときには、借金を返済し、価格変動の小さな投資案件に資金を再配分するはず。変動に対して許容できる余裕幅が小さくなるため、民間部門のデレバレッジが進む際に、リスク許容度は低下する。協調の時代に、利鞘の縮小を補うように民間部門のレバレッジが拡大すると、より価格の変動率が高まり、実体以上に価格が上昇する可能性が高まる。

たとえば民間部門が、太陽から光熱（利鞘）を浴びて成長している正午過ぎくらいまでは、企業そのものも、その熱に温められて成長し、規模も拡大する。しかし太陽は時間の経過とともに西の空に傾き始め、光熱が弱くなる（利鞘が縮小する）ため、それに応じて企業などの体温も低下し始め、成長も減速し、規模の拡大も緩やかになってくる。ところが、反対に、その影は、太陽が傾きだすと膨張し始める。太陽の光線が斜めからあたるようになるため、地面に映る影が長くなるからだ。企業などの拡大は減速したものの、そのすぐ近くで、影だけが増殖しているのが異様に見える夕方。この影こそが、借金によるレバレッジにより、実体を超えて企業の実力を大きく見せているバブルである。協調の時代の末期には、利益率（利鞘・価格差）は低下（縮小）しているため、レバレッジの拡大により民間部門の負債（借金）が拡大し、規模の利益を追い求めるのである。内実が伴わない、見掛け倒しの張り子の虎に仕立て上げていると言ってもよいだろう。黄昏時には、質よりも量を追い求め、市場価格だけが急上昇するバブルが生じやすい。実体は成長しないものの、皆がレバレッジを効かせて借金をして規模拡大を図るため、身の丈（実体）を超える増殖が発生するのである。利益率は低いものの、資金が次から次へと入ってくるため、価格や株価は「上がるからさらに上がるという」連鎖を繰り返しながら上昇し、バブルの階段を駆け足で上り詰める。**身の程が弁えられない人間の性**とも言えようか。この段階では、健全な揺らぎとは異なった高変動が過激化し、市場や経済は浮足立つ。このようなバブルは、歴史の節目、節目に顔をのぞかせるが、その事例を一部振り返っておこう。

繰り返される懲りない人々の熱狂史

協調の時代②の末期である１９２９年１０月には、絶好調だった株式市場が変調をきたした時代でもある。ニューヨーク株式市場が暴落し、世界大恐慌の淵源となった。株価がピークに達するまでは、第一次世界大戦後の復興需要による世界経済の回復を追い風に株式市場は堅調に推移した。特に米国では、株式購入のための融資（ブローカーズ・ローン）が広く活用されるようになり、レバレッジが拡大したのである。株価指数は、８年間で約５倍にまで上昇し、株式市場の過熱感を示す株価収益率（株価を１年あたりの企業利益で除した倍率のこと、通称ＰＥＲ）も急上昇する株式バブルの様相を呈していた。

このような株価収益率の上昇は、１９２９年以外では、**協調の時代④**の末期である１９６６年、**協調の時代⑥**の後半期に移行する２０００年にピークを迎えている。協調に向かう振幅の極地（図3-1の振り子の左端）に近づく過程で、好調な経済環境を背景に株価が大幅に上昇し、一種のバブル的状況になっていたと言えよう。そのため、これに続く期間では、バブルの崩壊が、民間債務を圧縮させるデレバレッジを加速させ、さらに実態経済の悪化に輪をかけたものと考えられる。１９２０年代の株価上昇、１９６０年代にかけての米国黄金時代、１９９０年代後半のＩＴバブルなどの発生の後には、数年に及ぶ株価調整が待ち受けており、米国を中心とした先進諸国での景気後退が、各国間の協調関係にも亀裂をもたらしたとも言える。

なお、**協調の時代④**の末期から**対立の時代⑤**にかけての期間は、1960年代末から1973年のニフティフィフティ（NiftyFifty）相場▽[32]に至るまで、複数回のピークアウトを経験した後に株価の低迷時代に突入している。また、**協調の時代⑥**の後半は、株価水準を基準にすれば、2000年でピークアウトしたものの、2007年にかけて再度上昇する2番天井を形作っており、ITバブルに続きサブプライムローン・バブルというバブルを2回経験したと整理しうる。**1929年のニューヨーク株式市場の暴落を除くと、レバレッジ拡大によるバブルは複数回繰り返された後に崩壊に至るパターンが確認でき、対立の時代にも、デレバレッジによる混乱が残存して発生している**と言えそうだ。

尚、日本の場合には、第2章の人口動態と経済への影響についての部分で触れたが、少し注意が必要である。米国などの先進諸国の株式市場と日本の株式市場の動きには、10年程度のラグがあるからだ。第一次世界大戦による経済的恩恵を受けた日本は、1920年に好景気のピークを迎え、株価も一足早く下落に転じている。日本の場合は、米国等とは異なり、1929年の株価は、1920年の水準を上回ることはなかったのである。また、日本株式のバブルのピークは、1989年であり、米国のＩＴバブルよりも１０年程度早期にピークを迎えている。そのため、振り子の振幅を考える場合には、世界全体の動きと日本の動きは符合しなかった。むしろ一歩早めに転機を迎えてるといえよう。

以上のように、協調の時代には、効率化が進むものの、時間の経過につれてレバレッジが上昇する中で、健全な変動が不健全な変動に転移し始めるのである。安定性を犠牲にした効率性の追求は、協調の時代の極地を形成し、大変動を受け入れざるを得なくなる。懲りない人々の熱狂の歴史は繰り返され、バブル形成とその崩壊（バースト）は経済社会に大きな打撃を与えることになる。バースト局面では、急速に民間債務の圧縮（デレバレッジ）が発生し、経済が急速に萎んでいく中で、限られた富の分捕り合戦が始まり、対立の芽を吹かせることになるが、この点については次節で詳しく見ていくことにしよう。

▽３２
１９７０年代にかけて、優良企業である「素晴らしい５０銘柄」に投資資金が集中し、一部の少数銘柄が主導する上昇相場を演じた時期を指す。この少数銘柄には、コカ・コーラ、ＧＥ、ポラロイドなどが含まれる。

3.4

政府債務拡大と民間債務拡大の振り子

対立の時代に顔をもたげる国際通貨・決済システム不安

次に対立の時代は、協調の時代の期待とは異なり、不安に基づく不健全な不安定性が高まるため、政府は、社会の安定を保つために、効率性を犠牲にしても見かけ上の安定を確保しようとする。効率性とは、前記したようにモノ（財・サービス）やカネなどが無駄なく配分されることを意味する。前節で説明したように民間の経済活動が円滑に行われる時期には、非効率（価格差など）が利益の源泉となって、その非効率を解決するために(価格差を埋めるために)イノベーションが進む。しかし、対立の時代には、民間の活動に制約が加えられ、様々な壁が世界中に立ちはだかるためイノベーションの芽が摘まれ、非効率性が解消されないまま放置されるようになる。政府の介入が価格差を維持させてしまうため、効率性が低下するのである。また、民間の活動に任せていると、価格に揺らぎが生じるため、政府が変動を抑え込もうと躍起になり、自由な経済活動が阻害される。しかし、このような政府の介入は、市場を通して決定される財・サービス価格や金利・株価・外国為替レートを無理矢理コントロールするため、じわじわと歪みが蓄積されるようになる。

第２節でも触れたが、政治的理由で一部の原油生産国からの輸入が禁止された場合、わが国に供給される原油やガソリンの供給量は急減するだろう。そのようなとき、本来であれば、供給量が減ってガソリンの希少性が高まるため、価格が上昇するはずである。価格の上昇は、「そんなに高い価格では買えない」という人々をふやすため、購入が控えられ、需要自体が減るだろう。供給量に見合った価格まで上昇すると、需要量も減って供給量と一致するわけだ。ところが、政府は、自国経済の混乱・不安定化を防ぐため、経済全体への波及効果が大きいガソリンに関しては、石油元売り会社に対して補助金を支給して、国内ガソリン価格の上昇を回避するケースがしばしば発生する。このような政府の介入は、価格の安定により、本来、省エネの努力をすべき購入者の需要量を減じることなく下支えてしまう。価格が上昇すれば、需要を抑えるものの、本来の価格よりも低い価格で購入できるように政府が誘導するならば、需要量は減らないわけである。原油生産国からの輸入が再開されれば、政府は補助金を停止すればよいが、この輸入禁止が長期にわたり続く場合は、高い需要量が維持される。政府による補助金も減らせず、財政負担を累増させるだろう。政府介入の長期化は、政府財政の歪みというマグマを蓄積させてしまうのである。

このように政府が、市場の価格決定機能に介入し続けて、本来あるべき価格に調整されない状態が長期にわたると、価格の歪みが蓄積する。需給が調整されずに需要が減少しないため、いずれ石油元売り会社は、より高い価格で他の原油生産国から輸入しなければならなくなる。価格を安定させ続けるためには、政府の補助金が減るどころか増額されてしまう。**国際価格と国内価格の差や歪みは、いっそう拡大し、政府は、無駄に多くの補助金や支出を続けながら、仮初の安定と安心を保とうとする**のである。

特に国家どうしの対立が深まり国際関係が悪化すればするほど、供給分断の頻度は増加し、期間は長期化されるのは避けられない。貿易の分断が長期化すれば、補助金捻出のために発行する国債の増加となって、政府の財政状態が悪化するはず。民間企業の自由な活動に任せていた時代と比べて、政府による経済への関与度が高まるため、政府債務の累増に至るわけだ。しかし、これもいずれ限界に到達するだろう。そこで政府は、政府債務の拡大を維持するために、中央銀行の協力を仰ぐようになる。現代の金融論の教科書では、過去の教訓から中央銀行は、政府からの独立を維持しなければならないと説かれているが、緊急時には中央銀行も政府を支えざるを得なくなるわけだ。

具体的には、中央銀行は、国債利回りが上昇して、政府の資金調達に支障が生じるような状態に陥るのを避けるために、国債を保有している金融機関などから国債を購入し、その見返りに資金を供給する。本来は、政府の財政が悪化すると、金融市場参加者が国債購入を避けるようになり、国債利回りの上昇（国債価格の下落）が発生して、政府に対して警鐘を鳴らすはず。将来、国債の元本が償還されなくなることや、金利支払いが遅れる信用リスクを懸念するようになるからだ。国債利回りの上昇は、事前にアラームが鳴る警戒システムのようなものである。しかし、中央銀行が国債を無尽蔵に買い続けると、このアラームがいつまでたっても鳴らないままで放置されてしまう。国債の利回りは、中央銀行が購入するため低位で安定されてしまうからだ。

このように、政府に中央銀行が協力するようになると、政府介入のための資金を無尽蔵に与える仕組みが回り始め、世の中の各所で価格差が修正されないまま温存され、非効率性が極端に高まる。このような状況で各所の歪みが累積してくると、民間の経済活動の生産性が犠牲になり、一人当たり経済成長率にも低下圧力が高まる。そのため、将来の税収増加の期待感も剥落するだろう。このような国の魅力は低下するため、信用度も低下する。中央銀行の発行する通貨は、政府の信用に依存しているとすれば、政府の信用度低下は、通貨そのものに対する疑念を多くの人々に抱かせてしまう。

中央銀行は、政府介入の原資になる政府の資金調達を支えるものの、その規模が一線を超えるようになると、その国の信用度の低下が通貨価値の毀損に連鎖する可能性が高まる。対立の時代には、国際関係の悪化による経済的分断を深刻化させ、政府は、あらゆる分野で介入せざるを得ない状況に追い込まれる。**国際関係の悪化は、世界中の物流の寸断の頻度を高めるため、各国政府は市場への介入や規制の頻度を高めるようになるが、その間に財政悪化と通貨価値不安を台頭させる。世界各所での相次ぐ政府介入の累積は、既存の国際通貨・決済システムそのものの根幹を揺さぶる**のである。これが、対立の時代に、国際通貨・決済システムが不安定化する理由である。

たとえば、1910年代の第一次世界大戦期の混乱は、市場への政府介入を強化させ、各国の金本位制を停止に追い込んだ（**対立の時代①**）。各国政府は、金（ゴールド）を裏付けとした通貨制度である金本位制の停止を余儀なくされ、管理通貨制度に移行している。従来の通貨システムを維持することが困難になり、モノの流れだけではなく、従来の取り決めであったカネの仕組み（国際資金移動）にも変化が生じたと言えよう。これは、対立の時代に、国際通貨・決済システムの転換に至る一つの事例である。その後、各国は金本位制への復帰に成功するが、1929年のニューヨーク株価暴落に端を発した世界大恐慌に突入すると、1930年代後半にほとんどの国が再び金本位制から離脱する中で、自由な資本移動が抑制され外国為替レートも管理化されている（**対立の時代③**）。その後、対立の時代の終焉を意味する第二次世界大戦後には、ブレトンウッズ体制による金・ドル本位制が始まり、各国通貨と米ドルの交換比率を固定し、米ドルだけが金との交換比率（金1オンス＝35米ドル）を固定するという、ドルを間に挟んだ体制に転換したのである。

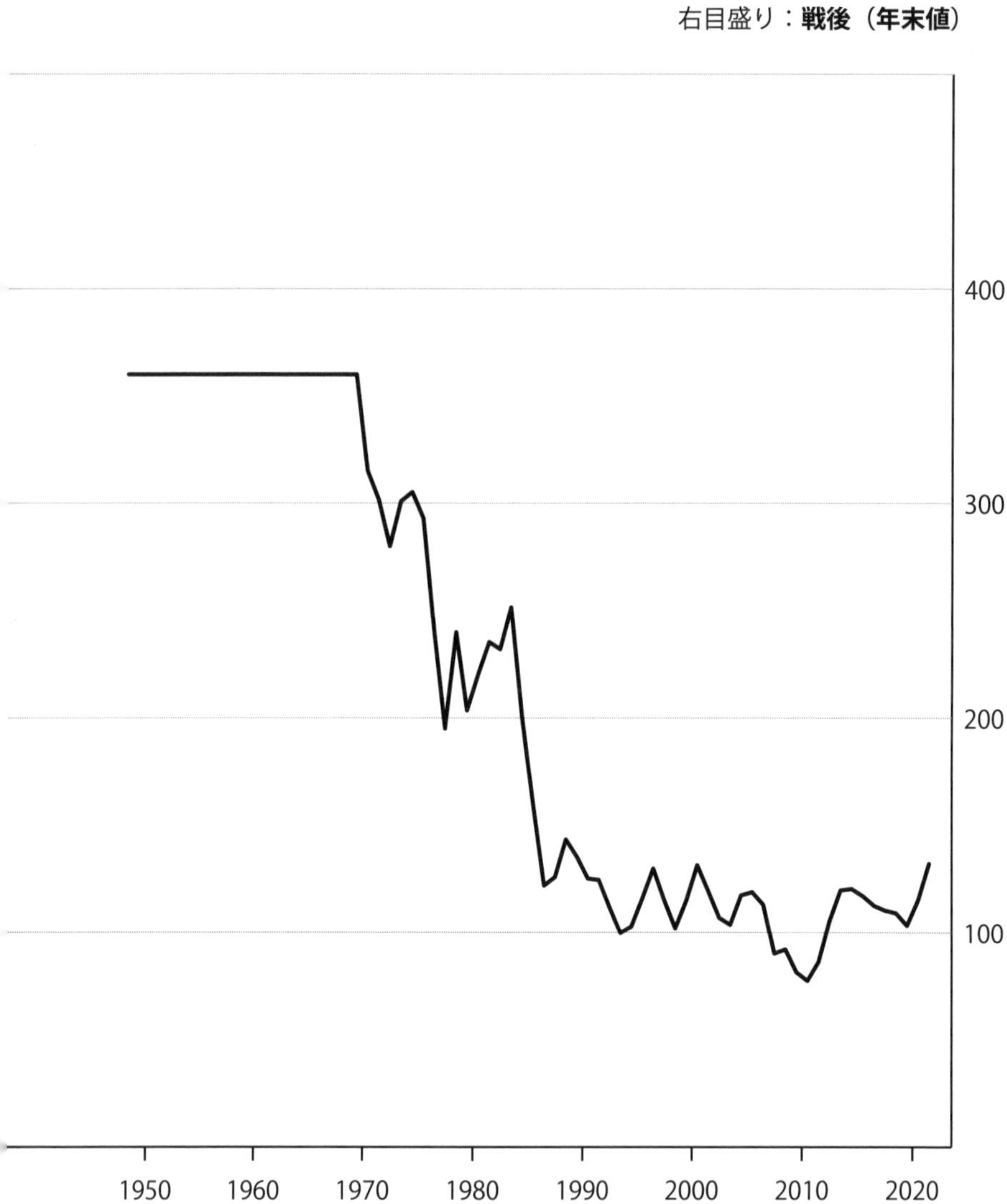
右目盛り：**戦後（年末値）**
400
300
200
100
1950
1960
1970
1980
1990
2000
2010
2020

●図 3-3　明治期以降の外国為替レート推移

出所：日本銀行（1875 年～ 2022 年）

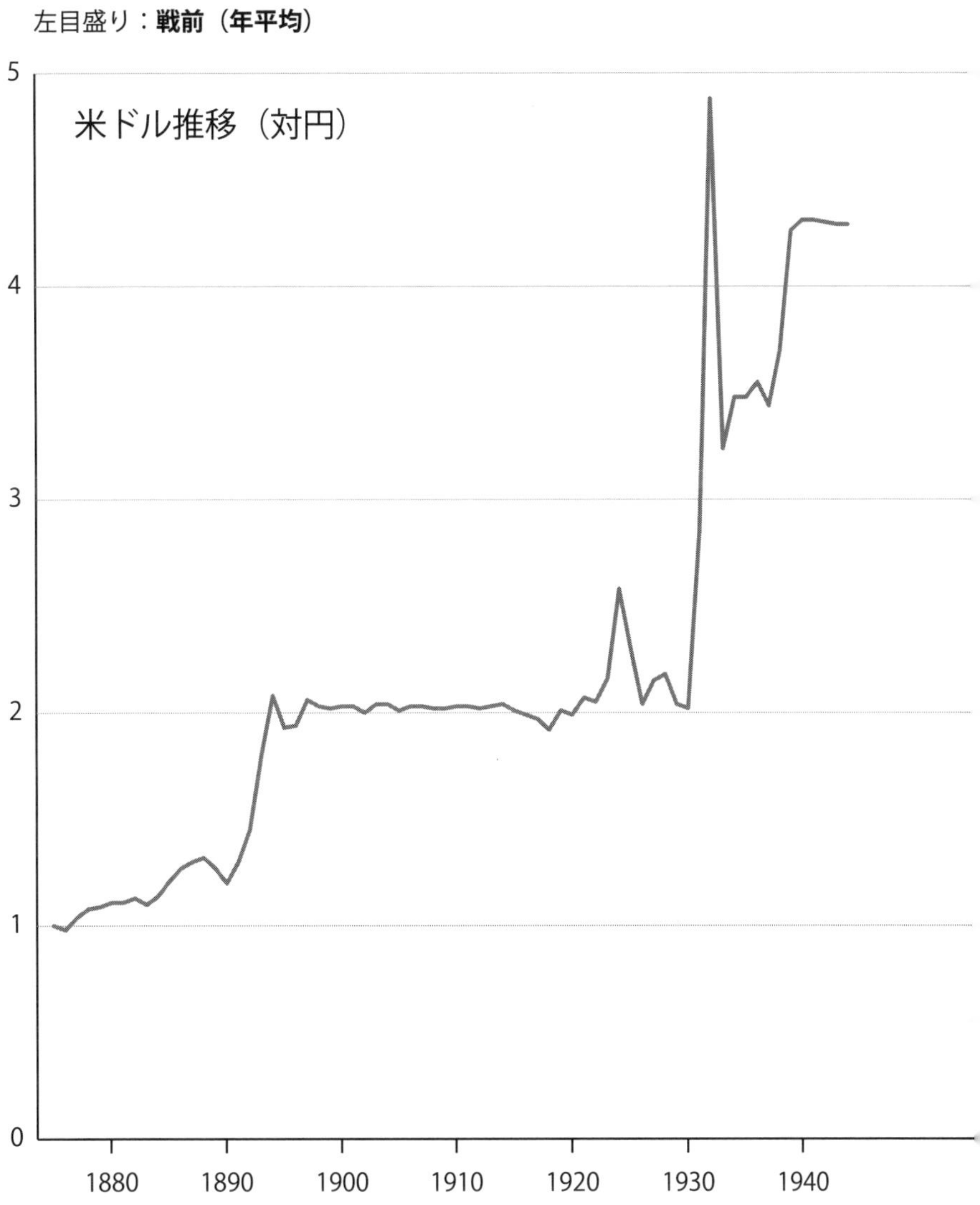

わが国の場合は、第二次世界大戦後、改めて定められた1米ドル＝３６０円という基準に則り、経済復興の歩みを始めた。図３-３が示すように、明治期から昭和初期にかけて、1米ドル＝１円から始まった外国為替レートが、１米ドル＝４円台まで円安が進んだのちに、戦後の1米ドル＝３６０円への急激なジャンプを経験することになったのである。日本円は約９０分の１に減価されてしまったのである。当然ながら、わが国が輸入する資源や資材は、９０倍の価格に跳ね上がったのであるから、インフレによる国民の困窮は極まったと言えよう。**対立の時代③**の終焉後に、わが国も、日本円・米ドルの変動率が急上昇する国際通貨・決済システムの大転換即ちレジームチェンジを経験したのである。

一方、ニクソンショック後の１９７３年に始まる変動相場制は、**協調の時代④**が終了し、**対立の時代⑤**に突入した段階で発生している。**対立の時代⑤**が煮詰まる１９８５年にはプラザ合意により米ドルが再度大幅に下落に転じており、**対立の時代⑤**を通して、各国政府による新たな国際通貨・決済システムの模索、浸透が続いたと言えよう。ニクソンショックは、米ドルの金兌換停止の発表が、ブレトンウッズ体制の終了を意味し、それまで安定していた米ドルが他通貨と比較して大幅に減価する始まりとなった。ニューヨークのプラザホテルでの主要国間での合意は、引き続き基軸通貨として位置付けられていた米ドルを切り下げることで、米国の輸出競争力を高め、貿易赤字を減少させることを意図したものであった。ニクソンショックもプラザ合意も、結果として急激な円高を発生させ、高止まりしていた米ドルの水準を大きく低下させる国際通貨・決済システムの変化を促すものだったのである。

また、欧州では１９７９年に欧州経済共同体の加盟国による外国為替相場システムである欧州通貨制度（ＥＭＳ）が設立されており、同様に対立が深まる過程で国際通貨システムの転換が検討され、本格的な通貨統合の過程は、**対立の時代**⑤が煮詰まった１９９０年７月から始まっている（統一通貨ユーロ導入は１９９９年）。**対立の時代は、既存システムの矛盾が露呈していく過程であり、その振幅が振り切るまでの期間に新しい国際通貨・決済システムの萌芽がみられる**時期であると言えよう。

借金で首が回らなくなる時代が繰り返される

繰り返しになるが、この対立の時代には、不安定な金融市場や経済状態を安定化するために、政府部門が借金をしまくる。一方、協調の時代には、主に民間部門が借金をしまくる。政府債務の拡大と民間債務の拡大は、振り子のように順番に繰り返されると言ってもよいだろう。

第一に、政府債務の拡大について再度確認しておこう。この借金により得た政府資金を活用して市場介入や経済対策を実施する回数が増え、規模も急拡大する。中央政府と地方政府などが債務を負うわけである。一般に資金が必要な政府は、自国通貨建て国債の発行、外貨建て国債の発行、短期国債等の発行、借入金という４つの手段で資金を調達するが、主要国政府は主に自国通貨建て国債を発行するケースが多い。対立の時代は、協調の時代と比べて経済成長が緩やかになり、企業などの民間部門の経済活動は、委縮してしまう。そこで、悪化する経済を立て直すために、政府や中央銀行などの公的部門が登場し、民間部門の代わりに経済活動を積極化し、経済の主役の座に躍り出るわけだ。具体的には、不安定化する金融市場を安定化させるために、政府は、国債市場や外国為替市場などへの介入を強化してきた。この時期は、人々の生活が苦しくなり、社会不安が高まるため、政府は、体制を維持するためにも、国債などを発行して、その資金で経済対策を実施する。この資金調達増加は、収縮する経済による税収減という悪材料と合わせて政府部門の債務負担がさらに増大するという悪循環に至る。

しかし、金融環境によっては国債への投資が円滑に進まないこともあり、そのような場合には、中央銀行が、国債の消化を手伝わざるを得なくなる。前記したように、**恒常的に国債が発行され、その額が加速度的に増加していくと、国債の信用度が低下するだけでなく、国債消化の主役を演じざるを得なくなった中央銀行の信認にも疑念が持たれるはず。中央銀行の信用度低下は、通貨価値の下落を意味する**わけである。

特に影響力のある主要国において政府介入が活発になり、そのために政府債務が急拡大すると、主要国の通貨不安が高まる。これが、国際通貨・決済システム自体の存続が危ぶまれる背景である。過去の債務危機事例を検証したレイ・ダリオ（２０２２）は、歴史的には外貨建債務を大量に抱えた国々と、主に自国通貨建債務を抱えた国々とでは影響が異なるとした上で、結果的に通貨再膨張（リフレーション）政策により物価上昇圧力が高まることを指摘している。政府債務の拡張をサポートするために中央銀行の負債が拡大し、通貨価値が傷つくならば、さらに価値が減価する前にモノ（財・サービス）を購入しておこうと、多くの人々はモノの購入に走るだろう。このカネからモノへの集中が、物価上昇につながるわけである。

第二に、民間債務が拡大する協調の時代は、自由な経済活動により、成長を謳歌する時代である。活気にあふれた雰囲気を醸し出す社会は、政府による干渉や介入もそれほど強くない。決まり事や取り決めから解放され、規制緩和が進む中で、民間部門は、より高い成長を求めて、借金して工場等を建設して利益増進を図ろうとする。民間部門は、積極的にリスクをとりながら経済活動を営もうとするとき、自らが保有する資金だけではなく、金融機関や資本市場から資金を調達して投資を拡大するだろう。借入金利よりも投資の見返りが多いのであれば、自己資金に加え銀行などからの借入金を増やすレバレッジの拡大は、限られた元手資金でも、より多くの利益を手にするための常套手段である。好調な経済環境に乗って企業が業務を拡大していくときには、このレバレッジ比率を高めて、利益を拡大しようとする。そのため、前節で確認したように**協調の時代には、民間債務拡大が発生し、バブルと連動して発生**

するケースが多い。

民間部門は、好調な経済を背景に民間債務を増大させるが、政府にとっては、経済が安定的に成長すれば、政権支持率を維持でき、国民の不満も大きくならない。経済成長に応じて、税収も好調に増加するため、政府債務の返済が進み、政府債務は圧縮する傾向で推移するだろう。この好循環が終わりを迎えて、経済が悪循環へと逆回転し始めると、民間部門は借金の返済に追われるようになる。協調から対立への転換であり、バブル崩壊と歩調を合わせて、民間債務の圧縮が加速する。対立の時代には、民間部門のレバレッジ比率が低下するデレバレッジが進み、それまで支えられていた投資・消費は急速に冷え込むだろう。経済環境の悪化とともに社会全体の不安感が高まるだけではなく、当然ながら金融市場も不安定になる。経済環境が良好であったときには、放任主義を採用していた政府も、積極的に干渉し介入するようになり、前記した対立の時代が再現されるのである。

このように協調の時代には、民間投資が活発化して民間債務が増加する一方、対立の時代は、低成長や危機を緩和するための救済や財政支援が増加して政府債務が増加する。企業などの民間部門が借金で回らなくなる時代が終わると、時間経過とともに政府部門が借金で回らなくなる時代へとバトンタッチされる。そして政府部門の借金問題が峠を越えると、時間をおいて民間部門の借金問題が再度頭をもたげるのである。いわば民間部門と政府部門で、数十年単位で借金のキャッチボールをしているかの様相と言えようか。

振り子の振幅に応じて変化する米国の政府債務・民間債務

図3-4は、以上の状況を確認するために、1910年代から現在に至るまでの米国の民間債務と政府債務の推移を示したものである。戦後は、経済規模を示す国内総生産（GDP）に対する債務比率であるが、戦前は、国民総生産（GNP）が一般的に経済規模を示す指標とされたため、GNPに対する債務比率である。その時々に債務が膨張していたのか収縮していたのかを比較しやすくするために、経済規模に対する比率を時系列で示している。戦後（1946年以降）の民間債務は、企業の資金調達額を代表する「民間企業（非金融）債務」と「株式時価総額」の合計額を、戦前（1916～1945年）の民間債務は、法人の長期債務と短期債務の合計額を経済規模で除した比率である。戦前は、データ取得の難しさから株式時価総額が合算されていないため不連続になっているが、方向性をイメージすることは可能であろう。政府債務については、戦前、戦後ともに連邦政府と地方政府の債務合計額をGNPもしくはGDPで除した比率である。

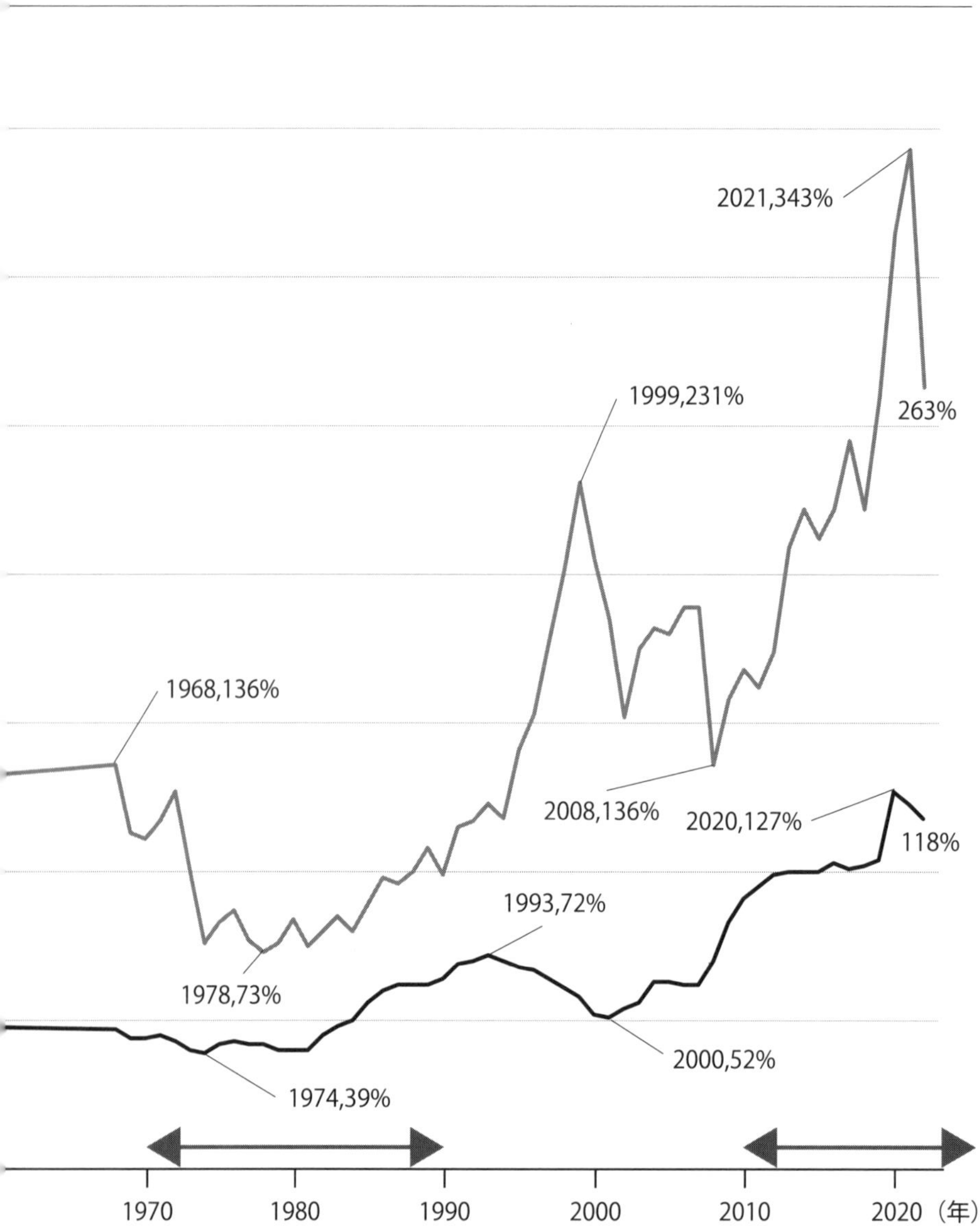
2021,343%
263%
1999,231%
1968,136%
2008,136%
2020,127%
118%
1993,72%
1978,73%
2000,52%
1974,39%
1970
1980
1990
2000
2010
2020（年）

●図 3-4　米国の政府債務・民間債務対 GDP（GNP）比率（1916 ～ 2022 年）

出所 :『アメリカ歴史統計』（旧統計）、米連邦準備制度理事会のデータを基に作成

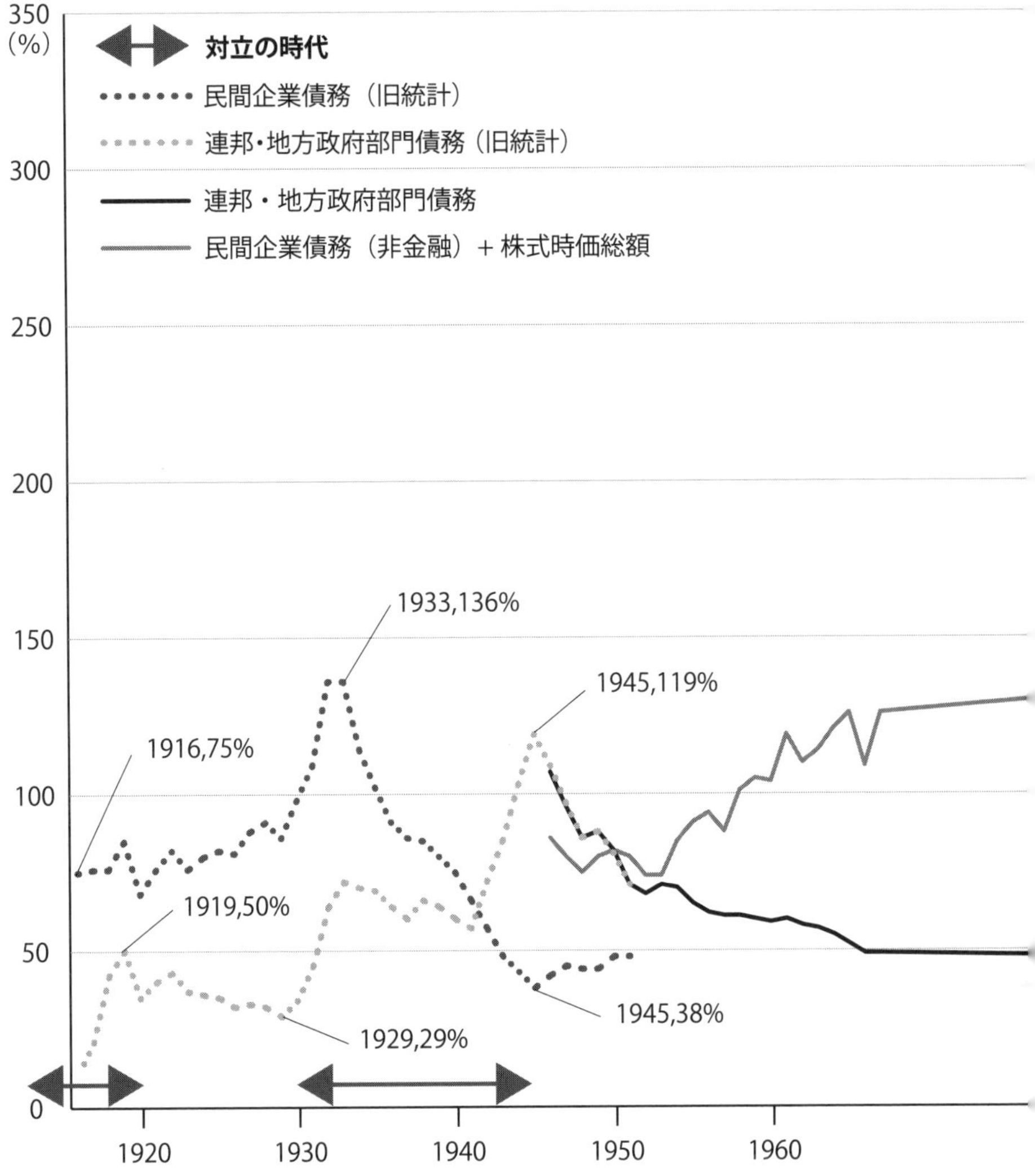

第一に、民間債務について確認してみよう。民間債務対GDP（GNP）比率（以下、民間債務比率）は、戦前は1933年まで上昇し、136％でピークアウトした後に1945年にかけて低下している。1945年の民間債務比率は、大幅に低くなり、38％を記録している。実は、民間債務の絶対額は、ニューヨーク株式市場の大暴落が発生した1929年にピークを迎え、減少に転じている。それにもかかわらず、なぜ1933年まで民間債務比率は上昇したのであろうか？その答えは、過去から積み上げてきた社債や借入金といった民間債務は急速に減少しないものの、経済規模は大恐慌の影響をまともに受けて一瞬で縮みあがってしまったからである。1930年から始まる大恐慌により、民間債務比率を計算するときの分母にあたる米国のGNPは急低下する一方、分子にあたる民間債務がゆっくりと減少するのであれば、債務比率が低下し始めるまでは時間差が生じてしまうのである。そこで、民間債務比率は、3～4年後になって、ようやく低下し始め、民間債務のデレバレッジ時代が始まるのであった。

振り子の振幅に合わせて、図3-4の債務比率を確認するならば、**協調の時代②**の1920年代が幕を閉じるまでは、民間債務比率が上昇傾向で推移し、第二次世界大戦が終戦を迎える1945年までの**対立の時代③**に民間債務比率が低下している。戦後は、1968年、1999年、2021年にそれぞれ136％、231％、343％でピークアウトしている一方、1978年、2008年に各

７３％、１３８％でボトムアウトしており、ピーク及びボトムが数十年サイクルで切りあがっているのが確認できる。１９６０年代末にかけての**協調の時代**④が終わりを迎えた１９６８年が、ちょうど民間債務比率のピークとほぼ一致している。民間債務のレバレッジ時代から民間部門のデレバレッジ時代への転換である。

だが、その後は、**対立の時代**⑤の途中であるにもかかわらず、１９７８年に民間債務比率がボトムアウトして、いち早く**協調の時代**⑥を先取りしているかのように上昇基調に転じているのである。その後１９９９年までの２０年超にわたり、民間債務比率は上昇し続け、民間債務のレバレッジ時代が長期化した。グレート・モデレーションと称される安定期は、後半にグローバリゼーションの成果が花開く時代でもあった。２０００年にはＩＴバブル崩壊があり、グローバリゼーションも減速に転じる中で、民間債務のデレバレッジが２００８年のグローバル金融危機まで続いたが、対立の時代への序曲(第３章第１節）と位置付ければ、対立の時代に先んじて民間債務比率が低下したとみなせよう。

このように変動相場制に移行してからは、民間債務比率と対立・協調の時代の組み合わせがしっくりこなくなっている。特に、このリズムの不整合は、サブプライム・バブルが崩壊した以降に目立つようになる。２０１０年代は、**対立の時代**⑦の真最中でありながら、民間債務比率が上昇し、民間債務のレバレッジ時代になっているのである。国際関係が悪化する時期には、民間の経済活動が抑え込まれて、企業などは負債を膨らませない。それと同時に、株式市場にも期待感が生じないため時価総額は収縮してしまうはず。ところが、主要中央銀行による量的緩和の影響で、金利が過度に低く抑えられたため、債券価格は高止まりし、株価も低金利に支えられて上昇基調で推移したのである。

米連邦準備制度理事会（FRB）などによる量的緩和政策が奏功して株式市場が復調したため、株価時価総額を含む民間債務比率は反転上昇したというわけだ。2010年代以降、対立の時代に突入したものの、民間債務比率はピークアウトすることなくアクセルを吹かしたまま2020年代に至っている。さすがに2022年には、物価上昇を背景とした米連邦準備制度理事会による金融引締政策が実施されたため、民間債務比率はピークアウトしているが、不安定な対立の時代に、中央銀行の一挙手一投足が民間債務の行く末を左右していることは否定できない。

第二に、政府債務について確認する。政府債務対GDP（GNP）比率（以下、政府債務比率）は、1919年まで上昇し50％でピークアウトして1929年の29％まで低下した後に1945年の119％まで復調している。第一次世界大戦が終戦を迎えるまでの1910年代は、国際関係が悪化した**対立の時代①**であり、政府は債務を拡大させて、混乱する世界情勢に対応したため、政府債務比率が上昇していく政府債務レバレッジ時代であった。終戦後は、平和を目指す**協調の時代②**に、国際関係は改善し、世界経済は好調に転じたのである▽33。そのため、1920年代は、政府による介入の機会は減り、政府債務比率が低下する政府債務デレバレッジの時代を迎え、民間部門が主役となって経済成長をけん引した。この動きはやがてニューヨーク株式市場のバブル崩壊と共に終焉を迎え、大恐慌が世界を襲う。各国政府は、積極的な財政政策により、不安定化する経済を支えようと躍起になり、政府債務は累増していく。第二次世界大戦は、不況が不況を呼び、各国は自国を優先させたため国際関係は悪化する中で勃発し、**対立の時代③**が深刻化していく。戦時経済体制下による政府支出の拡大は、米国の政府債務比率を１００％超えにまで押し上げ、１９４５年には、第一次世界大戦の２倍を超える１１９％にまで至るのであった。世界大戦による対立の時代には、政府債務が拡大して、政府による借金が拡大している状況が米国の数値からも確認されよう。英国の政府債務比率も米国とほぼ同様の推移となっているが、戦禍に国土が蹂躙されたこともあり、同比率は１９４６年に２５９％まで上昇している▽34。尚、わが国の場合には、１９４５年の国民総生産のデータが取得困難であるため１９４４年ベースで確認すると２００％を上回る水準まで政府債務が拡大している。これほどまでに、世界を巻き込む戦乱は、政府債務のレバレッジを極端に高めるのであった。

この戦乱が終息を迎えたこともあり１９４０年代後半から７０年代半ばまでの**協調の時代④**は、米国の政府債務比率が低下し、１９７４年には３９％まで緩やかに低下した。約３０年の長期にわたり、政府債務デレバレッジの時代が続く。しかしそれに続く１９７０年代後半から１９９０年代の前半にかけての政府債務比率は、上昇傾向で推移した。米国では、貿易赤字に加えて財政赤字が深刻になり、双子の赤字として問題になるが、おおむね１９７０年代から８０年代にかけての**対立の時代⑤**と符合している。その後１９９３年の７２％から２０００年の５２％まで政府債務比率が低下するが、対照的に民間債務比率が急上昇しており、**協調の時代⑥**の特徴を顕著に示していると言えよう。グローバリゼーションのメリット受けて民間部門を主役とする経済成長が続いたため、政府は後ろに引っ込み、その分、政府債務のデレバレッジが進んだのである。２０００年代末まで政府債務比率は微上昇にとどまったが、２００８年のグローバル金融危機以降は、対立の時代⑦に相当し、政府債務比率が急上昇して第二次世界大戦期の水準を２０２０年に超え、１２７％にまで上昇している。それだけに、新型コロナ・ショック時の米国政府による債務膨張、レバレッジは過激であり、第二次世界大戦時のインパクトを上回る水準にまでなっていたのである。つまり政府債務のレバレッジは、２０２０年代初頭に、過去１００年超にわたる最高水準を更新していたことになる。

▽３３
前節で説明したように、日本は、第一次世界大戦中に対欧州輸出により経済成長を謳歌していたため、終戦と同時に１９２０年代には不景気に突入する。経済状態は、欧州と日本はラグが生じていた点には注意が必要である。

▽３４
Bank of England, Public Sector Debt Outstanding in the United Kingdom [PSDOTUKA], retrieved from FRED, Federal Reserve Bank of St. Louis; https://fred.stlouisfed.org/series/PSDOTUKA, February 27, 2023.

政府債務に加え民間債務も拡大する現在

前節で示したように、米国債務を確認すると、民間債務については、1970年代から食い違いが見えるようになるが、おおむね対立の時代と協調の時代に応じて政府債務比率と民間債務比率の拡大が交互に上下していたと言えよう。一方、気になるのは現在の**対立の時代**⑦においては、政府債務比率が上昇するだけではなく民間債務比率も同時に上昇している点である。**20世紀のパターンとして、政府債務比率と民間債務比率が交互に上昇するのを繰り返してきたが、21世紀には同時上昇に至っているのはなぜか？** その要因の一つは、主要な中央銀行による量的緩和、すなわち過激な資金供給である。この資金供給は、主に株価の上昇となって、不安定化する金融市場を支えてきた。しかし、人々の将来に対する期待感を委縮させないという効果はあったものの、日本銀行の事例でも明らかなように、必ずしも量的緩和が、直接、経済の成長にはたらきかけるというわけではない。中央銀行が、国債などの資産を購入して、長期金利などが低下しているに過ぎないという点には注意が必要だ。

民間債務比率は、2008年の136％から2021年の343％まで急上昇しているが、その上昇要因の大部分は株式時価総額の上昇である。同期間に負債による企業資金調達は、対GDP比率で45％から51％に微上昇しているに過ぎないものの、米企業の株式時価総額の対GDP比率は

９２％から２９２％まで急上昇しているのである。２０２２年末で、この比率は２１３％まで低下しているものの、**対立の時代⑦**に大幅に株価が上昇したことを意味している。株価が下落するたびに、米連邦準備制度理事会は、金融市場に大量の資金供給を行い、株式市場に資金が流入しやすい環境を作ってきた。いわゆる**「中央銀行プット**（以下、中銀プット）**」**である。専門用語のプットとは、オプション取引の「売る権利」であり、この権利を持っていれば相場下落時に損失を吸収する保険のはたらきが期待できる。このプットが常に発動されると、株価が急落する際には、やがて中央銀行による量的金融緩和が発動され、国債利回りが引き下げられる（国債価格が引き上げられる）に違いないと市場参加者が期待するようになる。そのため**株価急落に応じて、速やかに国債価格が上昇し、株価と国債価格は逆の方向に動く逆相関関係が強化される**わけだ。この国債価格の上昇と株価の下落は、両者を比較した時の株価の割安感を演出し、市場参加者にとっては魅力が高まるため、やがて株価も回復することになる。

このように、**株価が大幅に下落した時には中央銀行による資金供給により、株価の魅力が高められ、やがて株価が復活するというパターンが繰り返された**のである。

ところで、**対立の時代③**の米国では、需要不足が長期・慢性化する状況から１９３８年に「長期停滞論」が唱えられた。２０１０年代にも、同じ状況を憂えて、世界経済は再び長期停滞に陥ったとの論調が目立つようになっている。１９３０年代後半以降、この危機感が新たな需要増大につながる戦時経済への導火線になり、低成長を回避するための「戦争という名の財政拡大政策」に至ったと解することもできよう。**2010年代の場合には、戦火を交える代わりに、戦時期以上に過剰な金融緩和を中央銀行が行い、資金を大量に市場に供給した。その資金は、株式市場により吸収されたため、株価指数の底上げにより期待感が委縮するのを回避した**のである。さらに、戦時体制に至ることはなかったものの、米国だけではなく、欧州諸国や新興地域も含めて財政拡大政策が実施されたため、民間と政府部門で、仲良く歩みを揃えてレバレッジ拡大に邁進したとすると理解しやすい。中央銀行が指揮者となった「民間債務のレバレッジと政府債務のレバレッジの競演（饗宴）」と表現しもよいだろう。

金融緩和という側面でみれば、1940年代に米連邦準備制度理事会（FRB）は、財務省が発行する国債を購入し、長期債利回りを2%台で抑え込む国債金利抑制政策を実施したが、その規模や水準、そして拡がりという点では、2010年代には遥かに及ばない。新型コロナ・ショックに対応して、世界中の中央銀行が量的金融緩和政策を実施し、2020年には、米国の財務省証券（10年債）利回りは0・5%を下回り、多くの国々では長期債利回りがマイナスにまで低下したのである。株式市場では、このように中銀プットがはたらくならば、大幅な株価下落は続かないと捉え、2021年にかけて株式時価総額は拡大基調で推移した。企業の負債は緩やかな拡大にとどまったものの、企業の資本を構成する株式の評価額は急拡大したため、政府債務比率が上昇する過程で、民間債務比率も上昇するという現象が発生したのである。

この経過を図３-５で確認してみよう。マネタリー・ベースとは、ＦＲＢが世の中に直接的に供給するお金のことであり、流通通貨残高（紙幣および硬貨）と準備預金残高（預金取扱金融機関が中央銀行に保有する準備）の合計額である。ＦＲＢの負債は、このマネタリー・ベースに政府預金やレポ（国債など買戻条件付売却による資金調達）を加えて構成されている。資産の大部分は、国債や連邦政府機関債等（住宅担保証券等含む）になる。量的金融緩和政策では、ＦＲＢがこの国債や連邦政府機関債等を積極的に購入して金融市場に資金を供給するため、負債側のマネタリー・ベースの増減は量的緩和のレベルを示す指標となる。つまり、マネタリー・ベースが増加しているときには、ＦＲＢが、量的金融緩和を積極化しており、減少しているときには量的金融緩和の後退・解除をしていることを意味する。

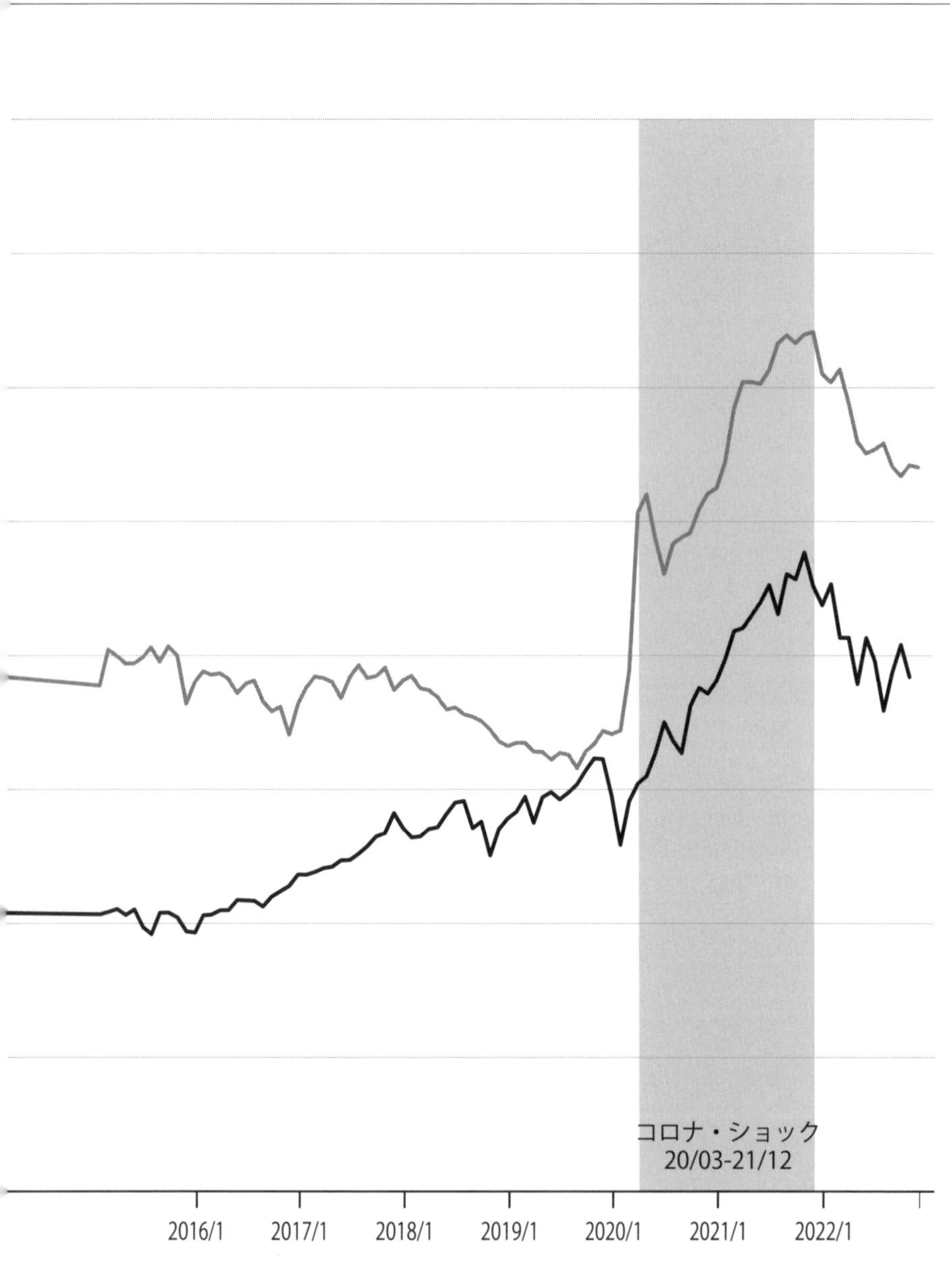
コロナ・ショック
20/03-21/12
2016/1
2017/1
2018/1
2019/1
2020/1
2021/1
2022/1

●図 3-5　米マネタリー・ベースと米株価指数

出所：Federal Reserve Bank of St. Louis 等のデータに基づき作成（2007 年 12 月～ 2022 年 12 月）

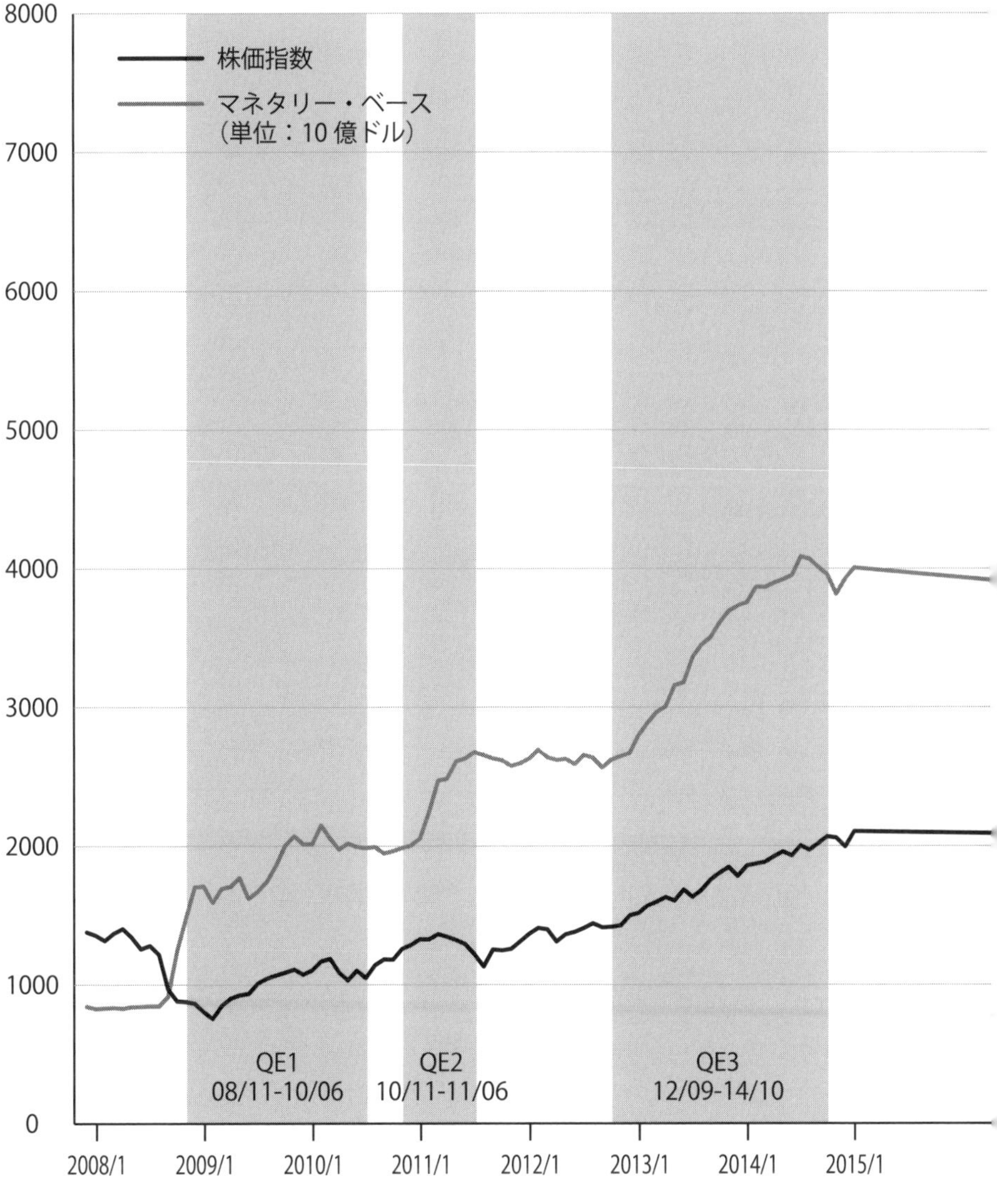

図３-５では、この量的金融緩和と株価指数の関係を示しており、おおむね、量的金融緩和が積極化し、大量の資金が金融市場に流入しているときには、株価が上昇する傾向にあるのが確認できよう。

ＦＲＢは、２００８年のグローバル金融危機後に金融市場を安定化させるために、３回にわたり量的金融緩和（Quantitative Easing、通称ＱＥ）を実施している。第１回（ＱＥ１）が２００８年１１月から２０１０年６月まで、第２回（ＱＥ２）が２０１０年１１月から２０１１年６月まで、そして第３回（ＱＥ３）が２０１２年９月から２０１４年１０月までの期間に実施されたが、該当期間の株価指数は上昇基調で推移している。実際に金融市場に資金が潤沢に供給されるから、その一部が株式市場に回るというよりも、そのように株式市場に資金が流入してくるだろうとの期待感が期待感を呼んでいる側面も多分にあるだろう。特に株式市場では、実体の企業価値からは懸け離れて株価がつくケースが多いからである。逆に、ＱＥが実施されず、米連邦準備制度理事会からの資金供給が増加しない期間の株式投資成果は、劣後している。企業業績や経済環境の悪化により株式市場が不調になると、ＱＥが実施されて株式市場が回復し、経済見通しについての期待感を底上げしてきたとみなせよう。

しかし、２０１４年末以降は、金融危機に対する非常事態モードが終了し、金融政策の正常化に向けての取り組みが始まり、拡大した米連邦準備制度理事会の資産規模も４.５兆ドルから３.８兆ドルまで減少し、このまま金融危機以前の状況にまで戻るとの観測が高まった。▽35

しかし、２０２０年初に世界を新型コロナ・ショックが襲い、ＦＲＢをはじめとする世界の中央銀行は、再び危機モードへと舵を切らざるを得なくなったのである。株価指数の急落に応えるようにＦＲＢは、金融市場から国債などを大量に購入し、資金を供給したが、そのペースは３回のＱＥをはるかに上回った。世界経済の急減速にもかかわらず、この資金供給に応えるように株式市場は急回復し、まさに中銀プットが効果的に発揮されたといってよい。ＦＲＢに限らず、世界中の主要な中央銀行は同様に資金供給を積極化したため、実態経済が停止状態に陥る中で株式市場は急回復したのである。２０２２年初のＦＲＢの資産規模は８．９兆ドルまで膨張しており、グローバル金融危機以前の同０．９兆ドルの１０倍の規模になっていた。対立の時代にもかかわらず、過激な金融緩和政策が中銀プットとして機能して株式時価総額を増殖させ、政府債務比率の上昇とともに株式を加えた民間債務比率も上昇しているのである。特に、政府債務比率を政府単独で考えるのではなく、その国債を大量に購入している中央銀行も含めて捉えるならば、中央銀行の負債が急増しているという課題に焦点があたるようになるだろう。

▽35
真壁・平山（2014）では、量的緩和縮小後の世界経済についての状況を想定したものの、新型コロナ・ショックの発生により再緩和が実施された。

3.5 2020年代の位置づけと物価上昇

膨らみ過ぎた世界中の中央銀行の資産

図3-6は、主要な中央銀行の資産残高の推移を示したものである。2008年にグローバル金融危機が発生して以降、中央銀行の資産残高は、拡大基調となっているのが確認できる。米国に加え、欧州、日本、中国の合計額でみると、危機前の約7兆ドルが2018年2月には20兆ドル台となり、10年間で約3倍まで急膨張したのである。年率に直すと約12%のペースで膨らんでいたことになるが、この増加は、前節でも示したように、金融機関等から準備預金等を受け入れる代わりに、積極的に国債などを購入する量的金融緩和政策を実施した結果である。しかし、2015年末には、米連邦準備制度理事会（FRB）は、利上げを決定し、その後数回にわたり利上げを進め、さらに2018

年以降、膨らんだ資産規模が緩やかに減少していくように償還を迎える国債等の追加購入を控えた。

ＦＲＢは、危機対応からの離脱を図り、正常化の過程に入っていくのであった。欧州中銀や中国人民銀行もＦＲＢに歩調を合わせ、資産を圧縮させたものの、わが国の日本銀行だけは、主に物価上昇率の目標が達成できていないという理由で資産圧縮に転換せず、むしろ資産額が純増したのである。しかし、２０２０年に各中銀は、再び発生した危機（新型コロナ・ショック）への対応から、資産規模拡大に舵を切り返し、資産合計額が２０２２年２月に３１兆ドルを超えるまでに急増した。

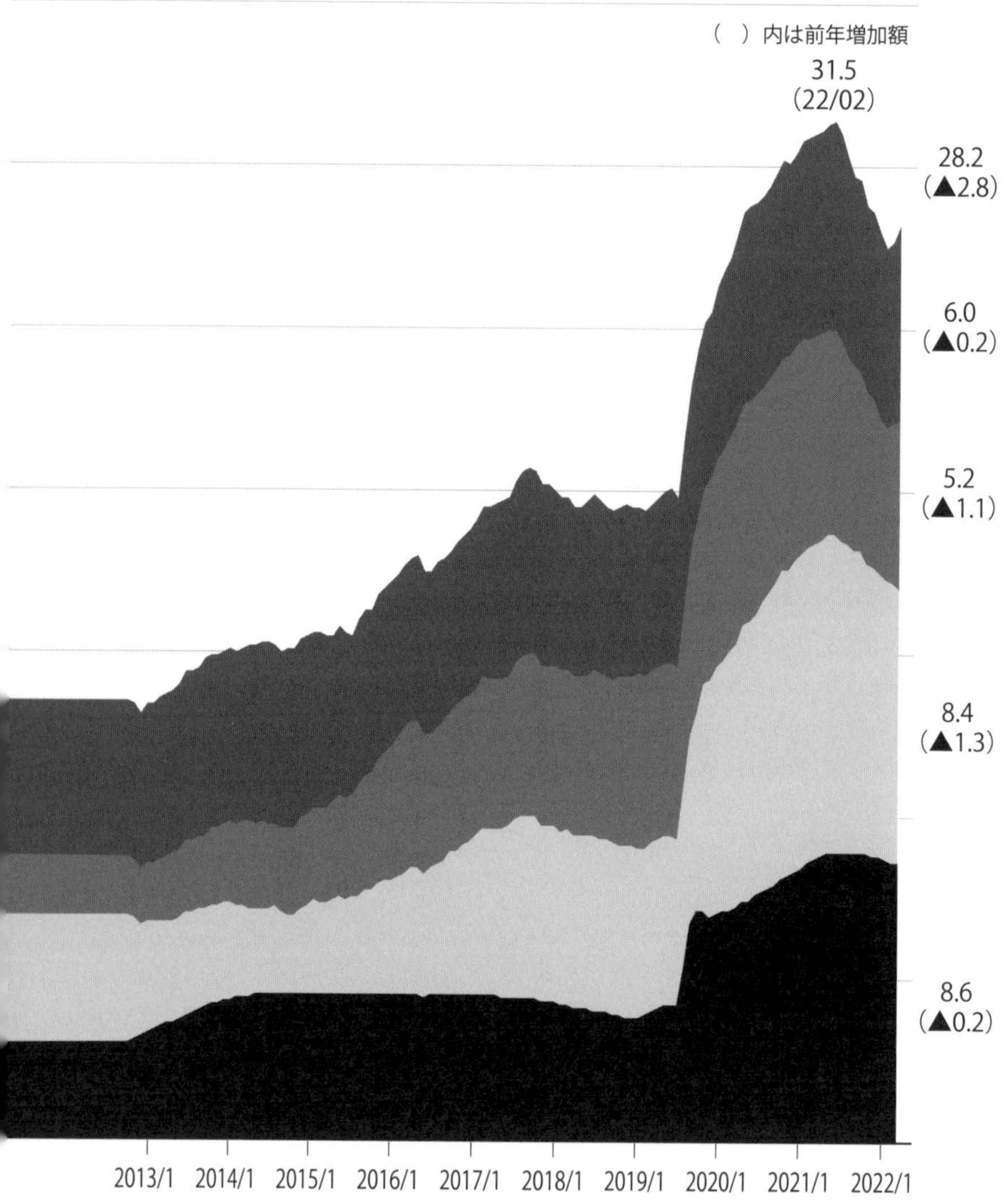
（　）内は前年増加額
31.5
(22/02)
28.2
(▲2.8)
6.0
(▲0.2)
5.2
(▲1.1)
8.4
(▲1.3)
8.6
(▲0.2)
2013/1
2014/1
2015/1
2016/1
2017/1
2018/1
2019/1
2020/1
2021/1
2022/1

●図 3-6　主要中央銀行の資産残高

出所：各中銀資産残高（兆ドル）各中銀のデータを基に作成（2003/01 ~ 2022/12）

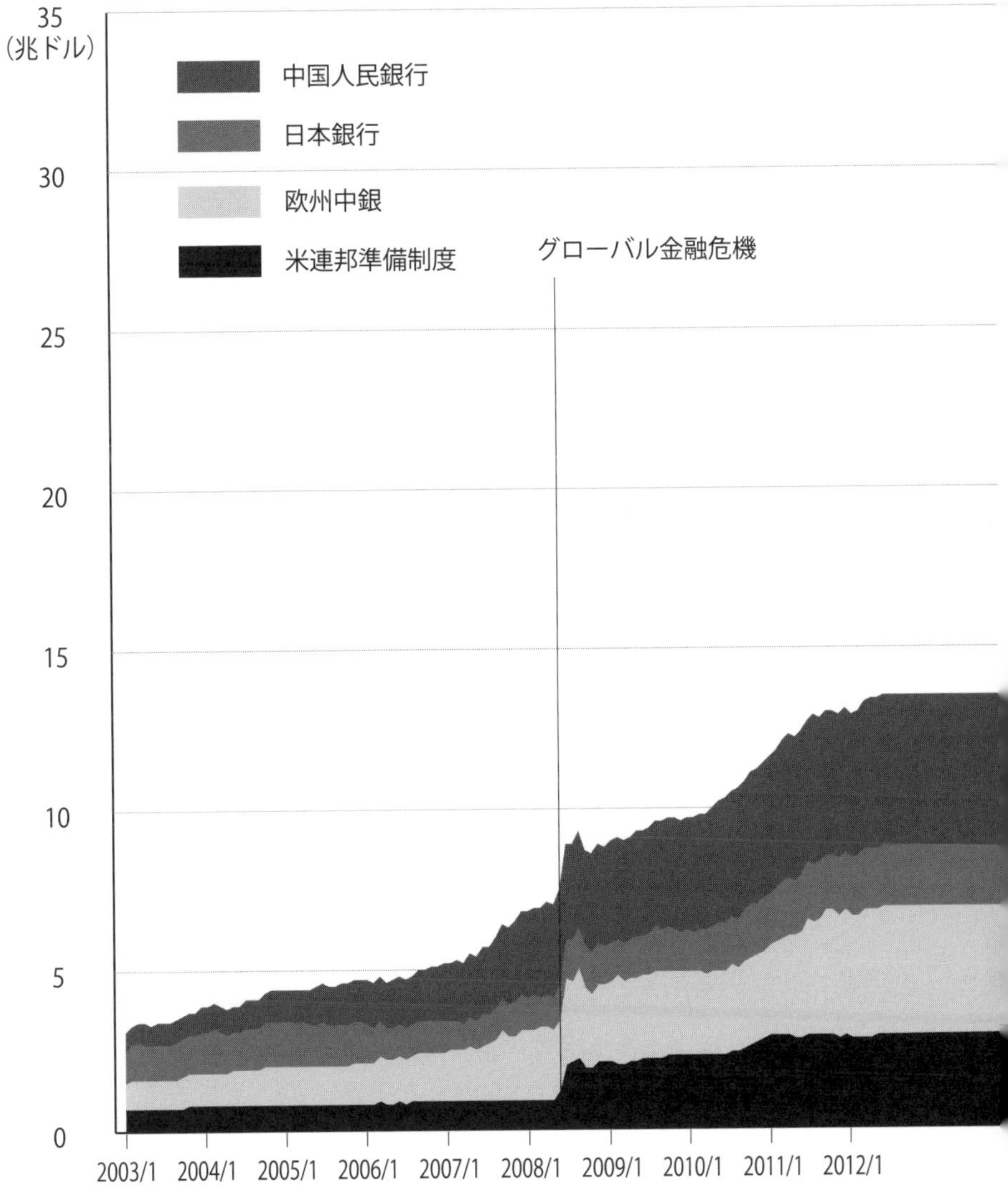

一方、2022年には新型コロナ・ショックからの回復に加え、ロシアによるウクライナ侵攻も影響して、世界中で物価上昇圧力が強まった。これに対応するために、FRBや欧州中銀などは、急速に金融引締姿勢を強めたため、史上稀に見るスピード利上げを実施したのである。各中央銀行の資産合計額も、急速に縮小している。数十年間にわたり、各中央銀行は、物価上昇を気にせずに金融緩和政策を発動できていたが、打って変わって中央銀行の最優先事項として、物価の安定が急浮上し、インフレ率の安定化に注力する時代に戻っていると言えよう。

1990年代から2010年代にかけての30年間、すなわち**協調の時代⑥**や**対立の時代⑦**は、1980年代までとは異なりインフレ率が安定的に推移したため、中央銀行の金融政策は、インフレを気にせずに危機や経済状況悪化に対応することができた。物価の安定が一定程度確保されていたために、中央銀行は、容易に金融緩和できるフリーハンドを握っていたのである。しかし、その延長線上で、グローバル金融危機やコロナ・ショックに対応する際に、中央銀行は、あまりにも多くの国債を購入する量的金融緩和政策を実施してしまった。いよいよ、その「ツケ」を払わざるを得ない時期に来ているのである。**インフレ率が落ち着いているときには、心残りなく危機の際に各中央銀行は、金融緩和による資金供給を実施することができたが、インフレ率が上昇し不安定になってくると、金融緩和を進めにくくなる。**

現在進行中である**対立の時代⑦**も中盤を越え、政府による市場介入の限界が物価や国債利回りの上昇となって表面化してきているため、中央銀行は、容易に中銀プットを発動し難い状況に追い込まれている。つまり、この期に及んで、われわれは、中銀プットの発動要件として物価安定という条件があったことを再認識するようになったのである。この要件を失った段階では、金融緩和政策による株式市場の救済は、そうそう発動され難く、金融緩和政策による市場安定化には手枷・足枷がはめられる状態に至ったと言えよう。

２０２２年末の中央銀行の資産規模は、米連邦準備制度理事会が８．６兆ドル、欧州中銀が８．４兆ドル、日本銀行が５．２兆ドル、そして中国人民銀行が６．０兆ドルとなり合計で２８．２兆ドルまで減少するとともに、政策金利の引き上げにより、世界中の国債利回りも急上昇している。株価指数も上昇基調から転じ、企業ごとの格差が目立ち始めている。この状況は、多くの水（資金）が投入されて水でいっぱいになっていたプールにたとえることができる。このプールでは、どんな人も軽快に気持ちよく泳ぐことができていたものの、この水が抜け始めることで、水で隠れていた部分が露呈しはじめたとすると分かりやすい。スタイリッシュな水着をつけていたのか、それとも水があるのをいいことにして、隠れて裸で泳いでいたのかが白日の下にさらされるようになる。金融市場では、本当に魅力的な投資対象なのか、それとも見掛け倒しの投資対象なのかは、主要中銀によるサポート（資金注入）が消え去ったときに、衆目の目にさらされるのである。

つまり、2022年以降、金融市場で発生していることは、真に価値の高い投資対象なのか、それとも見掛け倒しの投資対象だったのかの選別に他ならないと言える。日本を除くと、世界的に低金利であるがゆえに生き延びてきた「業績改善が難しい高債務企業」も退出を余儀なくされるかもしれない。株式市場でも、しっかりと付加価値を創出できる企業とそうではない企業の選別競争が一層強まり、企業別の格差が拡大する可能性があると言えよう。また、水嵩が高かったこともあり、量的金融緩和時代には、リスクに対する警戒心が麻痺し、高リスク資産にも過大な資金が流入し過ぎる傾向があった点は否定できない。米国債利回りが一定水準を超えた局面では、少しでも利回りの高い投資対象を探す動き(サーチ・フォー・イールド)も動きが止まる。過去、数十年間にわたる金融市場の雰囲気は一変しつつあると言えよう。

以上のように、**対立の時代の後半には、市場による効率性を犠牲にしてでも、政府が安定性を追求したため、価格形成の矛盾・歪みが表面化する傾向がある。**政府により創り出された市場の歪みは、大きな転機に向かい始める。市場ではマグマが溜まっていくが、いずれ政府が市場介入により規制してきた市場価格や物価の安定がコントロールできなくなる可能性がある。特に、政府債務比率が上昇して、通貨を発行する中央銀行も膨張しているため、国債や通貨の仕組みが揺らぎやすくなっている点には注意が必要であろう。対立の時代、さらにそれが煮詰まる過程では、国際通貨・決済システムが揺らぎ始める事例が、前節で紹介した通り散見されるようになるのである。

なぜ新通貨にスポットライトが当たるのか？

対立の時代⑦の現在は、**対立の振れが煮詰まり、国際通貨・決済システムに揺らぎが生じ始めている。**この流れに沿って、暗号資産（仮想通貨）が台頭し、中央銀行電子通貨（CBDC）の実験が繰り返されるようになったと考えると合点がいく。現在、「ビットコイン」や「ディエム（Facebookが構想するデジタル通貨、2020年12月に「リブラ」から名称変更したが2022年に発行中止が発表された）」といった、既存通貨を基準としない通貨システムは、名前と形を変えて次々と生まれ始めている。CBDCは、各国政府などに基づく既存通貨の一種だが、暗号資産のような**新通貨＝脱政府通貨**については、息切れする構想もあれば、しぶとく残る案件もあり、将来的には米ドルを主軸にした国際通貨・決済システムが変わる予兆と言ってもよいかもしれない。**グローバル金融危機だけでなく新型コロナ・ショックに対応した各国中央銀行による通貨供給の拡大や、政府債務の拡大による、主要政府発行の通貨に対する信認（クレディビリティ）に揺らぎがみられる**だけに、注意深く動きを見ていく必要があるだろう。

少なくとも、既存通貨は自国通貨安戦争という不健全な競争を繰り広げてきたのに対して、新しい通貨間では、その使い勝手の良さなどを基準に美人競争が繰り広げられるため、健全な競争という点では対照的と言える。これは、既存通貨の場合、自国通貨安を政策として誘導すれば、時限的には自国で製造した財やサービスの輸出を拡大しやすくなるため、手取り早く経済浮揚効果が得られる。このような自国の雇用拡大という動機に基づき、既存通貨の場合には、通貨下落競争に陥る傾向があるわけだ（逆に、近年では、自国通貨安によるインフレ懸念が台頭し、通貨防衛に走る事例が散見されるようになっている）。それに対して、新たに生まれようとする通貨の場合には、国家を前提としないため、守るべき国益が無い。むしろ、広く社会に受け入れられるために、通貨そのものの魅力を高める競争をしなければ生き残れない。**新しい通貨は、利便性、セキュリティ、プライバシーという側面からのクオリティ競争を繰り広げる**わけである。

既存通貨を発行する政府からしてみれば、目障りな位置づけにあるのは間違いないだろう。政府にしてみれば、既存通貨を発行する際に生じる通貨発行益（シニョレッジ）を将来的に得られなくなる可能性があるからだ。そのため、政府を超えて発行される新しい通貨の試みは、政府による干渉と規制強化の対象となるはず。各国政府は、無制限の強制通用力（法貨）を既存通貨に与えているため、脱政府通貨が主軸になるには大きなハードルがあるのは間違いない。

しかし、政府債務と民間債務が同時に膨張する現代にあって、さらに膨張していた主要な中央銀行のバランスシートの圧縮に失敗するならば、既存通貨に基づく国際通貨・決済システムに対する信認は崩れる可能性がある。このとき、脱政府通貨、もしくは代替候補になり得る決済システムによる挑戦の勢いは増すであろう。やがて到来する協調の時代に至り、この熾烈な政府による介入を生き延びて競争に打ち勝った通貨や決済システムは、主導権を握り新しい国際通貨・決済システムの主役を担うことになるのではないか。

次に、脱政府通貨の台頭の位置づけを確認するために、再度、２０世紀以降の通貨システムの歴史から改めて確認しておこう。２０世紀初頭は、よく知られているように、実物（モノ）としての金（ゴールド）や銀（シルバー）に裏付けられた通貨が使われる「金（銀）本位通貨」時代であった。金貨や銀貨だけではなく、紙幣が使われる時代でも、一定水準での金や銀との交換（兌換）が約束されている兌換通貨であれば、この時代に含めてもよいだろう。この貴金属を基準とした通貨の時代には、コメや砂糖などモノの価値は、金や銀の価値と比べられることになる。干ばつや水害といった悪天候が発生し、米が不作になり供給減になっても、金や銀の生産量は大きく変化しなかったため、コメの希少性が高まり、金や銀を基準にした場合のコメの価格が上昇するのは理解しやすい。逆に豊作になれば、コメの供給量が増加するため、希少性が低下したコメの価格は、変化しない金や銀の価値に比べて下落した。金や銀をモノサシにして、その他のモノの価値を計測していたため、ある意味では、**「モノ同士の比較の時代」**であったと言ってもよいだろう。この金（銀）本位通貨は、**対立の時代①**や**対立の時代③**の末期に揺らぎ、国際通貨・決済システムとしての地位から引きずり下ろされてきた。この時代には、国際決済システムの主役を演じたロンドン市場や英銀の地位もピークアウトしている。それでも、第二次世界大戦後のブレトンウッズ体制では、米ドルと金との兌換が前提とされるように再編成され、各国通貨は米ドルと固定比率で交換されていた。各国通貨は、米ドルを介して間接的に金と関連づけられたのである。決済もニューヨークを基盤に米銀が世界中に信用を供与する仕組みがワークした。

その後、ニクソンショックを経て１９７３年には、この関係が大きな変化期を迎える。**対立の時代⑤**の初期には、変動相場制への転換という国際通貨・決済システムの一大転換が行われたのである。この国際通貨・決済システムの転換は、金融市場に大きな影響を与えた。米ドルの金兌換が停止されたため、金という一種のモノに結び付けられていたカネの発行量調節は、完全に連邦準備制度理事会（ＦＲＢ）といった各中央銀行に委ねられるようになったからである。それまでは、紙幣を発行するＦＲＢがその裏付けとして一定割合の金などを保有しているのを前提に各中央銀行と調整する体制だったが、その必要がなくなったのである。世の中に存在する金の残高は大きく変化しないため、金兌換紙幣の場合、その発行量には制約があったが、中央銀行が非兌換紙幣の発行量を決定できるようになると、この前提が根底から崩れたのである。

金との関係が断たれた紙幣の発行は、政策金利を決定する中央銀行に委ねられるようになったため、紙幣は、政府や中央銀行が健全な政策を行うという信用を裏付けに発行されるようになったと考えてもよいだろう。つまり、既存通貨は、政府の信用や中央銀行の信認に基づく「信用本位通貨」とも言えるステージに立たされたのである。さらに、米銀による米ドルの貸出は、勢いを止めることはなかったため、むしろ、国際決済は米国を中心に、より円滑化することに成功した。しかし、中央銀行が、社会の各所に歪みをまき散らすような政策を行い、社会からの信認を失えば、中央銀行が発行する通貨の価値も揺らぐはず。つまり、モノの価値を計測するモノサシとしてのカネは、従来は金や銀といったモノと一体化していたが、兌換紙幣という期間を経て、モノから離脱して、異なる存在として対峙する「**モノとカネが比較される時代**」になったわけである。その意味では、私たちが普段生活している社会は、モノとカネが互いに価値の違いを比べ合っている世界と言える。たとえば、相対的にモノの希少性が極端に高まれば、モノの価格が上昇しインフレが進み、反対に、カネの希少性が極端に高まれば、モノの価格が下落しデフレが進行するわけである。

ところで、近年、情報技術革命の進展により、モノの価値をカネと比較するだけではなく、多面的に計測しようとする動きが強まっている。従来は、カネという便利な物差しを一元的に使って、モノを評価すればよかった。価格という一つの情報に、モノの価値が集約されて表現されてきたわけである。ところが、2010年代後半以降、ビッグデータの分析が汎用化され、一度に処理可能なデータ量が急増しているため、モノの価値を複数のモノサシで再評価できるようになっている。生産に要する環境負荷、生産過程のトレーサビリティ、安全性、耐久性といった多様なデータを統合してスコアリング化すれば、モノの価値は、価格だけではなく、モノの特性データという側面からも計測できるようになり、モノそのものの価値を、より的確に表現できるようになるはず。つまりカネだけではなく、モノそのものを表現するデータまでもが、その価値を計測するモノサシの役割を果たすことが期待されるわけである。このデータは、蓄積されればされるほど、データそのものが価値を有するようになる。モノを多様なデータで計測するという取り組みだけでなく、ヒトにおいても、多くの人々の嗜好データは、価値を持ち始めてきている。このデータは、GAFAM等のデータ・プラットフォーマーに偏って存在するようになってきているため、その中でも希少性の高いデータは入手が難しく、そのデータ取得価格も上昇傾向で推移していると考えられる（もっとも蓄積されるデータ量が急増しているため、玉石混淆の感は否めない）。

以上のような歴史的経緯を確認すると、「**モノとデータが比較される時代**」における新通貨や決済システムの位置づけがはっきりと浮かび上がってくる。データに価値を計測するモノサシの役割が付与され、それ自身が価値を持ち始めたデータを抱えたデータ・プラットフォーマーが、より高度な決済ツールも提供するというのが、新通貨「ディエム（リブラ）」であった。各金融当局から実現可能性に対する疑問が投げかけられているものの、①価値尺度、②価値貯蔵、③決済という通貨の３機能が充足されつつあることから、すわや国家を基にしない強力な脱政府通貨の誕生なるかと、各国政府や中央銀行が警戒したのは記憶に新しいところ。結果的には、この計画は中止されたものの、各中央銀行による中央銀行電子通貨（ＣＢＤＣ）創設に向けての背中を押したのは間違いないだろう。また、今後も政府債務の累増化を懸念して、前記したように国家を基盤としないことで信認を繋ぎとめやすい新通貨や新決済システムの創設の試みは繰り返されることになろう。この場合、データを背景とした決済通貨であると捉えれば、若干飛躍はあるものの「金本位通貨」、「信用本位通貨」に続く「**データ本位通貨**」と位置づけられるかもしれない。特に、この新通貨による金融機関の貸出が活発化し、預金として記録されると既存の仕組みは完全にひっくり返るだろう。確かに信用本位通貨の一つである中央銀行電子通貨もデータ本位通貨も、利便性の見返りにセキュリティとプライバシーが犠牲になる可能性が指摘されるように、乗り越えるべき課題は多いだろう。しかし、歴史的経緯からすれば、この動きを頭から否定してばかりはいられない。国際通貨・決済システムは、数十年ごとに賞味期限切れを迎えており、現在のシステムは半永久的に続くと考えるべきではないというのが、歴史の教訓であるからだ。

特に決済についていえば、国際決済システムの基盤の一つであるSWIFT（Society for Worldwide Interbank Financial Telecommunication）に対峙する中国のCIPS（Cross-Border Interbank Payment System）体制の台頭も、従来の国際資金をめぐる覇権争いの一つであり、純粋な経済動機よりも政治性を帯びた動きであると言えよう。対立の時代に、決済システムを握ることは、非常に重要な要素になりつつあるからだ。今後、**対立の時代**⑦が進行する中で、次世代の国際通貨システムや決済システムが、分立、新生するにせよ、新たな歴史の転換点を迎える可能性は排除できないだろう。

空想の域を出ないが、多くの人々が現在の既存通貨・決済システム以外の仕組みを多用するようになれば、主要既存通貨等の価値は低下するため、主要既存通貨建ての物価には上昇圧力が生じる可能性がある。一方、新通貨の場合には、この影響が及ばずに、物価の安定性が維持されるため、この国際通貨・決済システムをめぐる競争は、物価競争でもあると言ってよいだろう。この戦いに敗れた場合には、第二次世界大戦後に日本円が大幅に減価する一方、米ドルが安定していたという対照性（図3-3）が示すように、**既存通貨での大幅なインフレに対して、新通貨の物価安定という現象**が発生し得ると考えられる。これは、物価をめぐるリスクシナリオの一つである。

４つのコスト上昇が企業経営を苦しめる

従来からわれわれは、経済社会の変化を整理する際に、ヒト、モノ（財・サービス）、カネという３要素をフレームワークとして考えてきた。しかし情報社会化という大きな構図の転換により、この３つの要素には「情報（データ）」という第４の要素を加えて考える必要があるのではないか。第１章、第２章で確認したように、数百年単位での変化である総人口増加率の低下に加え脱産業化・情報化が物価抑制要因としてはたらいてきたため、インフレ率は低位で安定的に推移してきたが、足元では、数十年単位での国際関係の対立による物価上昇圧力が勝りはじめている。情報化は数百年単位での趨勢だが、対立化は数十年単位での循環的な動きであるとはいえ、当面はこの循環要因の影響度が高い状態が続きそうである。この**対立の時代⑦**には、モノ、カネ、ヒトの動きが滞るだけでなく、データにも分断の波が押し寄せる。この点について以下では、４つの要素を基に整理してみたい（図３-７参照）。

第一に、ヒトについては、第２章で詳述したが、全体観としては、現在の総人口増加率は１％未満であり、２０５０年には０.５％を下回ると推計されている。人口は増加するものの、その増加ペースは緩やかになっていくわけだ。また、２０世紀末から２１世紀にかけて、中国をはじめとした新興地域で誇った高い経済成長率も、最近では鈍化しており、中間所得人口の増加ペースも一段落していることから、消費のためのモノ需要も安定的に推移する可能性も高い。さらに、ビッグデータを活用して効率的なモノの配給システムが行き渡りつつあることから、モノの無駄遣いを回避できるようになってきている。モノに対する過剰な需要が生じにくい環境が整いつつあると言ってよい。このようなヒトから出発した「**モノをめぐる構図**」は、モノに対する需要が盛り上がらず、ディマンドプル・インフレは生じにくいことを意味する。これは数百年単位の趨勢である。ただし、ヒトというリソース（人的資源）は、生産年齢人口比率の低下に代表されるように無尽蔵ではなく、ヒトの手を介さないと提供できないようなサービスへの対価は上昇圧力が働き易い。一方、モノに対する需要サイドではなく労働力の供給サイドから見たヒトは、対立の時代が鮮明になっており、この構図に新たな要素が加わっている。生産年齢人口比率の低下により、安い賃金による生産が難しくなり、労働コスト上昇が想定されるようになっているのである。つまりヒトという側面から見たコストプッシュ・インフレである。

第二に、かつてモノに対する需要が高まっている産業社会が主軸の時代には、モノを製造する設備や工場への投資が活発であった。そのため投資資金の調達も活発になり、融資をはじめとするカネに対する需要が輪をかけて高まっていたのである。しかし、現在のようにモノ需要が安定化してくると、設備投資のための資金調達ニーズが低減し、カネ需要も減退するようになった。余ったカネは、企業の資金調達を容易にさせ、あまり効率の良くない投資物件や、リスクの高い案件などに投資されたのは記憶に新しいところ。カネに対するニーズの低下は、金利水準に対しても低下圧力となってはたらいた。特に世界中の中央銀行が量的金融緩和政策を積極化させていた時は、低金利から逃れるように、世界中を「より高い利回りを求めて」余剰資金が駆け巡っていた。これは、前述したサーチ・フォー・イールド現象である。世界中の国債利回りも、ゼロ水準を下回るマイナス圏に沈み込み、水没金利の領域が拡散したために、▽36世界中の債券投資家が資産運用難に頭を抱えたのである。

一方、企業経営者は、本業での設備投資よりも、簡単に調達できる資金で自社株買いを実施して、一株当たり利益（EPS）を嵩上げして役員報酬アップをするケースも散見された。株価も嵩上げされ、時価総額が上昇したため、株式投資家の投資資産規模も膨らんだのである。しかし、この一連の動きに参加できる一握りの人と、参加できない多くの人々との格差は益々拡大するという負の側面も社会問題化する。カネの偏在性により、さらに「持てる者」と「持たざる者」の格差が拡がり、不平等が拡大するという**「カネをめぐる構図」**が鮮明になったのである。しかし、対立の時代が深刻化するにつれて、自由に移動できたカネにも制約が加えられるようになっている点は見逃してはいけない。このカネ余りの構図に資本移動規制という新たな要素が加わると、従来とは異なる現象が生じるようになるからだ。カネという側面から見た場合、世界中の投資家や金融機関から容易に調達できたカネが、一部の地域に制約されるようになるため、カネ余りにも転機が訪れたと言ってよいだろう。2020年代には、世界中の中央銀行が金融緩和政策から脱したため、政策金利だけではなく国債利回りも水準を切り上げた。政府だけではなく民間も含めて資金調達コストには、上昇圧力がはたらき始めたのである。つまり、モノに加え、カネという側面から見たコストプッシュ・インフレでの発生である。

▽36 詳しくは、高田（2019）、参照。

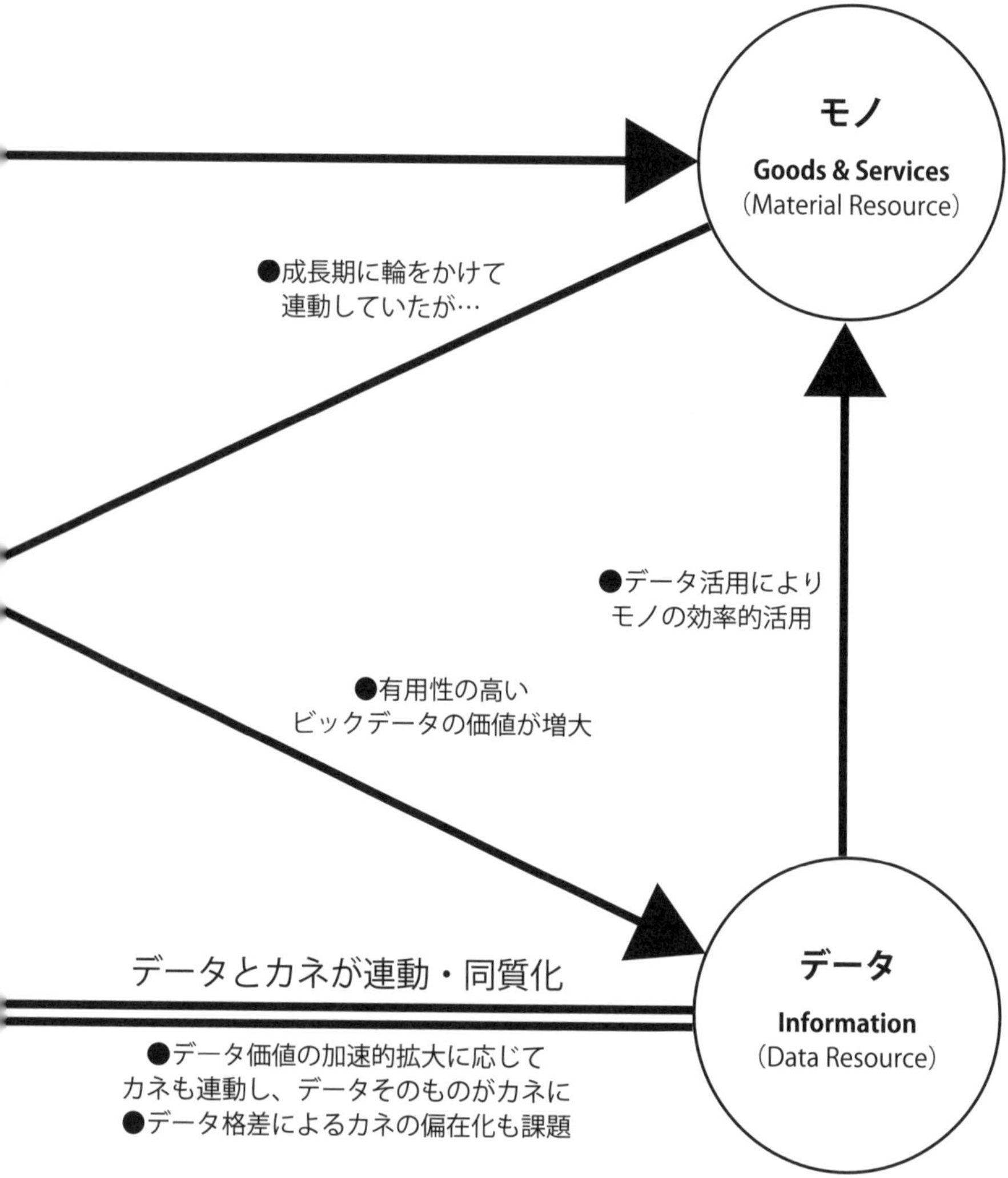
モノ
Goods & Services
(Material Resource)
●成長期に輪をかけて
連動していたが…
●データ活用により
モノの効率的活用
●有用性の高い
ビックデータの価値が増大
データとカネが連動・同質化
データ
Information
(Data Resource)
●データ価値の加速的拡大に応じて
カネも連動し、データそのものがカネに
●データ格差によるカネの偏在化も課題

●図 3-7　モノ、カネ、データ、ヒトで捉える現代社会

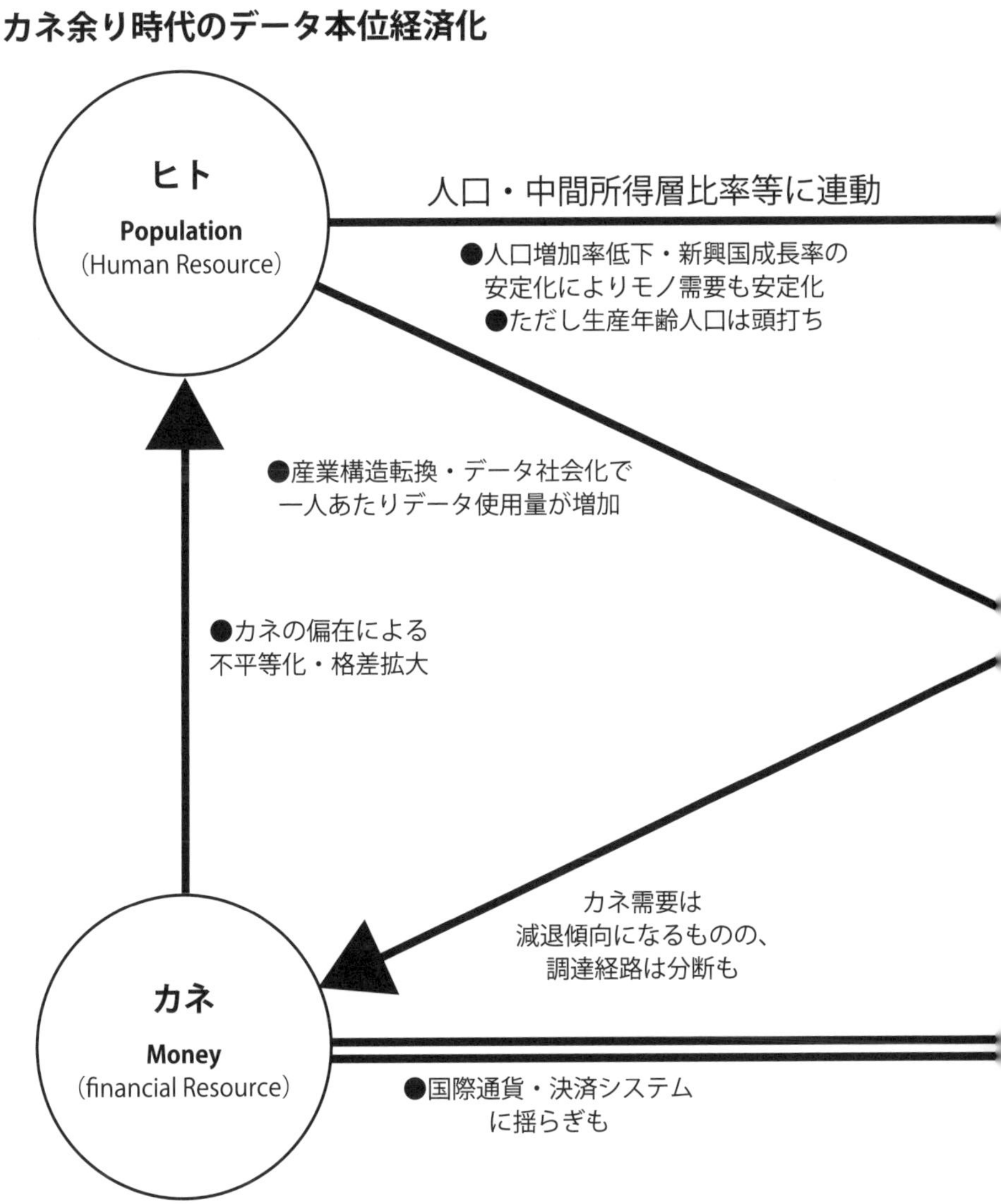

第三に、産業社会から情報社会へと産業構造が転換し、データ活用が進む中で一人当たりのデータ使用量が増加している。データ量が多くなればなるほど、ビッグデータとしての活用領域が広がり、そのデータをめぐる獲得競争も熾烈になっている。つまり一部のデータには大きな価値が伴うようになり、データがカネを生むようになっている。その究極として、データとカネが連動し始める可能性が指摘できるのではないか。データ本位通貨について記したが、いずれは両者が同質化してく社会の到来を予感するのは筆者だけではないだろう。**従来は、モノの使用価値がカネと交換されてきたものの、データの活用がカネを生むようになり、データの位置づけが高まり、信用（貸出）と決済を左右するようになる**わけだ。データ価値の加速的拡大に応じて、データそのものがカネに置き換わってくるのである。

ただし、蓄積されるデータ量は加速度的に増加しているため、価値の高いデータを取得する難易度は高まっている点には注意が必要である。溢れかえるデータの大海原で、魚群にも似た有効なデータ系列を探知し、見出すのは難しい。膨大な生データを無暗に解析したところで、それを価値に結びつけるためには、直観と経験に基づく暗黙知が求められるはず。このような人材を組織化できているのは一部のプラットフォーマー（ＧＡＦＡ等の超巨大企業）に他ならない。その数は限られているため、価値あるデータは寡占化される傾向が強まる。そこで、価値あるデータを取捨選択できるか否かというデータ格差が拡大し、益々カネの偏在性高めるという「**データをめぐる構図**」が、将来的に顕著になるのが想像できるだろう。このように考えると、カネの主役が、製造業の成長を背景とした政府・中央銀行を頂点とする**信用本位通貨システム**から、国家の枠を超えた情報社会で活躍する少数のプラットフォーマーを主軸とする**データ本位通貨システム**へ変わりゆくというイメージが描けるのではないか。

さらに、対立の時代が深刻化するにつれて、国境を越えてのデータ収集にも制約が課されるようになっている。グローバリゼーションの成果として統合されたサイバー空間にも、分断の嵐が吹き荒れているのである。世界各地で自由に獲得できたデータも、国家データ戦略の一環として規制が強化されるようになって久しい。サイバー空間での国家介入が、データの壁を高くして、データという側面から見た価値あるデータ取得の困難性がより高まっている。これは、価値あるデータにたどり着くまでのハードルを一層高め、データコストの上昇圧力になると考えうる。また、データ取得困難性に加え、サイバー空間でのセキュリティ確保が大きな課題になっている。国家・政府にとどまらず企業も含めた情報安全保障は、その組織の持続可能性を左右するからである。対立の時代におけるサイバー空間での攻撃は、対立する国同士の間にとどまらず、あらゆる主体間で加速度的に増加しており、あらゆる組織はセキュリティ確保に、さらに多額のコストをかけざるを得なくなっている。政府にあっても、データサーバーへ侵入されることは、社会基盤（交通・輸送システムや発電システムなどのインフラ）の機能麻痺につながるだけに、情報セキュリティは最優先課題の一つになっている。データコストだけではなくデータセキュリティコストの上昇圧力が高まっているのが、現代の大きな課題になっているのである。つまり、データという側面から見たコストプッシュ・インフレの発生である。

以上のように、情報化による物価上昇圧力の後退という数百年単位での趨勢にもかかわらず、対立の時代には、モノの動きが滞るだけでなく、カネ、データにも分断の波が押し寄せ、物価上昇圧力が勝るようになっているわけである。輸出入先が限定されて原材料費が上昇し（モノ）、国際資金移動が規制され金利・資本コストが上昇し（カネ）、価値あるデータの囲い込みとサイバー攻撃増加による情報コストも上昇（データ）している。これに移民や工場海外移転の抑制による人件費上昇というヒトの側面も加えた「**４つの壁**」が高く地域や国家間に立ちはだかるようになっているのである。つまり、モノの壁、カネの壁、データの壁、ヒトの壁は、企業活動に対してもコスト上昇圧力となり、全体的に企業業績を圧迫するため、経済成長にとってはマイナスの影響を与えることになる。企業経営者にとっては、賃金上昇等による利益率の低下を再認識すべきであり、投資家・株主にとっても、資本利益率（ＲＯＥ）に下方プレッシャーがはたらくことを覚悟すべきであろう。

ヒトをめぐる社会心理が物価をも左右？

前節で確認したように２０２０年代初頭にかけては、政府部門・民間部門が同時に債務を拡大させて経済テコ入れを実施しているため、ダブル・アクセルをふかしている状態であった。それだけに、**二つの債務拡大に転機が訪れる際には、世界経済の依存する支柱が失われるため、経済システム転換の衝撃が発生する可能性が懸念される。**これまで経験したことのない、民間債務拡大も伴う転機の到来は、国債市場の混乱と国際通貨・決済システムの転換だけではなく、株式市場や信用システムにも衝撃が拡がる可能性がある。

われわれは、２００８年のグローバル金融危機以降、過激な金融緩和に依存し過ぎて、金融市場の不安定を抑制するために介入し過ぎたのかもしれない。対立の時代にも関わらず、欲張って株式時価総額を含めた民間債務の急増までをも許してしまったのは、やり過ぎだったのではないか。歴史のパターンを探るならば、確かに民間債務拡大の時代の次には、政府や中央銀行による市場介入が強化され、安定化策が講じられてきたのは事実である。だが、そのリズムをあからさまに逸脱するような、民間債務のレバレッジも許してしまう政府や中央銀行による過剰な介入は、市場をコントロールできると考える人間の傲慢さ故の結果としか言えない。果たして、この政府および民間債務の同時拡張は、持続可能なのだろうか?

さらに、この対立や協調の周期は、人々の社会心理とも連動している。因果関係を明らかにするのは難しいが、**対立の時代は社会心理が乱れ、人々の指向が内向きになり閉鎖性が高まる。一方、協調の時代には社会心理が安定し、人々の指向も外向きになり開放性が高まる。**われわれ一人一人の経験でも、「一人になりたいとき」「仲間と一緒にいたいとき」があるように、人生でも閉鎖と開放は周期性を伴って循環しているかもしれない。そのように考えると、一人一人の人間の集合体である社会だけに、人間の指向が社会に反映されて、対立と協調の周期に反映されているとの思いを抱くことが可能だ。逆に、対立と協調の時代相が、社会を構成する一人一人の人間の心理状態に、さらに影響して、自己実現的に増殖させているのかもしれない。どちらが原因か、どちらが結果かということはともかく、大まかに見ればこの相関は、今後の時代を見晴らす上で大きなヒントになるはず。**数十年単位で捉えるならば、ヒトが社会に開かれていくときには、物価が安定し、過度な物価上昇の可能性を低下させていく一方、ヒトをめぐる関係が閉ざされていくときには、物価変動が高まり、過度な物価上昇の可能性も高まる**のではないか。このように考えると、モノ、カネ、データ、ヒトという4つの壁が高くなり、物価上昇圧力が高まっている現象も、「**ヒトをめぐる構図**」を軸に見ていく必要がある。本書のテーマである物価変動の先を見晴らすためにも、第2章で検討した数十年単位で内向きになる社会を構成している人口=

ヒトという側面を、深掘りすることで、より鮮明に将来が見えてくるように思えてならない。

第4章

物価変動の先にある長期シナリオ

4.1

物価変動の先を見晴らす

数百年単位の構造的な変化と、数十年単位の循環的な変化を前提として、物価に与える影響を記してきたが、その内容を最後にまとめると次のようになる。図4-1では、本書の主要ポイントを集約し、見取り図を描いている。21世紀全体を眺望するような超長期の物価見通しを描くこと自体、無茶であるとの批判を弁えつつも、大胆にシナリオ化を図ったものである。ここでは、数百年単位の超長期にわたる変化と数十年単位での長期的な変化を区別したうえで、それぞれ物価に影響する要因を、社会要因、人口要因、国際関係要因という3分野で捉えている。数百年単位の変化としては、脱産業化と情報化が進むという社会要因と、世界の総人口増加率が2050年にかけて0.5%を下回るようにペースダウンするという人口要因が、いずれも物価抑制要因としてはたらいていることを示している。

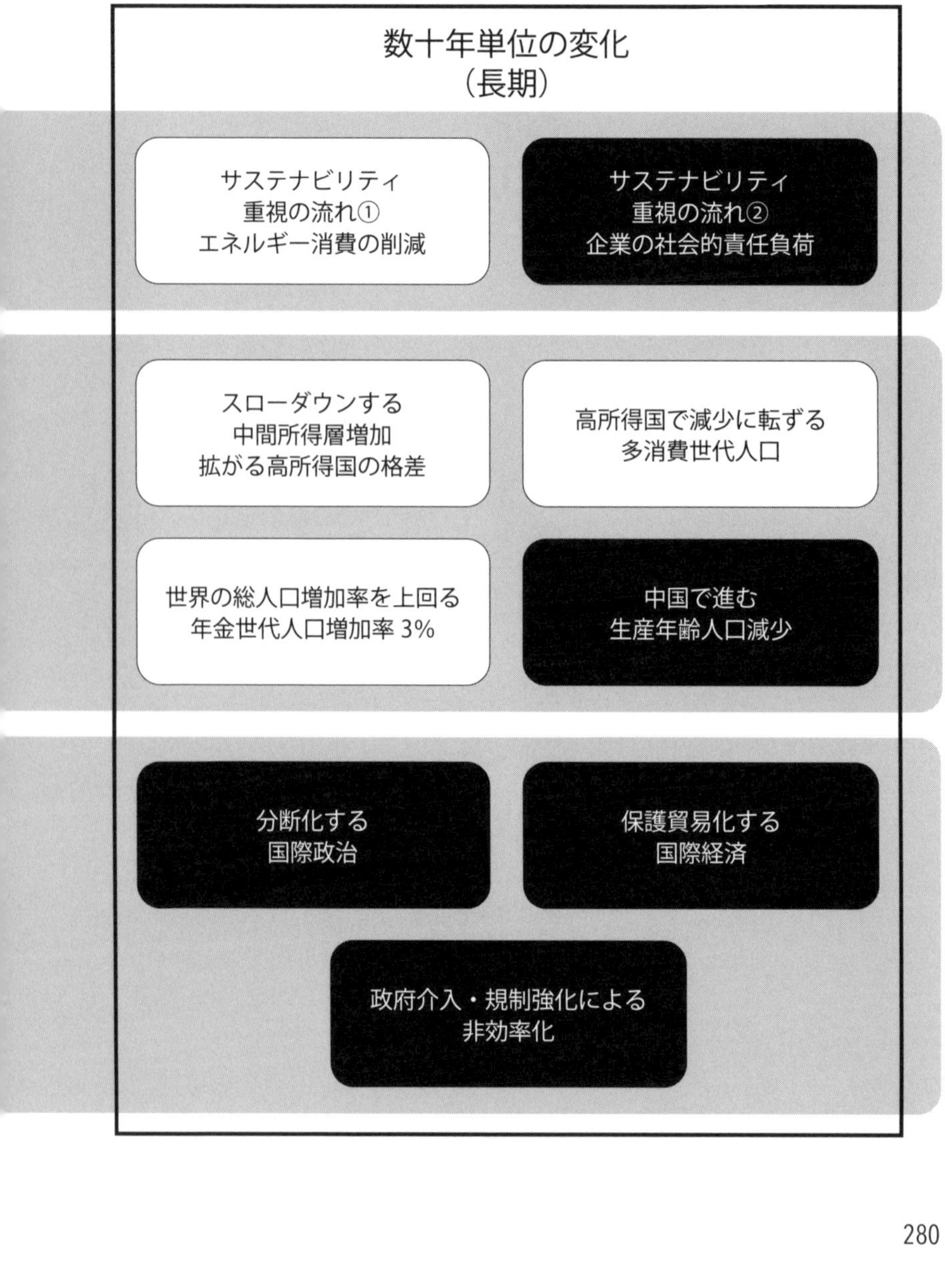
数十年単位の変化
（長期）
サステナビリティ
重視の流れ①
エネルギー消費の削減
サステナビリティ
重視の流れ②
企業の社会的責任負荷
スローダウンする
中間所得層増加
拡がる高所得国の格差
高所得国で減少に転ずる
多消費世代人口
世界の総人口増加率を上回る
年金世代人口増加率 3%
中国で進む
生産年齢人口減少
分断化する
国際政治
保護貿易化する
国際経済
政府介入・規制強化による
非効率化

●図 4-1　物価の見取り図

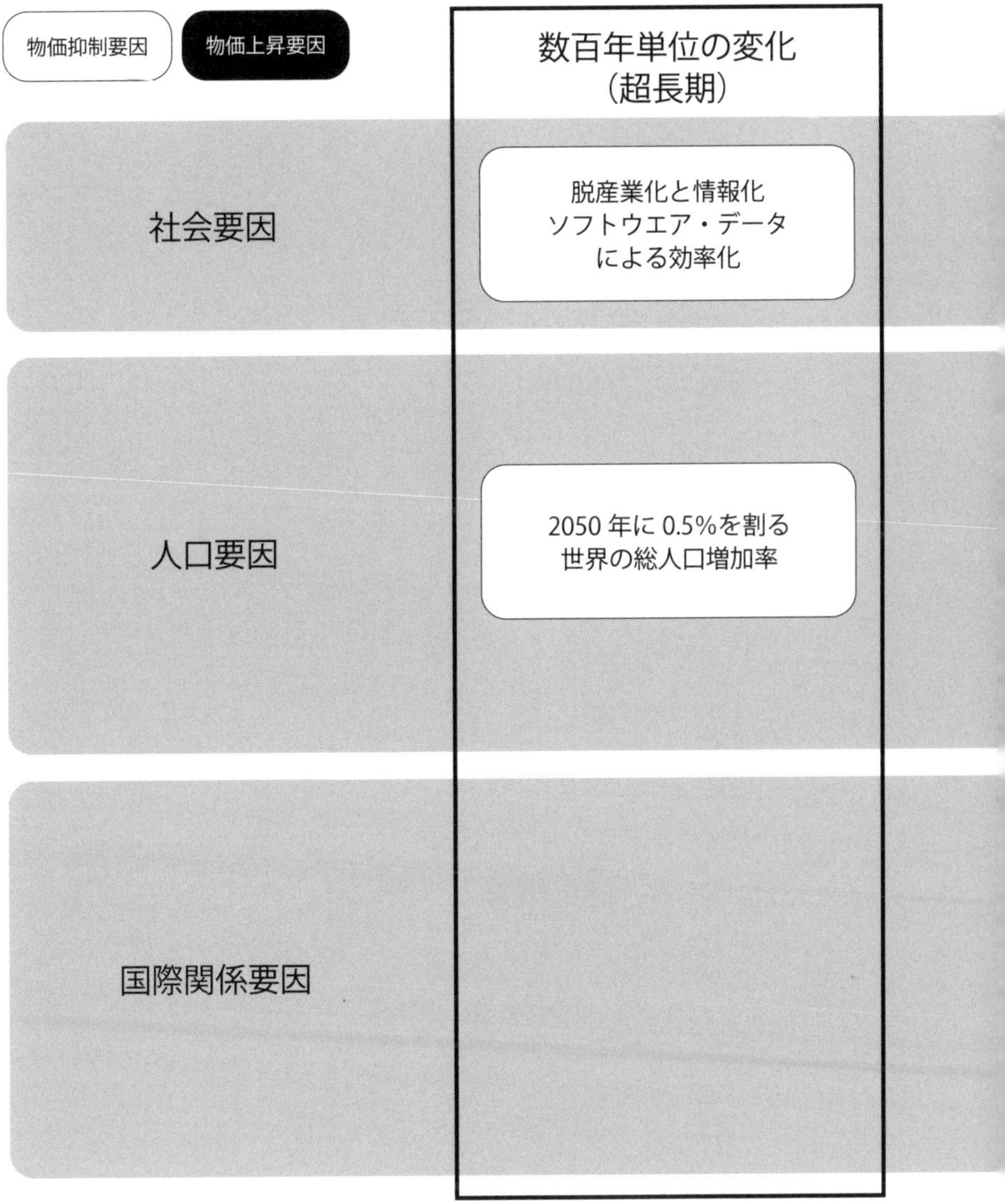
物価抑制要因
物価上昇要因
数百年単位の変化
（超長期）
社会要因
脱産業化と情報化
ソフトウエア・データ
による効率化
人口要因
2050 年に 0.5%を割る
世界の総人口増加率
国際関係要因

数十年単位の変化としては、社会要因として位置づけられるサステナビリティ重視の流れが物価抑制要因及び上昇要因としてはたらき、人口要因も物価抑制要因だけでなく、中国で進む生産年齢人口減少といった物価上昇要因も含むことになる。さらに同じ数十年単位の変化でも、国際関係要因に位置づけられる、国際政治・国際経済などの対立が４つの壁による物価上昇要因として影響していると考えられよう。各種の要因を総合して大まかに捉えると、**現代は、「数十年単位の変化」に位置する国際関係の対立化が物価上昇要因として、より強くはたらき、「数百年単位の変化」に位置する情報化と総人口増加率の低下による物価抑制要因を相殺する構図になっている。**このような構図を前提とするならば、１８世紀から２１世紀にかけてのインフレ率の歴史的変化も、次のようにイメージできるのではないか。

4.2

長期安定基調がメインシナリオ（数百年単位）

まず１９世紀以降の推移を図４-２で見ると、２０世紀インフレ率が異常に高かったことに気づくだろう。数百年単位の視座で前世紀の２０世紀を確認するならば、産業化の加速と高い総人口増加率がドライバーとなってインフレ率を底上げしたと考えうる。産業化は１９世紀に英国で浸透するものの、世界の先進地域に拡散するのは２０世紀に至ってからのこと。総人口増加率も１８世紀から１９世紀半ばにかけては０.５%程度であり、２%を上回るまで上昇する２０世紀とは大きく異なる。もちろん、１９７１年のニクソンショックを契機に、１９７３年には金や銀などを裏付けにした通貨制度から変動相場制に移行したことも物価上昇要因としてインパクトをもって付け加えなければならない。この影響もあり、１９７０年代から１９８０年代にかけては、特に物価上昇圧力に輪をかけ、インフレ率が過去２００年間で最も高い水準となったのである。

われわれは、日ごろ目にする消費者物価指数上昇率が、１９８０年代以降、趨勢的に低下しているため、インフレ率が大幅に上昇したという記憶に乏しい。そこで、時間軸を拡張して、数百年にわたるインフレ率の推移を確認すると、違った視野が広がり新鮮さを覚えるのではないか。インフレ率は、安定的に推移するものの、急激に上昇する局面や低下する局面があるのが改めて認識できるからである。われわれは、過去数十年、インフレ率が突如として上昇するという経験をしてこなかったが、この経験知を再考してみる必要があるだろう。データ期間を延長して数百年単位で確認するならば、インフレ率は、低位のレンジで安定的に推移するのが常態であり、１９７０年代から１９８０年代にかけての高水準が異常であったことが明らかになる。

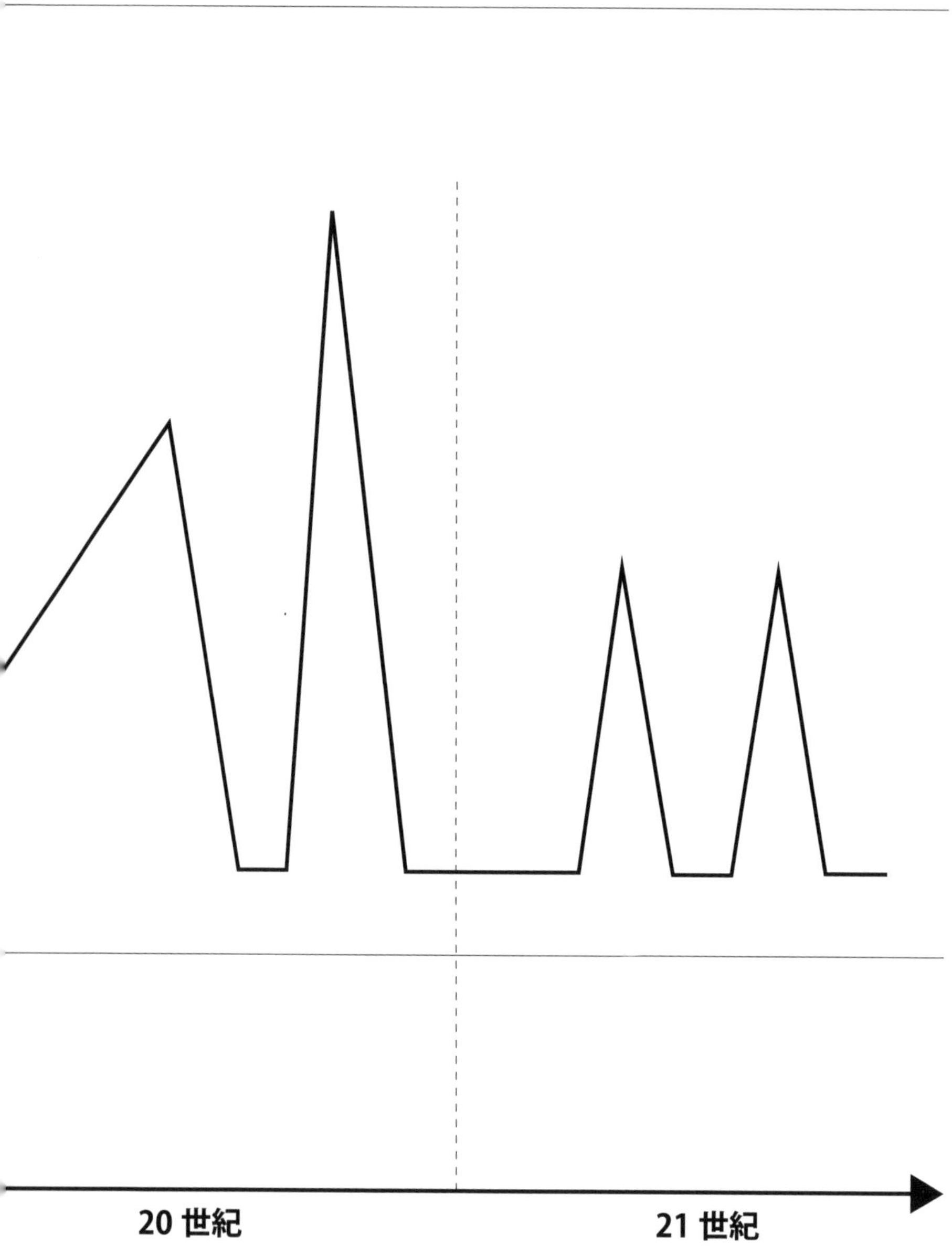
20 世紀
21 世紀

●図 4-2　21 世紀のインフレ率推移のイメージ

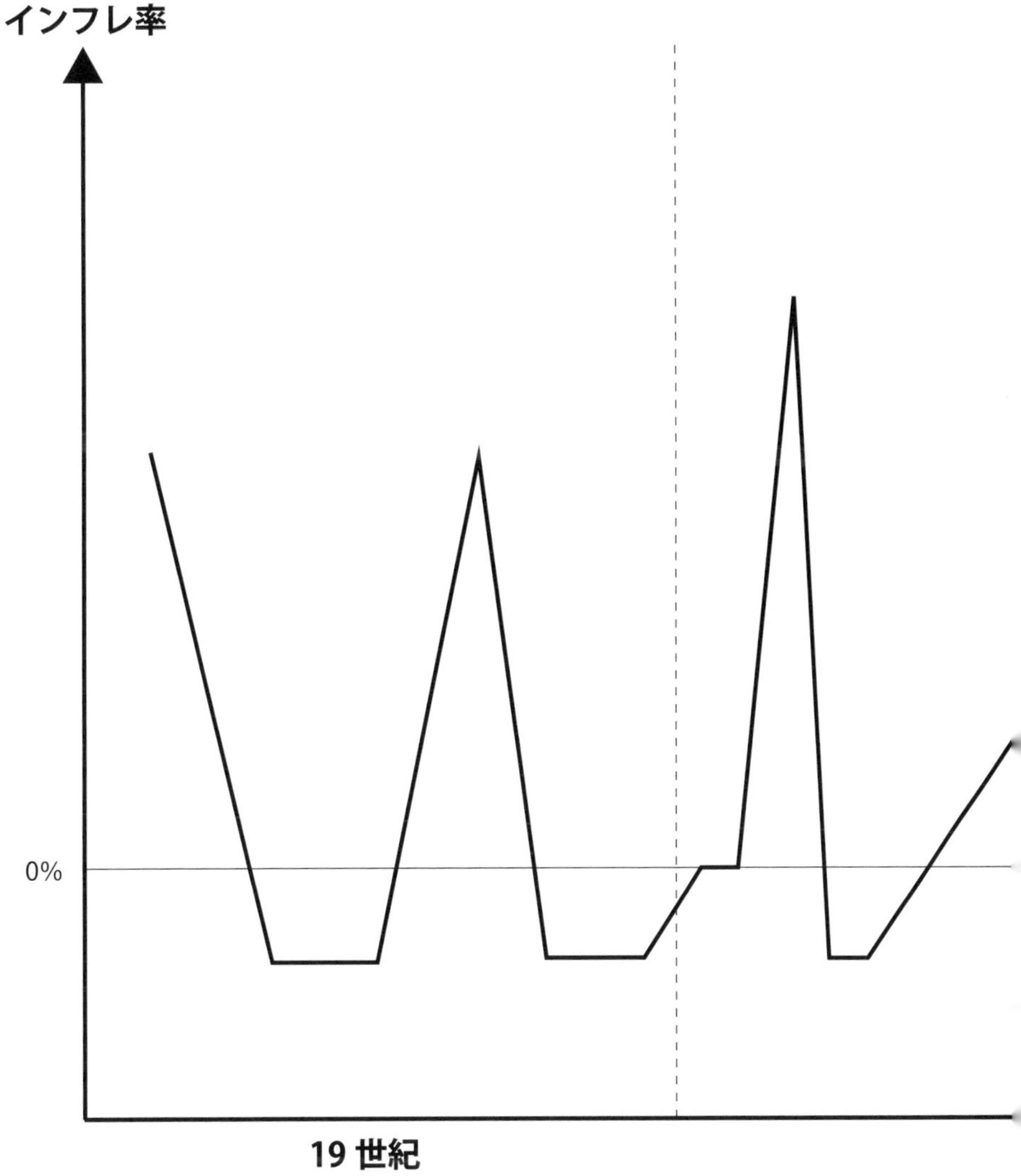

それでは、21世紀のインフレ率については、どのようなイメージを持てばよいのだろうか？おそらく百年単位での変化に基づけば、脱産業化と総人口増加率・中間層人口の低下を背景に、20世紀平均よりも低位での推移がイメージできるはず。総人口増加率も19世紀の水準に近似する1%未満となり、実質経済成長率も1%台になれば、インフレ率も19世紀並みを意識してもよいであろう。そのため**21世紀のインフレ率は、1970年代から1980年代にかけて主要国で経験した10%を超えたとしても、それは一時的な現象に限られるのではないか。**

4.3

心電図型の上下動が繰り返される（数百年単位）

次に、数十年単位での変化として人口要因をみれば、消費を牽引してきた高所得国での多消費世代人口が減少に転じ、世界の年金世代人口増加率も３％を超えるため、物価抑制圧力がはたらく。一方、世界の生産年齢人口増加率は２０３０年代には、総人口増加率を下回ることが想定され、さらに足元では中国の生産年齢人口が減少に転じ始めており、労働者不足による賃金上昇が生じやすくなっている。このコストプッシュ・インフレが物価上昇圧力となって、他の人口要因でみた物価抑制圧力を一定程度帳消しにする。人口動態における世代構成（多消費世代人口・生産年齢人口）は、今後、ラグを伴いながら綱引きを演じると考えられ、生産年齢人口の変化による賃金上昇圧力が高まる際には、物価上昇が一時的に発生する可能性も高まるだろう。

また、国際関係における対立と協調の時代の繰り返しは、数十年単位で物価上昇圧力を左右する。協調の時代には、ヒト・モノ（財・サービス）・カネ・データの需要と供給のばらつきがグローバルに調整されるため、物価の過度な上昇は発生しにくくなる。たとえば、ある地域でのモノ不足は、それほど時間をかけずに、他の地域での余剰分の移転により埋め合わされるだろう。世界中のモノやヒト、そしてカネでさえ、過不足が埋め合わされるように効率的な配分が実現されるわけである。一方、対立の時代には、ヒト・モノ・カネ・データの自由な移動が阻害されるために、ある地域での不足がなかなか埋め合わされない。親交国間では移動が確保される一方で、対立国同士での移動が抑制・禁止されるため、過不足の調整が難しくなるのである。それだけ物価上昇圧力は、高いままで残ってしまう。

２０２０年代から２０３０年代にかけては、米中対立に加えて各地での紛争の長期化により、世界中の財やサービスの過不足を調整することが難しくなっている。モノが生産者から消費者にまで流れていく経路であるサプライチェーンが分断されたままでは、物価抑制もままならない。具体的には、移民や工場海外移転に歯止めがかかり賃金の上昇をもたらし（ヒト）、輸出入先が限定されて原材料費が上昇し（モノ）、国際資金移動が規制されて金利・資本コストが上昇し（カネ）、価値あるデータの囲い込みとサイバー攻撃増加による情報コスト（データ）も上昇する。つまりコストプッシュ・インフレの傾向性が高まるのである。この対立の構図が、物価上昇圧力となってはたらくだろう。

しかし、このような対立の時代も、過去の事例に基づけば、やがて協調の時代へと振り子が反転する。

反転した後には、逆の現象が発生するため、物価上昇圧力が低下傾向で推移するようになるだろう。国際関係の動向からみれば、対立の時代には物価上昇圧力が高まるものの、協調の時代に物価抑制圧力が強まるため、状況の転換は、構図の変化を示すため注意が必要だ。つまり、**メインシナリオとしては、当面は数十年単位の物価上昇圧力がはたらくものの、２１世紀を通しては、物価抑制圧力がはたらき安定基調となる**ことが考えられる。

ただし、数十年単位のリスクシナリオとしては、グローバルな通貨・決済システムが転換する場合には、物価上昇圧力を大きく左右する可能性がある。米ドルを主軸とした一極国際通貨制度が二分化もしくは多極化するケースでは、従来の常識が機能しなくなるだろう。併存する複数の国際通貨制度どうしでの資金移動が難しくなれば（流動性が確保されなくなれば）、インフレ率や金利水準におけるグローバル連動性が著しく低下し、物価の見通しも通貨制度ブロックごとに大きく異なる状況になるだろう。また、既存の主要通貨が主役から退座して、脱政府通貨が新通貨として主役に駆け上がる場合は、主要通貨の価値が減じ、主要通貨から見た物価は上昇することになる。対立の時代には、国際通貨・決済システムの転換の可能性が高まるため、**リスクシナリオとしての通貨要因による物価変動**も頭の片隅には置いておきたい。

ところで、十年単位での物価動向は、人口動態と国際関係動向に左右され、数百年単位での長期安定基調に対して、インフレ率上昇期とインフレ率低下期という「山場」を数十年単位で発生させる。この推移に当てはまるのが、心電図である。横這いの後に、ピクッと上下動が発生し、その後また横ばいになるという繰り返しが心電図の波形。インフレ率の趨勢は、上昇と低下を繰り返すというよりも、この波形のように「**心電図型**」を描くことが多い。安定期→上昇期→低下期という3局面が繰り返されるわけだ。このイメージに沿えば、**21世紀は、インフレ率の長期安定を基調としつつも、2020年代初頭のように「対立の時代」が煮詰まり物価上昇圧力が強くはたらくインフレ率上昇期を経て、「協調の時代」の金利低下期に至るという心電図型パターンを数十年単位で繰り返す**わけだ。2020年代には、国際関係の悪化が与えるコストプッシュ・インフレの影響が色濃くなり、世界中の物価上昇をリードしているが、今後数年から十数年の間で、国際関係の改善トレンドが明確になれば、インフレ率の上昇も沈静化していくと考えうるだろう。なお繰り返しになるが、このメインシナリオに対して、国際通貨・決済システムの転換というリスクシナリオにより、21世紀のインフレ率の上昇幅が拡大する可能性は残っている点だけは注意しておきたい。

不確実性が高まる現代においては、以上のような大胆なシナリオが、そのまま発生することはないかもしれないが、インフレ率が気になり始めた2020年代初頭にあっては、基準となるシナリオを描く価値は高いのではないか。環境の変化に応じて、当然、シナリオは修正されるものの、長期シナリオ無しには、今後のチェックや修正は憚らない。このような立場から、視線を足元から水平線の先に移して物価変動の未来シナリオ作成を試みたのが図４-２なのである。過去数十年とは異なる事件や話題に事欠かない２０２０年代初頭だからこそ、少し遠くを見てシナリオを描く格好の時期であると言えよう。

おわりに

超長期の米国株価指数のグラフを見れば、だれもが「右肩上がり」の株価上昇を印象付けられる。しかし、30年超にわたり、われわれ日本人は、日本株価指数の低迷を体験してきただけに、将来が直線に沿って上昇・成長するという像を描くのは難しい。物価についても、他の国・地域とは異なり、わが国の場合には、上昇し続けるというイメージを描くことも難しいのではないか。というのも、2000年代のデフレを忸怩たる思いで経験しているからである。われわれ日本人が描くイメージは、世界中の多くの人々が描く「右肩上がり」とは掛け離れており、疎外感さえ感じるというのが正直なところかもしれない。

しかし、人口動態を見ていくと、戦後の団塊の世代の影響が、他国に先駆けて自国経済に影響を与えているのが明らかになる。他の地域よりも、少し早めに新しい時代を先取りしているのである。わが国が、他と比べて異質の存在であるのではなく、**世界のトップランナー**であったとすれば、疎外感は解消される。１９世紀から２０世紀に至る産業革命をいち早く取り入れたのが英国であったとすれば、その産業社会からいち早く抜け出しているのが、わが国であることは否定できない。そう考えると、これまでの後ろめたい思いが、見晴らしのよい高原に一番乗りしたような爽快な気分に転じるのではないか。不思議と言えば不思議だが、２０世紀の高成長と、高インフレは、世界の歴史においても異質な現象であったのである。この高成長・高インフレから一番乗りで脱した日本は、世界の新たなモデルを提案できるポジションにあると同時に、その使命があるのかもしれない。

社会学者の見田宗介氏は、「近代に至る文明の成果の高みを保持したままで、高度に産業化された諸社会は、これ以上の物質的な「成長」を不要なものとして完了し、永続する幸福な安定平衡の高原（プラトー）として、近代の後の見晴らしを切り開くこと▽[37]」を問いかけている。これは、人類が数百年単位の巨大な曲がり角に直面し、新たな時代を模索しているとの問いかけでもある。この珠玉の言葉に対して、いち早く実感をもって肯けると思えるのは筆者だけではないだろう。本書で示したように、**すでに１９６０年代に、世界の経済成長率と人口増加率はピークを迎えていたものの、１９７０年代から８０年代にかけての高インフレにより糊塗され、１９９０年代のグローバリゼーションの解放感に隠され、そして２０００年代新興地域の生産年齢人口増加に支えられて、グローバル経済の曲がり**

角が隠されてきたのである。名目上の経済成長は幻想であり、実質的な経済成長は緩慢化し、われわれは、高原＝プラトーに存在している。そのように考えると、サステナビリティを求める時代の風潮は、単なる風潮ではなく、先を見晴らすキーワードにもなり得るのではないか。社会は成長しなければならないという産業社会における錯覚の時代を振り払うと、物価上昇、物価変動の２０２０年代初頭は、数年、もしくは十数年という短い期間に限られた現象、すなわち一時的な現象であったと述懐する日がやがてやってくるかもしれない。物価変動の先を見晴らすと、そこには物価安定の高原状態が待ち受けている（インフレ率の低位安定）。人類の歴史から見れば、２０世紀の産業社会は、あくまでもレアな現象であり、われわれは１９世紀以前の安定の世界に回帰していくのではないか。本書を書き終えるにあたって、このような思いを強くする次第である。

本書は、辻・本郷グループの本郷孔洋会長に、「今、思うところを大胆に、自由に記してみたらどうか」と、背中を押していただいたことで上梓に至ったものである。お陰様で、頭の中に漠然と配列されていたイメージを再編成する良い機会となった。巻末にあたり、敬意を表し感謝申し上げたい。

２０２３年11月15日

平山賢一

▽37
見田（2018）、17頁。

Cowen, T. (2011), “The greatest stagnation: How America are all the low-hanging fruit of modern history, got sick, and will (eventually) feel better: A Penguin eSpecial from Dutton”, Penguin.（邦訳）タイラー・コーエン／若田部昌澄・池村千秋訳（2011）『大停滞』NTT 出版。
Dalio, R. (2018), “Principles for Navigating Big Debt Crises”, Simon & Schuster.（邦訳）レイ・ダリオ／伴百江訳（2022）『巨大債務危機を理解する』日本経済新聞出版。
Friedman, T. L. (2007), “The World Is Flat: A Brief History of the Twenty-first Century”, expanded edition, Macmillan.（邦訳）トーマス・フリードマン／伏見威訳（2008）『フラット化する世界（増補改訂版）上下』日本経済新聞出版社。
Huntington, S. P. (1996), “The Clash of Civilizations and the Remaking of World Order”, Simon & Schuster.（邦訳）サミュエル・ハンティントン／鈴木主税訳（1986）『文明の衝突』集英社。
Bremmer, I. (2010), “The End of the Free Market: Who Wins the War Between States and Corporations?”, Penguin.（邦訳）イアン・ブレマー／有賀裕子訳（2011）『自由市場の終焉 国家資本主義とどう闘うか』日本経済新聞出版社。
Maddison Project Database, version2018. Bolt, Jutta, Robert Inklaar, Herman de Jong and Jan Luiten van Zanden (2018), Rebasing 'Maddison': new income comparisons and the shape of long-run economic development" Maddison Project Working Paper, nr. 10, available for download at www.ggdc.net/maddison.
OECD (2019), Under Pressure: The Squeezed Middle Class, OECD Publishing, Pris, http://doi.org/10.1787/689afed1-en.
Sylla, Richard, and Sidney Homer (2013), “A history of interest rates”, Wiley.
Toffler, A. (1980), “The Third Wave”, Bantam.（邦訳）アルビン・トフラー／徳山二郎監修（1980）『第三の波』日本放送出版協会。
United Nations, Department of Economic and Social Affairs, Population Division (2022), “World Population Prospects 2022”.

参照文献

有沢広巳編（1978）『証券百年史』日本経済新聞社。

朝日新聞編（1930）『日本経済統計総観：創立五十周年記念』

アルビン・トフラー（2000）「世界はいっそう不安定になろうとしている」『Foresight』第 11 巻 1 号（通号 119）、40 ～ 46 頁、2000 年 1 月。

岩井克人（2000）『二十一世紀の資本主義論』筑摩書房。

内田健三・沖津正恒・加藤隼人編（2007）「座談会戦後公社債市場の歴史を語る」『証券レビュー』第 47 巻別冊、1 ～ 60 頁。

鬼頭宏（2000）『人口から読む日本の歴史』講談社。

白川方明（2018）『中央銀行』東洋経済新報社。

高田創（2019）「金利水没マップ 際限なき利下げ競争 世界が「水没の危機」」『エコノミスト』第 97 巻第 37 号、28-30 頁。

月岡直樹「中国の若年失業率は高止まりへ―新卒急増で就職環境は一段と厳しく―」、『Mizuho RT EXPRESS』2022 年 7 月 22 日、みずほリサーチ＆テクノロジーズ。

東洋経済新報社（1924）『金融六十年史』。

中野剛志（2022）『世界インフレと戦争』幻冬舎。

長坂寿久（1988）「ベビーブーマー　アメリカを変える力」、サイマル出版会。

日本統計協会（2006）『新版　日本長期統計総覧』第 4 巻。

日本貿易振興機構（2021）「中国における定年退職年齢の確定方法」北京事務所　ビジネス展開支援部・ビジネス展開支援課、2021 年 2 月。

平山賢一（2008）『振り子の金融史観』シグマベイスキャピタル。

平山賢一（2014）『勝ち組投資家になりたいなら「統計」を読め：「人口動態」から読む次世代投資』朝日新聞出版。

平山賢一（2021）『日銀 ETF 問題』中央経済社。

真壁昭夫・平山賢一（2014）『未知のリスクにさらされる世界の経済』日本経済新聞出版社。

見田宗介（2018）『現代社会はどこに向かうか―高原の見晴らしを切り開くこと』岩波書店。

Bank of England, Public Sector Debt Outstanding in the United Kingdom [PSDOTUKA],retrieved from FRED, Federal Reserve Bank of St. Louis; https://fred.stlouisfed.org/series/PSDOTUKA, February 27, 2023.

略歴

平山　賢一（ひらやま　けんいち）

東京海上アセットマネジメント株式会社

参与チーフストラテジスト

埼玉大学大学院人文社会科学研究科博士後期課程修了、博士（経済学）。東洋大学・学習院女子大学非常勤講師、明治大学研究・知財戦略機構客員研究員。30年超にわたりアセットマネジメント会社においてストラテジストやファンドマネジャーとして、内外株式・債券等の投資戦略を策定・運用。運用戦略部長、執行役員運用本部長（最高投資責任者）を経て現職。「金利史観」、「振り子の金融史観」、「戦前・戦時期の金融市場」（令和2年度証券経済学会賞）、「日銀ETF問題」、「オルタナティブ投資の実践」（編著）など著書多数。

物価変動の未来
――人口と社会の先を見晴らす――

2023 年 12 月 22 日　初版第 1 刷発行

著者　平山賢一
発行者　鏡渕敬
発行所　株式会社 東峰書房
〒 160-0022　東京都新宿区新宿 4-2-20
電話　03-3261-3136　FAX　03-6682-5979
https://tohoshobo.info/
カバーデザイン　松本麻実
本文デザイン　塩飽晴海

ISBN 978-4-88592-230-5
Printed in Japan